Sonntag/Schober/Konezny

KBGG

KBGG

Kinderbetreuungsgeldgesetz und Familienzeitbonusgesetz

Kommentar

Dr. Martin Sonntag
Oberlandesgericht Wien

Dr. Walter Schober
Oberlandesgericht Wien

MMag. Dr. Gerd Konezny
Rechtsanwalt, Wirtschaftsprüfer,
Gerichtssachverständiger, Steuerberater

5. Auflage

Linde

Zitiervorschlag: *Sonntag/Schober/Konezny*, KBGG[5] (2025) Seite

Bibliografische Information der Deutschen Nationalbibliothek

Die Deutsche Nationalbibliothek verzeichnet diese Publikation in der Deutschen Nationalbibliografie; detaillierte bibliografische Daten sind im Internet über http://dnb.d-nb.de abrufbar.

Hinweis: Wenn aus Gründen der leichteren Lesbarkeit auf eine geschlechtsspezifische Differenzierung verzichtet wird, gelten entsprechende Begriffe im Sinne der Gleichbehandlung für alle Geschlechter.

ISBN 978-3-7073-4974-0

1210 Wien, Scheydgasse 24, Tel.: 01/24 630
www.lindeverlag.at

Druck und Bindung: Prime Rate Zrt.,
H-1044 Budapest, Megyeri út 53

Vorwort zur 5. Auflage

Die gesetzgeberischen Aktivitäten seit der 4. Auflage lassen sich wie folgt zusammenfassen:

- Das Eltern-Kind-Pass-Gesetz BGBl I 2023/82 nimmt Anpassungen an den neuen Elektronischen Eltern-Kind-Pass vor.
- Die Novelle BGBl I 2023/115 ermöglicht den Bezug des KBG auch bei Anspruch auf eine der FBH gleichartige Leistung aus einen EU/EWR-Staat oder der Schweiz, nimmt einen gemeinsamen Haushalt bei einem längeren Krankenhausaufenthalt des Kindes bei Betreuung durch den Elternteil von zwei Stunden täglich an, verlängert die Frist für die Hauptwohnsitzmeldung des Kindes, gewährt Auslandsbeamten einen Anspruch auf KBG, verlängert die Antragsfrist beim Partnerschaftsbonus, ermöglicht die Bezugsverlängerung in Härtefällen auch beim ea KBG.
  Beim FamZeitb kam es zu folgenden Änderungen: Bezug auch bei Krankenhausaufenthalt des anderen Elternteils, bei Krankenhausaufenthalt des Kindes genügt eine zweistündige tägliche Pflege durch die Eltern, Verdoppelung der Leistungshöhe, Möglichkeit der einmaligen Änderung der Anspruchsdauer, Verlängerung der Antragsfrist.
- Die Novelle BGBl I 2023/183 erhöht die Zuverdienstgrenzen bei ea KBG und bei der Beihilfe zum KBG. Das Sonderwochengeldgesetz
- BGBl I 2024/64 enthält Anpassungen an das neue Sonderwochengeld.

Die neueste Rechtsprechung des OGH sorgte für eine Reihe wichtiger Klarstellungen:

- Für die Anrechnung ausländischer Leistungen kommt es auf den Anspruch, nicht auf deren Beantragung an.
- Das slowakische Elterngeld und die in den Niederlanden vorgesehene Leistung stellen keine gleichartigen Leistungen dar.
- Anforderungen an die tatsächliche Ausübung einer selbständigen Erwerbstätigkeit in Österreich in Koordinierungsfällen.
- Berechnung der Ausgleichszahlung zum KBG unter Anrechnung ausländischer Leistungen auch für zeitlich nicht kongruente Zeiträume.
- Ausschluss des gleichzeitigen KBG-Bezugs auch bei gleichgeschlechtlichen Paaren für beide gemeinsame Kinder.
- Zeit der Karenz nach Totgeburt ist keine gleichgestellte Zeit nach § 24 Abs 2 KBGG.
- Fortsetzung der Erwerbstätigkeit mit neuem Dienstgeber im Anschluss an beabsichtigte Anspruchsdauer steht Anspruch auf FamZeitb nicht entgegen.
- Eine dauerhafte Wohn- und Wirtschaftsgemeinschaft für den Bezug des FamZeitb ist gegeben, wenn sie auf längere Zeit angelegt ist.

Für unionsrechtliche Kumulierungsfälle wurde ein Fallprüfungsschema erarbeitet (§ 2 Rz 65a).

Anregungen und Verbesserungsvorschläge sind willkommen.

September 2024 — Das Autorenteam

Vorwort zur 4. Auflage

Folgende Änderungen nahm der Gesetzgeber seit der 3. Auflage vor:

- Die Novelle BGBl I 2020/111 betrifft die Änderung einer Übergangsbestimmung betreffend die nicht mehr in Kraft stehenden §§ 18 und 21.
- Die Novelle BGBl I 2020/165 regelt die pandemiebedingte Einkünfteermittlung für das ea KBG hinsichtlich Geburten im Jahr 2021.
- Die Novelle BGBl I 2021/221 erhöht die Zuverdienstgrenze beim ea KBG und bei der Beihilfe zum KBG.
- Die ZVN 2022 BGBl I 2022/61 passt § 31 Abs 4 KBGG und § 7 Abs 3 FamZeitbG an die durch die partielle Aufhebung den VfGH notwendig gewordene Neufassung des § 89 Abs 4 ASGG an.
- Die Novelle BGBl I 2022/154 normiert eine Anspruchsberechtigung auf KBG für Kriegsflüchtlinge aus der Ukraine.
- Das Teuerungs-Entlastungspaket III BGBl I 2022/174 beseitigt die Anrechnung des FamZeitb auf das KBG, erhöht die Zuverdienstgrenze zum pauschalen KBG und führt eine Valorisierung der Leistungen nach beiden G ein.
- Die Novelle BGBl I 2022/225 erhöht die Zuverdienstgrenzen bei ea KBG und bei der Beihilfe zum KBG.

Mehr als ein Drittel der Entscheidungen des 10. Senats des OGH entfiel in den Jahren 2019 und 2020 auf das KBG und den FamZeitb (*Faber*, DRdA 2022, 18). Die Judikatur des EuGH, VfGH und des OGH seit der 3. Auflage brachte eine Fülle von Klarstellungen, aus denen folgende hervorzuheben sind:

- Gleichstellung der freiwilligen Karenz mit der Beschäftigung auch nach der Novelle BGBl I 2016/53.
- Maßgeblicher Zeitpunkt für die Beurteilung des Vorliegens einer Scheinkarenz.
- Keine Pflicht des nach der VO 883/2004 nicht zuständigen MS, aufgrund des Primärrechts KBG zu gewähren.
- Sabbatical und Dienstfreistellung vor der Geburt sind für den Anspruch auf ea KBG unschädlich.
- Die Rückforderung von Kinderbetreuungsgeld bei bloßem Behördenfehler ist verfassungswidrig.
- Inanspruchnahme einer Väterkarenz nach dem „Papamonat" ist für Anspruch auf FamZeitb unschädlich.
- Anteiliger Anspruch auf FamZeitb, wenn für einzelne Tage – abgesehen vom Vorliegen der Familienzeit – sonstige Anspruchsvoraussetzungen des § 2 FamZeitbG fehlen.

Erfreulicherweise waren die beiden Familienleistungen seit der Vorauflage Gegenstand intensiver literarischer Diskussion, die in die Kommentierung Eingang findet.

Für Anregungen und Verbesserungsvorschläge sind wir dankbar.

Jänner 2023 Das Autorenteam

Vorwort zur 3. Auflage

Die Änderungen durch den Gesetzgeber seit der 2. Auflage waren punktueller Natur:

- Das Materien-Datenschutz-Anpassungsgesetz 2018 BGBl 2018/32 nimmt Anpassungen an die DSGVO vor und schafft eine Kinderbetreuungsgeld-Datenbank.
- Das Sozialversicherungs-Organisationsgesetz BGBl I 2018/100 fasste die GKK in der ÖGK zusammen.
- Die Novelle BGBl I 2019/24 regelt erstmals ausdrücklich den Anspruch von Krisenpflegeeltern auf KBG und bringt eine Neuregelung für den Krankenhausaufenthalt des Kindes beim Familienzeitbonus.
- Die Novelle BGBl I 2019/75 erhöht die Zuverdienstgrenze beim ea KBG und bei der Beihilfe zum KBG, verlängert für Geburten bis 28.2.2017 die Frist zur Vorlage der Abgrenzungsnachweise nach § 8 Abs 1 Z 2 KBGG bis Ende 2025 und richtet zum Ausgleich für rechtskräftig auferlegte Rückzahlungen wegen Nichtvorlage der Abgrenzungsnachweise einen Jungfamilienfonds ein.

Die Judikatur des OGH seit der 2. Auflage brachte in vielen Fragen wichtige Klarstellungen. Für das KBGG betrifft dies insb den Anspruch von Krisenpflegeeltern, die Hauptwohnsitzmeldung in anderen Mitgliedstaaten, Probleme bei getrennt lebenden Eltern, Abgrenzung der Einkünfte bei Selbständigen, Bildungs- und Anschlusskarenz in grenzüberschreitenden Sachverhalten, Bescheidpflicht und Säumnis bei internationalen Sachverhalten.

Für das FamZeitbG betrifft dies insb die Einstellung der Erwerbstätigkeit von Selbständigen, die Dauer der Familienzeit im Verhältnis zum beantragten Bezugszeitraum, die Anmeldung des Kindes und den Krankenhausaufenthalt des Kindes nach der Geburt.

Der EuGH traf eine Entscheidung zur Familienbetrachtungsweise und zur Berechnung des einkommensabhängigen KBG bei Einkünften in einem anderen Mitgliedstaat.

Für Anregungen und Verbesserungsvorschläge sind wir weiterhin dankbar.

April 2020 Das Autorenteam

Vorwort zur 2. Auflage

Der Gesetzgeber nahm mit dem FamZeitbG und der Änderung des KBGG BGBl I 2016/53 für Geburten nach dem 28.2.2017 eine tiefgreifende Umgestaltung vor. Zum einen wurde für das KBG das Kontosystem eingeführt, zum anderen erstmals in Österreich eine sozialrechtliche Vaterschaftsleistung in Form des FamZeitb geschaffen. Diese grundlegenden Änderungen machen eine Neuauflage unseres Kommentars erforderlich.

Die Novelle zum KBGG enthält darüber hinaus eine Fülle von Änderungen, mit denen der Gesetzgeber auf Judikate des OGH reagierte, die zum Teil unionsrechtliche, verfassungsrechtliche und verfahrensrechtliche Fragen aufwerfen. Auch diese werden in der Neuauflage kritisch beleuchtet.

Die Kommentierung bezieht sich auf die Rechtslage zum 1.3.2017 und konzentriert sich auf die Darstellung derselben. Unterschiede zur bisherigen Rechtslage in wesentlichen Fragen werden hervorgehoben. Für Auslegungsfragen zur früheren Rechtslage möge jedoch grundsätzlich auf die 1. Auflage zurückgegriffen werden.

Für Anregungen und Verbesserungsvorschläge sind wir weiterhin dankbar.

Dezember 2016 — Das Autorenteam

Vorwort zur 1. Auflage

In der sozialrechtlichen Kommentarlandschaft fehlte bislang eine aktuelle Bearbeitung des KBGG. Das vorliegende Werk soll ähnlich wie die Jahreskommentare zum ASVG und GSVG ein Kommentar von Praktikern für Praktiker sein. Wir bringen unsere Erfahrungen als Richter in der sozialgerichtlichen Rechtsprechung ebenso ein wie als Rechtsanwalt, Steuerberater und Sachverständiger bei der Ermittlung der maßgeblichen Einkünfte für die Zuverdienstgrenze und das einkommensabhängige Kinderbetreuungsgeld.

Unser Ziel ist eine anwenderfreundliche und praxisorientierte Kommentierung auf Basis der Rechtsprechung des OGH und des EuGH, wobei auch europarechtlichen Fragestellungen breiter Raum gewidmet wird.

Das Werk ist auf dem Stand 1.1.2016. Auf die Darstellung historischer Rechtslagen wurde bewusst verzichtet, soweit diese nicht für das Verständnis der aktuellen Rechtslage erforderlich ist. Die zukünftig geplanten Änderungen im Zusammenhang mit dem Kinderbetreuungsgeldkonto werden nach Gesetzwerdung Gegenstand einer Neuauflage sein. Die Mutter-Kind-Pass-Verordnung ist im Anhang abgedruckt.

Personenbezogene Bezeichnungen, die nur in männlicher Form angeführt sind, beziehen sich iSd § 46 KBGG auf beide Geschlechter.

Für Anregungen und Verbesserungsvorschläge sind wir dankbar (martin.sonntag@justiz.gv.at, walter.schober@justiz.gv.at, office@konezny.com).

Dezember 2015 — Das Autorenteam

Bearbeiterverzeichnis

Es wurden bearbeitet von

MMag. Dr. Gerd Konezny

§§ 8–8b, 24a Abs 3 KBGG

Dr. Walter Schober

§§ 3a–7a, 9–15 KBGG

Dr. Martin Sonntag

§§ 1–3, 24–24a Abs 2, 24a Abs 4–45 KBGG; §§ 1–9 FamZeitbG

Inhaltsverzeichnis

Abschnitt 10

Daten

Abschnitt 11

Finanzierung

Verrechnung

Abschnitt 12

Schlussbestimmungen

Bundesgesetz über die Gewährung eines Bonus für Väter während der Familienzeit (Familienzeitbonusgesetz – FamZeitbG)

Anhang

Abkürzungsverzeichnis

aA	anderer Auffassung
aaO	am angegebenen Ort
ABGB	Allgemeines bürgerliches Gesetzbuch
abgedr	abgedruckt
Abk	Abkommen
Abs	Absatz
AEUV	Vertrag über die Arbeitsweise der Europäischen Union
aF	alte Fassung
allg	allgemein, -e, -er, -es
AlV	Arbeitslosenversicherung
AlVG	Arbeitslosenversicherungsgesetz, BGBl 1977/609
AMS	Arbeitsmarktservice
AMSG	Arbeitsmarktservicegesetz, BGBl 1994/313
AN	Arbeitnehmer, -in
ARB	Assoziationsratsbeschluss
Art	Artikel
ASG	Arbeits- und Sozialgericht
ASGG	Arbeits- und Sozialgerichtsgesetz, BGBl 1985/104
ASVG	Allgemeines Sozialversicherungsgesetz, BGBl 1955/189
AsylG	Asylgesetz, BGBl I 2005/100
Aufl	Auflage
ausl	ausländisch, -e, -er, -es
AVG	Allgemeines Verwaltungsverfahrensgesetz, BGBl 1991/51
BAO	Bundesabgabenordnung, BGBl 1961/194
BDG	Beamten-Dienstrechtsgesetz, BGBl 1979/333
BGBl	Bundesgesetzblatt
B-GlBG	Bundes-Gleichbehandlungsgesetz, BGBl 1993/100
BHG	Bundeshaushaltsgesetz, BGBl I 2009/139
B-KUVG	Beamten-Kranken- und Unfallversicherungsgesetz, BGBl 1967/200
BlgNR	Beilagen zu den Stenographischen Protokollen des Nationalrates
BMF	Bundesminister für Finanzen
BMFJ	Bundesminister für Familien und Jugend
BMWJF	Bundesminister für Wirtschaft, Jugend und Familie
BPGG	Bundespflegegeldgesetz, BGBl 1993/110

Bsp	Beispiel(e)
bspw	beispielsweise
BSVG	Bauern-Sozialversicherungsgesetz, BGBl 1978/559
BUP	Berufsunfähigkeitspension
BVG	Bundesverfassungsgesetz
B-VG	Bundes-Verfassungsgesetz, BGBl 1930/1
bzw	beziehungsweise
D	Deutschland
DG	Dienstgeber
dh	das heißt
DN	Dienstnehmer
DRdA	Das Recht der Arbeit
DSGVO	Verordnung (EU) 2016/679 des Europäischen Parlaments und des Rates vom 27. April 2016 zum Schutz natürlicher Personen bei der Verarbeitung personenbezogener Daten, zum freien Datenverkehr und zur Aufhebung der Richtlinie 94/46/EG (Datenschutz-Grundverordnung)
DV	Dachverband der Sozialversicherungsträger
ea KBG	einkommensabhängiges Kinderbetreuungsgeld
EB	Erläuterungen (zur Regierungsvorlage)
EDV	Elektronische Datenverarbeitung
EG	Europäische Gemeinschaft
EinfErl	Einführungserlass zum KBGG
EKP	Eltern-Kind-Pass
EKPG	Eltern-Kind-Pass-Gesetz, BGBl I 2023/82
ElternurlaubsRL	Richtlinie (EU) 2019/1158 des Europäischen Parlaments und des Rates vom 20.6.2019 zur Vereinbarkeit von Beruf und Privatleben für Eltern und pflegende Angehörige und zur Aufhebung der Richtlinie 2010/18/EU des Rates, ABl L 188 vom 12.7.2019, S 79
EO	Exekutionsordnung, RGBl 1896/79
EPA	Europäisches Patentamt
Erk	Erkenntnis
Erl	Erläuterung
EStG	Einkommensteuergesetz, BGBl 1988/400
EU	Europäische Union
EuFrÜb	Europäisches Übereinkommen über die Berechnung von Fristen, BGBl 1983/254

EuGH	Europäischer Gerichtshof
EUR	Euro
EWG	Europäische Wirtschaftsgemeinschaft
EWR	Europäischer Wirtschaftsraum
f	und der, die folgende
familienbeihilfe-rechtl	familienbeihilferechtlich, -e, -er, -es
FamZeitb	Familienzeitbonus
FamZeitbG	Familienzeitbonusgesetz, BGBl I 2016/53
FBH	Familienbeihilfe
ff	und der, die fortfolgende
FLAF	Familienlastenausgleichsfonds
FLAG	Familienlastenausgleichsgesetz, BGBl 1967/376
G	Gesetz
gem	gemäß
GlBG	Gleichbehandlungsgesetz, BGBl 1979/108
GP	Gesetzgebungsperiode
GRC	Charta der Grundrechte der Europäischen Union, ABl C 2010/83, 389
grds	grundsätzlich
GSVG	Gewerbliches Sozialversicherungsgesetz, BGBl 1978/560
GVG-B	Grundversorgungsgesetz Bund, BGBl 1991/405
hins	hinsichtlich
Hrsg	Herausgeber
IAEO	Internationale Atomenergie-Organisation
idF	in der Fassung
idR	in der Regel
idS	in diesem Sinne
idZ	in diesem Zusammenhang
iHv	in Höhe von
insb	insbesondere
IP	Invaliditätspension
iVm	in Verbindung mit
iZm	im Zusammenhang mit
JAS	Journal für Arbeitsrecht und Sozialrecht
JFFG	Jungfamilienfondsgesetz, BGBl I 2019/75
Jud	Judikatur
KaKuG	Bundesgesetz über die Krankenanstalten und Kuranstalten, BGBl 1957/1

KBG	Kinderbetreuungsgeld
KBGG	Kinderbetreuungsgeldgesetz, BGBl I 2001/103
KGG	Karenzgeldgesetz, BGBl I 1997/47
KV	Krankenversicherung
KVT	Krankenversicherungsträger
leg cit	legis citatae
lit	litera
lt	laut
max	maximal, -e, -er, -es
mE	meines Erachtens
MeldeG	Meldegesetz, BGBl 1992/9
MISSOC	Mutual Information System on Social Protection – Gegenseitiges Informationssystem für soziale Sicherheit
MS	Mitgliedstaat
MSchG	Mutterschutzgesetz, BGBl 1979/64
MuKiPass	Mutter-Kind-Pass
mwN	mit weiteren Nachweisen
NAG	Niederlassungs- und Aufenthaltsgesetz, BGBl I 2005/100
NÖ GKK	Niederösterreichische Gebietskrankenkasse
Nr	Nummer
Ö	Österreich
ÖGB	Österreichischer Gewerkschaftsbund
OGH	Oberster Gerichtshof
ÖGK	Österreichische Gesundheitskasse
österr	österreichisch, -e, -er, es
PG	Pensionsgesetz, BGBl 1965/340
PV	Pensionsversicherung
PVA	Pensionsversicherungsanstalt
RAK	Rechtsanwaltskammer
RAO	Rechtsanwaltsordnung, RGBl 1868/96
RDStG	Richter- und Staatsanwaltschaftsdienstgesetz, BGBl 1961/305
RGBl	Reichsgesetzblatt
RL	Richtlinie(n)
Rs	Rechtssache
RS	Rechtssatz
Rsp	Rechtsprechung
Rz	Randziffer

SEPA	Single Euro Payments Area
SozSi	Soziale Sicherheit
Stb	Staatsbürger, -in
StGB	Strafgesetzbuch, BGBl 1974/60
SUG	Sonderunterstützungsgesetz, BGBl 1973/642
SV	Sozialversicherung
SV-OG	Sozialversicherungs-Organisationsgesetz, BGBl I 2018/100
SVT	Sozialversicherungsträger
teilw	teilweise
ua	und andere, unter anderem
uHa	unter Hinweis auf
UNIDO	Organisation der Vereinten Nationen für industrielle Entwicklung
UNO	United Nations Organization
USt	Umsatzsteuer
uU	unter Umständen
VBG	Vertragsbedienstetengesetz, BGBl 1948/86
VfGH	Verfassungsgerichtshof
vgl	vergleiche
VKG	Väter-Karenzgesetz, BGBl 1989/651
VO	Verordnung
VO 1408/71	Verordnung (EWG) des Rates über die Anwendung der Systeme der sozialen Sicherheit auf Arbeitnehmer und Selbständige sowie deren Familienangehörige, die innerhalb der Gemeinschaft zu und abwandern (Nr 1408/71)
VO 883/2004	Verordnung (EG) des Europäischen Parlaments und des Rates zur Koordinierung der Systeme der sozialen Sicherheit (Nr 883/2004)
VO 987/2009	Verordnung (EG) Nr 987/2009 des Europäischen Parlaments und des Rates zur Festlegung der Modalitäten für die Durchführung der Verordnung (EG) Nr 883/2004 über die Koordinierung der Systeme der sozialen Sicherheit
VO 1231/2010	Verordnung (EU) Nr 1231/2010 des Europäischen Parlaments und des Rates zur Ausdehnung der Verordnung (EG) Nr 883/2004 und der Verordnung (EG) Nr 987/2009 auf Drittstaatsangehörige, die ausschließlich aufgrund ihrer Staatsangehörigkeit nicht bereits unter diese Verordnungen fallen

VStG	Verwaltungsstrafgesetz, BGBl 1991/52
VT	Versicherungsträger
VwGH	Verwaltungsgerichtshof
VWK	Verwaltungskommission
VZ	Versicherungszeiten
wd	während
Z	Ziffer
ZÄG	Zahnärztegesetz, BGBl I 2005/126
ZAS	Zeitschrift für Arbeits- und Sozialrecht
ZESAR	Zeitschrift für europäisches Sozial- und Arbeitsrecht
ZPO	Zivilprozessordnung, RGBl 1895/113
ZVN	Zivilverfahrens-Novelle
zumind	zumindest
zw	zwischen

Literaturverzeichnis

Burger-Ehrnhofer, Die versteckten Probleme der Neuregelung des Kinderbetreuungsgelds, ASoK 2016, 412: *Burger-Ehrnhofer*, ASoK 2016

Ehmer/Lamplmayr/Mayr/Nöstlinger/Reiter/Stummer, Kinderbetreuungsgeldgesetz, 2. Aufl (2009): *Ehmer ua*

Ellinger/Sutter/Urtz, BAO, (2020)

Enzlberger, OLG Linz: Berechnung des Wochengeldes bei einer Beschäftigung in den letzten drei Kalendermonaten sowohl in Österreich als auch in Deutschland, DRdA 1998, 454

Faber, Kinderbetreuungsgeld und Familienzeitbonus – Ausgewählte Fragen des gemeinsamen Haushalts, der Ausübung einer Erwerbstätigkeit und der Koordinierung von Familienleistungen, DRdA 2022, 18: *Faber*, DRdA 2022

Fasching/Konecny (Hrsg), Zivilprozessgesetze, 3. Aufl (2013 ff): *Autor* in *Fasching/Konecny*[3]

Fink, Die sukzessive Zuständigkeit im Verfahren in Sozialrechtssachen (1995): *Fink*, Sukzessive Zuständigkeit

Greifeneder, Kognitionsbefugnis in Rückersatzfragen verfassungswidrig – zugleich ein Vorschlag zur Neugestaltung, JAS 2021, 195: *Greifeneder*, JAS 2021

Hengstschläger/Leeb, AVG, (2023)

Hess-Knapp, Das neue pauschale Kinderbetreuungsgeld als Konto und der neue Familienzeitbonus (17. Novelle des KBGG), DRdA-infas 2016, 240

Holzmann-Windhofer/Weßenböck, Kinderbetreuungsgeldgesetz, 2. Aufl (2022): *Autor* in *Holzmann-Windhofer/Weißenböck*

Holzmann-Windhofer, Kinderbetreuungsgeld für EG-Wanderarbeitnehmer, SozSi 2008, 16

Kain, Kinderbetreuungsgeld und Unionsrecht, DRdA 2024, 3: *Kain*, DRdA 2024

Kovács, Gleichbehandlungskonzepte in der sozialen Koordinierung am Beispiel der Familienleistungen, ZESAR 2022, 51: *Kovács*, ZESAR 2022

Kovács, Die Koordinierung von Familienleistungen, ZAS 2022, 59: *Kovács*, ZAS 2022

Kutscher/Völker/Witt, Niederlassungs- und Aufenthaltsrecht, 2. Aufl (2010)

Lenneis/Wanke, Familienlastenausgleichsgesetz, 2. Aufl (2020)

Lewisch/Fister/Weilguni, VStG, 3. Aufl (2023)

Lödl/Antl/Janik/Petridis-Pierre/Pfau, Bundeshaushaltsrecht, 4. Aufl (2019)

Mazal (Hrsg), Die Familie im Sozialrecht (2009)

Mosler/Müller/Pfeil, Der SV-Komm: *Autor* in SV-Komm

Neumayr/Reissner (Hrsg), Zeller Kommentar zum Arbeitsrecht, 3. Aufl (2018): *Autor* in ZellKomm[3]

Obermaier, Kostenhandbuch, 4. Aufl (2024)

Pfeil/Auer-Mayer/Schrattbauer (Hrsg), Der AlV-Komm: *Autor* in *Pfeil/Auer-Mayer/Schrattbauer*, AlV-Komm

Reissner, Der „Papamonat" aus sozialrechtlicher Sicht, ASoK 2019, 402

Rief, Zuständigkeit für Familienleistungen – aktuelle EuGH-Judikatur und die neue Rechtslage, DRdA 2011, 480

Rummel/Lukas/Geroldinger, Kommentar zum ABGB, 4. Auflage: *Autor* in *Rummel/Lukas/Geroldinger*, ABGB[4]

Schrattbauer, Drei Jahre Familienzeitbonus – kritische Revision einer noch jungen Familienleistung, JAS 2020, 244: *Schrattbauer*, JAS 2020

Sonntag (Hrsg), ASVG Jahreskommentar, 15. Aufl (2024)

Sonntag (Hrsg), GSVG Jahreskommentar, 13. Aufl (2024)

Sonntag, Vorübergehende Invalidität nach dem SRÄG 2012 (2015): *Sonntag*, Vorübergehende Invalidität

Sonntag, Unions-, verfassungs- und verfahrensrechtliche Probleme der KBGG-Novelle 2016 und des Familienzeitbonusgesetzes, ASoK 2017, 2: *Sonntag*, ASoK 2017.

Sonntag, Aktuelle Probleme des Kinderbetreuungsgeldes und des Familienzeitbonus, ZAS 2022, 51: *Sonntag*, ZAS 2022

Spiegel (Hrsg), Zwischenstaatliches Sozialversicherungsrecht: *Autor* in Zwischenstaatl SV-Recht

Tomandl/Felten (Hrsg), System des österreichischen Sozialversicherungsrechts: *Autor* in System

Kinderbetreuungsgeldgesetz (KBGG)

BGBl I 2001/103 idF BGBl I 2024/64

Abschnitt 1
Leistungsarten

§ 1. Als Leistungen werden nach Maßgabe dieses Bundesgesetzes gewährt:

1. das pauschale Kinderbetreuungsgeld als Konto;
2. das Kinderbetreuungsgeld als Ersatz des Erwerbseinkommens;
3. die Beihilfe zum pauschalen Kinderbetreuungsgeld;
4. der Partnerschaftsbonus.

[BGBl I 2016/53]

Übersicht

I. Entstehungsgeschichte

Das **Karenzgeld** nach dem KGG war eine **Versicherungsleistung** und damit von Beschäftigungszeiten vor der Geburt des Kindes abhängig. Hausfrauen und Studentinnen erhielten kein Karenzgeld, Selbständige und Bäuerinnen, geringfügig Beschäftigte und freie Dienstnehmerinnen nur das halbe Karenzgeld (Teilzeitbeihilfe). Die Anspruchsdauer betrug etwa 16 Monate, bei Inanspruchnahme beider Eltern 22 Monate. 1

Das **Kinderbetreuungsgeld** ist hingegen – außer in der später eingeführten Variante des einkommensabhängigen KBG – eine von einer vorherigen Erwerbstätigkeit abgekoppelte **Familienleistung** mit einer Anspruchsdauer von max 30 Monaten, bei Inanspruchnahme beider Eltern von max 36 Monaten, die bloß an den Bezug von Familienbeihilfe anknüpft. Durch die Möglichkeit eines Zuverdienstes soll eine bessere Vereinbarkeit von Familie und Beruf erreicht werden (620 BlgNR 21. GP, Vorblatt und Allg Teil). 2

II. Rechtsentwicklung

Das KBGG war zahlreichen Änderungen unterworfen. Aus den Novellen sind folgende hervorzuheben: 3

BGBl I 2003/58 brachte eine Erhöhung des KBG bei **Mehrlingsgeburten** (§ 3a).

BGBl I 2005/100 enthielt Klarstellungen betr **ausländische Anspruchswerber** (§ 2 Abs 1 Z 4 und 5).

BGBl I 2006/168 führte den rückwirkenden Anspruch auf KBG für **nachgeborene Kinder** von Fremden ein (§ 2 Abs 1).

BGBl I 2007/76 brachte die neuen **Kurzleistungen** (§§ 5a und 5b), die **Einschleifregelung** bei Überschreitung der Zuverdienstgrenze (§ 8a) und eine Änderung bei der zeitlichen Begrenzung des **Rückforderungsrechts** (§ 31 Abs 7).

BGBl I 2009/116 setzte das **einkommensabhängige KBG** um (§§ 24 bis 24d), schuf eine **individuelle Zuverdienstgrenze** (§ 8b), verringerte die **Mindestbezugsdauer** (§ 5 Abs 4), führte eine **Verhinderungsverlängerung** in Härtefällen ein (§ 5 Abs 4a und 4b) und wandelte den rückzahlbaren Zuschuss zum KBG in eine **nicht rückzahlbare Beihilfe** um (§§ 9 bis 15).

BGBl I 2011/139 passte ua die Regelungen über das **einkommensabhängige KBG** so an, dass dessen Bezug durch arbeitslose Eltern verhindert wurde (§ 24 Abs 1 Z 2).

BGBl I 2013/117 reduzierte den **Anspruchszeitraum** für die Berechnung der Überschreitung der Zuverdienstgrenze auf Monate, in denen für den ganzen Monat Anspruch auf Auszahlung des KBG bestand (§ 8 Abs 1 Z 1), und sah eine **vorläufige Leistung** während des Sozialgerichtsverfahrens bei Klage gegen einen den Antrag auf einkommensabhängiges KBG ablehnenden Bescheid vor.

BGBl I 2016/53 brachte ua die Umstellung auf das **KBG-Konto** (§ 5), die Einführung des **Partnerschaftsbonus** (§ 5b), des kurzfristigen **Parallelbezugs** durch beide Elternteile (§ 5d) und die **Verlängerung** der Anspruchsdauer bei **Härtefällen** (§ 5c).

BGBl 2018/32 führte eine **Kinderbetreuungsgeld-Datenbank** ein.

BGBl I 2018/100 fasste die GKK in der **ÖGK** zusammen.

BGBl I 2019/24 regelte erstmals ausdrücklich den Anspruch von **Krisenpflegeeltern** auf KBG.

BGBl I 2019/75 erhöhte die **Zuverdienstgrenze** beim ea KBG und bei der Beihilfe zum KBG, verlängerte für Geburten bis 28.2.2017 die Frist zur Vorlage der Abgrenzungsnachweise nach § 8 Abs 1 Z 2 KBGG bis Ende 2025 und richtete zum Ausgleich für rechtskräftig auferlegte Rückzahlungen wegen Nichtvorlage der Abgrenzungsnachweise einen **Jungfamilienfonds** ein.

Die ZVN 2022 **BGBl I 2022/61** passte § 31 Abs 4 KBGG und § 7 Abs 3 FamZeitbG an die durch die partielle Aufhebung den VfGH notwendig gewordene Neufassung des § 89 Abs 4 ASGG an.

Das Teuerungs-Entlastungspaket III **BGBl I 2022/174** beseitigt die **Anrechnung** des **FamZeitb** auf das KBG, erhöht die **Zuverdienstgrenze** zum pauschalen KBG und führt eine **Valorisierung** der Leistungen nach beiden G ein.

Die Novelle **BGBl I 2022/225** erhöht die Zuverdienstgrenzen bei ea KBG und bei der Beihilfe zum KBG.

Das EKPG **BGBl I 2023/82** führt den **Elektronischen Eltern-Kind-Pass** anstelle des Mutter-Kind-Passes ein.

Die Novelle **BGBl I 2023/115** ermöglicht den Bezug des KBG auch bei Anspruch auf eine der FBH gleichartige Leistung aus einen EU/EWR-Staat oder der Schweiz, nimmt einen gemeinsamen Haushalt bei einem längeren Krankenhausaufenthalt des Kindes an, verlängert die Frist für die **Hauptwohnsitzmeldung** des Kindes, gewährt **Auslandsbeamten** einen Anspruch auf KBG, verlängert die Antragsfrist beim Partnerschaftsbonus, ermöglicht die **Bezugsverlängerung** in **Härtefällen** auch beim ea KBG. Der **FamZeitb** kann auch bei Krankenhausaufenthalt des anderen Elternteils bezogen werden, die **Leistungshöhe** wird verdoppelt, die Möglichkeit der einmaligen **Änderung** der **Anspruchsdauer** eingeführt und die **Antragsfrist verlängert**.

Die Novelle **BGBl I 2023/183** erhöht die Zuverdienstgrenzen bei ea KBG und bei der Beihilfe zum KBG.

Das **Sonderwochengeldgesetz BGBl I 2024/64** passt die Ruhensbestimmung und die Berechnung des ea KBG an das neue Sonderwochengeld an.

III. Leistungsarten

Die Regelungen über das **pauschale KBG** finden sich in Abschnitt 2, §§ 2 bis 8. **4**

Die **Beihilfe zum KBG** ist in Abschnitt 3, §§ 9 bis 15 geregelt.

Die Regelungen über das **einkommensabhängige KBG** finden sich in Abschnitt 5, §§ 24 bis 24e.

Die Regelungen über den **Partnerschaftsbonus** finden sich in Abschnitt 2, § 5b.

Der Bezug von pauschalem und ea KBG schließen sich gegenseitig aus (s auch § 24 Rz 3); die Regelung war vor BGBl I 2016/53 in § 24d Abs 1 letzter Satz enthalten.

Abschnitt 2
Pauschales Kinderbetreuungsgeld als Konto

Anspruchsberechtigung

§ 2. (1) Anspruch auf Kinderbetreuungsgeld hat ein Elternteil (Adoptivelternteil, Pflegeelternteil) für sein Kind (Adoptivkind, Pflegekind) bzw. eine Krisenpflegeperson für ein Krisenpflegekind, sofern

1. für dieses Kind Anspruch auf Familienbeihilfe nach dem Familienlastenausgleichsgesetz 1967, BGBl. Nr. 376, besteht und Familienbeihilfe für dieses Kind tatsächlich bezogen wird oder für dieses Kind nur deswegen kein Anspruch besteht, weil Anspruch auf eine gleichartige Leistung aus einem Mitgliedstaat der Europäischen Union, des Europäischen Wirtschaftsraumes oder der Schweiz besteht und diese tatsächlich bezogen wird,
2. der Elternteil mit diesem Kind im gemeinsamen Haushalt lebt,
3. der Gesamtbetrag der maßgeblichen Einkünfte (§ 8 Abs. 1) des Elternteiles im Kalenderjahr den absoluten Grenzbetrag von 18 000 € oder den höheren individuellen Grenzbetrag nach § 8b nicht übersteigt,
4. der Elternteil und das Kind den Mittelpunkt der Lebensinteressen im Bundesgebiet haben und
5. der Elternteil und das Kind sich nach §§ 8 und 9 des Niederlassungs- und Aufenthaltsgesetzes (NAG), BGBl. I Nr. 100/2005, oder nach § 54 des Asylgesetzes 2005 (AsylG 2005), BGBl. I Nr. 100/2005 idF BGBl. I Nr. 87/2012, rechtmäßig in Österreich aufhalten, es sei denn, es handelt sich
   a) um österreichische Staatsbürger oder
   b) Personen, denen Asyl nach dem Asylgesetz 2005 (AsylG 2005), BGBl. I Nr. 100, gewährt wurde, oder
   c) Personen, denen der Status des subsidiär Schutzberechtigten nach dem Asylgesetz 2005 zuerkannt wurde und für die kein Anspruch auf Leistungen aus der Grundversorgung oder Mindestsicherung besteht und die unselbständig oder selbständig erwerbstätig sind, oder
   d) Personen, denen der Status der Vertriebenen nach § 62 Abs. 1 Asylgesetz in Verbindung mit der Verordnung der Bundesregierung über ein vorübergehendes Aufenthaltsrecht für aus der Ukraine Vertriebene (Vertriebenen-VO), BGBl. II Nr. 92/2022, zuerkannt wurde.

Für nachgeborene Kinder wird das Kinderbetreuungsgeld rückwirkend gewährt. Gleiches gilt für Adoptiv- und Pflegekinder, rückwirkend bis zur Begründung des Mittelpunktes der Lebensinteressen im Bundesgebiet durch den Elternteil und das Kind. Als nachgeborene Kinder gelten jene Kinder, die nach dem Zeitpunkt der Erteilung des Aufenthaltstitels oder der Zuerkennung des Status des Asylberechtigten oder des subsidiär Schutzberechtigten an den zusammenführenden Fremden geboren werden.

(2) Für ein Kind ist ein gleichzeitiger Bezug von Kinderbetreuungsgeld durch beide Elternteile ausgeschlossen.

(3) In Zweifelsfällen hat das Vorrecht auf Kinderbetreuungsgeld derjenige Elternteil, der die Betreuung des Kindes, für das Kinderbetreuungsgeld bezogen wird, überwiegend durchführt.

(4) Bei Mehrlingsgeburten gebührt Kinderbetreuungsgeld gemäß § 3a nur, wenn die Anspruchsvoraussetzungen nach diesem Bundesgesetz für jedes Mehrlingskind erfüllt sind.

(5) Auf den Anspruch auf Kinderbetreuungsgeld kann verzichtet werden, wodurch sich der Anspruchszeitraum (§ 8) um den Zeitraum des Verzichts verkürzt. Ein Verzicht ist nur für ganze Kalendermonate möglich. Zeitpunkt und Dauer müssen im Vorhinein bekanntgegeben werden. Der Verzicht kann widerrufen werden. Ein Widerruf ist nur für ganze Kalendermonate und maximal für 182 Tage rückwirkend möglich.

(6) Ein gemeinsamer Haushalt im Sinne dieses Gesetzes liegt nur dann vor, wenn der Elternteil und das Kind in einer dauerhaften (mindestens 91 Tage durchgehend) Wohn- und Wirtschaftsgemeinschaft an derselben Wohnadresse leben und beide an dieser Adresse auch hauptwohnsitzlich gemeldet sind. Eine höchstens bis zu 14 Tage verspätet (§ 3 Abs. 1 MeldeG) erfolgte Hauptwohnsitzmeldung des Kindes an dieser Wohnadresse schadet nicht. Der gemeinsame Haushalt gilt bei mehr als 91-tägiger tatsächlicher oder voraussichtlicher Dauer einer Abwesenheit des Elternteiles oder des Kindes als aufgelöst. Bei einem 91 Tage übersteigenden Krankenhausaufenthalt des Kindes wird bei persönlicher Pflege und Betreuung des Kindes durch diesen Elternteil im Mindestausmaß von durchschnittlich zwei Stunden täglich ausnahmsweise der gemeinsame Haushalt des Kindes mit diesem Elternteil im Sinne dieses Absatzes angenommen. Eine Krisenpflegeperson hat unabhängig davon, dass nie eine dauerhafte Wohn- und Wirtschaftsgemeinschaft mit dem Krisenpflegekind vorliegt, Anspruch auf Kinderbetreuungsgeld für dieses Krisenpflegekind, sofern sie es mindestens 91 Tage durchgehend in einer Wohn- und Wirtschaftsgemeinschaft betreut.

(7) Bei getrennt lebenden Eltern muss der antragstellende Elternteil, der mit dem Kind im gemeinsamen Haushalt lebt, obsorgeberechtigt sein und die Anspruchsvoraussetzung nach Abs. 1 Z 1 in eigener Person erfüllen.

(8) Als Tage im Sinne dieses Bundesgesetzes sind Kalendertage zu verstehen.

(9) Auf Leistungen nach diesem Bundesgesetz ist § 26 Abs. 3 der Bundesabgabenordnung, BGBl. Nr. 194/1961, für Personen mit Dienstort im Ausland, die im Auftrag einer Gebietskörperschaft tätig werden, sowie für deren Ehegatten und Kinder anwendbar.

[BGBl I 2023/115]

Übersicht

I. Allgemeines

§ 2 fasst die Anspruchsvoraussetzungen für das pauschale KBG zusammen und stellt gleichsam das Herzstück des materiellen Teils des KBGG dar. Die Anspruchsvoraussetzungen müssen **kumulativ** erfüllt sein (*Ehmer ua*, 51). Für den (ungekürzten) Anspruch auf KBG ist weiters die Durchführung der in § 7 genannten **Eltern-Kind-Pass-Untersuchungen** erforderlich. 1

Die **Änderung** dieser Voraussetzungen ist von den Leistungsbeziehern gem § 29 dem KVT **mitzuteilen**. Der **Wegfall** bzw die **Änderung** der Voraussetzungen führt zur **Einstellung** bzw **Neubemessung** der Leistung (§ 30 Abs 1), das **ursprüngliche Nichtvorliegen** der Voraussetzungen zum **Widerruf** bzw zur rückwirkenden **Berichtigung** der Leistung (§ 30 Abs 2). Unter bestimmten Voraussetzungen kommt es zur **Rückforderung** der Leistung (§ 31). 2

A. Elternteil

1. Definitionen

Abs 1 nennt neben den leiblichen Eltern Adoptiv- und Pflegeeltern als anspruchsberechtigte Elternteile. Zu den **Adoptiveltern** vgl §§ 191 ff ABGB. Nach Aufhebung des § 191 Abs 2 1. Satz ABGB durch den VfGH (G 119/2014 ua) kommt auch eine Adoption durch **gleichgeschlechtliche** Paare in Betracht. 3

Nach § 184 ABGB sind **Pflegeeltern** Personen, die die Pflege und Erziehung des Kindes ganz oder teilw besorgen und zu denen eine nach dem Verhältnis zw leiblichen Eltern und Kindern nahekommende Beziehung besteht oder hergestellt werden soll. Diese Elemente setzen eine weitgehende Eingliederung des Kindes in den Haushalt und Lebensablauf der Pflegeeltern sowie zumind die Absicht voraus, eine dem Verhältnis zw leiblichen Eltern und Kindern vergleichbare emotionale Bindung aufzubauen. Auf welcher Rechtsgrundlage das Pflegeverhältnis beruht, ist unmaßgeblich. Die Pflegeelternschaft ist kraft Gesetzes gegeben, wenn die gesetzlichen Tatbestandsmerkmale gegeben sind (10 ObS 68/14v mwN). 4

Krisenpflegeeltern werden in § 2a Abs 1 definiert. Sie gelten ausdrücklich nicht als Pflegeeltern iSd KBGG. Die auf Pflegeeltern anzuwendenden Bestimmungen sind jedoch auf Krisenpflegeeltern sinngemäß anzuwenden, es sei denn, das G sieht abw Bestimmungen vor. Zum Anspruch auf KBG s Rz 29a ff. 4a

Auch **Stiefelternteile** fallen bei Erfüllung dieser Voraussetzungen unter den Begriff Pflegeeltern. Liegen diese Voraussetzungen nicht vor, so haben Stiefelternteile keinen Anspruch auf KBG, unabhängig davon, ob es sich um heterosexuelle oder gleichgeschlechtliche Partner handelt (10 ObS 68/14v). 5

Auch der **Lebensgefährtin** bzw **eingetragenen Partnerin** der **Mutter** kann die Stellung als Pflegeelternteil zukommen. Diesfalls hat sie als zweiter Elternteil gem § 5 Abs 2 aF Anspruch auf Bezug des verlängerten KBG (10 ObS 68/14v, 10 ObS 102/14v). Erfüllt die gleichgeschlechtliche Partnerin der Mutter die Vor- 6 aussetzungen des **§ 144 Abs 2 ABGB** idF BGBl I 2023/180 (insb Ehefrau oder eingetragene Partnerin der Mutter), so ist sie nach § 144 Abs 3 jedenfalls einem Vater gleichzustellen, auch wenn sie nicht Adoptiv- oder Pflegeelternteil ist.

6a Auch einem **gleichgeschlechtlichen Partner** des **Vaters** kann entsprechend der in Rz 6 zitierten Judikatur die Stellung als Pflegeelternteil zukommen. § 144 Abs 2 ABGB gilt hingegen nur für lesbische Paare (vgl *Mokrejs-Weinhappel* in *Rummel/Lukas/Geroldinger*, ABGB[4] § 144 Rz 13).

7 Sind **Großeltern** auch Pflegeeltern, haben sie Anspruch auf KBG *(Ehmer ua*, 52).

2. Bezugsberechtigung nur eines Elternteils (Abs 2)

8 Die Regelung des Abs 2 korreliert mit § 7 FLAG über den Bezug der FBH. Zur Situation bei Mehrlingsgeburten vgl unten Rz 13 f. Zur Möglichkeit des gleichzeitigen Bezugs anlässlich des ersten Betreuungswechsels vgl § 5d.

3. Vorrecht des betreuenden Eltenteils (Abs 3)

9 Stellen beide Elternteile einen Antrag auf KBG, so ist eine Abwägung vorzunehmen, welcher Elternteil die überwiegende Betreuung durchführt (EB 620 BlgNR 21. GP, 60). IdZ ist § 2a FLAG zu beachten, der den Anspruch auf FBH ebenfalls dem überwiegend den Haushalt führenden Elternteil gewährt. Bis zum Nachweis des Gegenteils wird vermutet, dass die **Mutter** den Haushalt überwiegend führt. Diese **Vermutung** schlägt auch auf das KBG durch (*Ehmer ua*, 72). Eine ähnliche Regelung enthält § 227a Abs 6 ASVG über den Erwerb von Kindererziehungszeiten in der PV (vgl zur Verfassungskonformität der dortigen Vermutung ausf 10 ObS 422/01h).

10 An den Bezug von KBG knüpft § 227a Abs 5 Z 1 ASVG die Zuordnungsvermutung zu einem Elternteil beim Erwerb von **Kindererziehungszeiten** als Ersatzzeiten vor dem 1.1.2005.

4. Abwechselnder Bezug durch beide Elternteile

11 Beim Anspruch auf KBG handelt es sich um einen von der Betreuung des Kindes im gemeinsamen Haushalt abhängigen **einheitlichen Anspruch**, den die Eltern wahlweise ausüben können, und nicht um getrennte Ansprüche des einen und des anderen Elternteils (10 ObS 151/11w). Der Wechsel der Bezugsberechtigung wird in §§ 3 und 5 geregelt.

5. Obsorgeberechtigung bei Trennung (Abs 7)

11a Die Regelung soll Missbrauch verhindern (1110 BlgNR 25. GP, 4). Für die Beurteilung, ob getrennt lebende Eltern vorliegen, ist auf die **faktischen Verhältnisse** abzustellen. Der behördl Meldung kommt (nur) Indizwirkung zu (10 ObS 45/19v).

11b Die Regelung stellt allein auf die Obsorgeberechtigung ab, sodass im Fall der Vereinbarung der Obsorge beider Eltern und der Festlegung des Haushalts der hauptsächlichen Betreuung bei einem Elternteil auch der andere (nicht als **Domizilelternteil** fungierende) Elternteil anspruchsberechtigt sein kann (10 ObS 51/19a).

Die – verfassungsrechtlich unbedenkliche (VfGH G 41/2021) – Voraus- **11c** setzung des **Familienbeihilfebezugs** in eigener Person ist dahin teleologisch zu reduzieren, dass die fehlende Personenidentität von Familienbeihilfebezieher und KBGwerber dem Erfordernis der zweimonatigen Mindestbezugsdauer des § 3 Abs 5 nicht entgegensteht, wenn dieses Fehlen nur darauf zurückzuführen ist, dass der Anspruch auf FBH auf den anderen Elternteil jeweils nur mit dem Monatsersten übergehen kann (§ 10 Abs 2 iVm § 2a Abs 1 FLAG; 10 ObS 17/19a).

B. Kind

1. Definitionen

Neben leiblichen Kindern vermitteln auch Adoptiv- und Pflegekinder den **12** Anspruch auf KBG. Die Begriffsinhalte ergeben sich aus den Definition der Adoptiv- und Pflegeeltern (vgl oben Rz 3 ff). Krisenpflegekinder sind in § 2a Abs 2 definiert. Zum Leistungsanspruch vgl näher Rz 29a ff.

2. Mehrlingsgeburten (Abs 4)

§ 3a sieht für Mehrlingsgeburten einen Zuschlag von 50 % pro jedem weiteren **13** Mehrlingskind vor. Auch nach der Einführung dieses Zuschlags durch BGBl I 2003/58 ist hins des Grundbezuges von KBG weiterhin von einer Geburt auszugehen (*Ehmer ua*, 72). Abs 4 stellt klar, dass der Zuschlag nach § 3a nur gebührt, wenn die Anspruchsvoraussetzungen für jedes Kind gegeben sind.

Fraglich ist, was bei **Aufteilung** der **Kinder** nach Trennung der Eltern zu gelten **14** hat. *Ehmer ua* (74) möchten das Problem mit einer teleologischen Reduktion des Abs 4 lösen, der diese Frage aber gar nicht regelt. Die Aufteilung des um den Zuschlag nach § 3a erhöhten KBG je zur Hälfte (bei Zwillingen) auf beide Elternteile ist sowohl mit Abs 2 (es ist nicht nur ein Kind vorhanden) als auch mit Abs 3 (der jeweils betreuende Elternteil hat Anspruch auf KBG) vereinbar. Jedenfalls kann in diesem Fall nicht nur ein Anspruch auf KBG oder ein solcher auf Zuschlag bestehen, insoweit ist den genannten Autoren zu folgen.

II. Anspruch auf/Bezug von Familienbeihilfe (Abs 1 Z 1)

Seit der Novelle BGBl I 2007/76 stellt das Gesetz nicht nur auf den Anspruch **15** auf FBH, sondern auch auf den tatsächlichen Bezug ab. Dadurch ist klargestellt, dass die Gerichte an die **Entscheidungen** der zust **Finanzbehörden gebunden** sind (vgl 10 ObS 65/06s) und deren Verfahren abzuwarten sind (EB 229 BlgNR 23. GP, 4).

Der **antragstellende Elternteil** muss grds nicht Bezieher der Familienbeihilfe **16** sein, wenn der andere Elternteil diese – etwa aufgrund eines Verzichts des betreuenden Elternteils nach § 2a Abs 2 FLAG – bezieht. Dies gilt aber dann nicht, wenn der antragstellende Elternteil etwa durch ein Amtssitzabkommen mit einer internat Organisation vom Anspruch auf FBH ausgeschlossen ist (10 ObS 170/13t, 10 ObS 40/14a). Auch im Fall getrennt lebender Eltern muss der antragstellende Elternteil selbst FBH beziehen (Abs 7, vgl Rz 11a).

17 **Angestellte** der **IAEO** (BGBl 1958/82 idgF) und der **UNO** (BGBl III 1998/99), soferne sie nicht österr Stb oder Staatenlose mit Wohnsitz in Ö sind, sind vom Anspruch auf FBH ausgeschlossen (10 ObS 170/13t, 10 ObS 40/14a). Dies gilt auch für ihre im gemeinsamen Haushalt lebenden Familienmitglieder (RS 0124615). Der Ausschluss gilt aber nicht für bloße Konsulenten einer internationalen Organisation (10 ObS 5/19m zum Amtssitzabkommen mit der UNIDO) und für in Ö steuerpflichtige und sozialversicherte Angestellte der ständigen Vertretung eines Staates bei der IAEO (10 ObS 148/21v).

18 Die Anspruchsvoraussetzung wird im **Anwendungsbereich** der **VO 883/2004** und der VorgängerVO 1408/71 auch durch den tatsächlichen Bezug einer **gleichartigen ausl FBH** des vorrangig zuständigen Staates samt österr Ausgleichszahlung nach § 4 Abs 2 und 3 FLAG erfüllt (229 BlgNR 23. GP, 4). Auch die FBH ist eine Familienleistung gem Art 1 lit z der VO 883/2004 (vgl EuGH C- 363/08 in der Rs *Slanina*; zur Koordinierung der Familienleistungen nach dem Unionsrecht vgl unten Rz 43 ff). Die VO 883/2004 gilt für Unionsbürger, Drittstaatsangehörige im Verhältnis zw den MS, EWR-Bürger und im Verhältnis der MS zur Schweiz (vgl näher *Spiegel* in Zwischenstaatl SV-Recht, Überblick, Rz 15 ff mwN und Art 2 Rz 12 ff, auch zum verbleibenden Anwendungsbereich der VO 1408/71). Diese Gleichsetzung ergibt sich aus Art 5 lit a der VO 883/2004 über die Gleichstellung von Leistungen, Einkünften Sachverhalten oder Ereignissen (vgl auch *Kain*, DRdA 2024, 3 [4f]). Durch die Novelle BGBl I 2023/115 wurde dies auch (wieder) in den nationalen Gesetzestext übernommen. Das Kriterium des Bezugs in eigener Person ist auch erfüllt, wenn die ausl Leistung durch den anderen Elternteil bezogen wird, insofern der eigene Anspruch in Ö dem Grunde nach besteht (*Kain* aaO).

18a Die Anspruchsvoraussetzung des tatsächlichen Bezugs ist auch dann erfüllt, wenn sich aufgrund einer höheren ausländischen Familienbeihilfeleistung die Ausgleichszahlung auf die österr FBH nach der Differenzrechnung des § 4 Abs 2 und 3 FLAG mit null bemisst und tatsächlich nur der österreichische **Kinderabsetzbetrag** (§ 33 Abs 3 EStG) als mit der Familienbeihilfe funktionsgleicher Teil der Ausgleichszahlung ausgezahlt wird (10 ObS 115/20i). Dies gilt auch dann, wenn aufgrund der Differenzrechnung oder der Antikumulierungsregel des Art 68 Abs 2 der VO 88372004 (Rz 63 ff) der Kinderabsetzbetrag tatsächlich nicht ausbezahlt wird (10 ObS 128/21b).

19 Hingegen enthält das **bilaterale Abkommensrecht** keine Regelungen über Familienleistungen, sodass davon weder die Familienbeihilfe noch das KBG erfasst werden (vgl *Spiegel* in Zwischenstaatl SV-Recht, Abk Allg Teil, Rz 13).

Es gibt daher auch keine Sachverhaltsgleichstellung. Der Anspruch auf eine gleichartige ausl Beihilfe schließt gem § 4 Abs 1 FLAG außerhalb des Anwendungsbereichs der VO 883/2004 und der VO 1408/71 vom Anspruch auf FBH aus. Österr Stb erhalten allerdings gem § 4 Abs 2 FLAG eine Ausgleichszahlung, die als FBH iSd FLAG gilt (§ 4 Abs 6 FLAG), sodass auf diesem Weg die Anspruchsvoraussetzung des § 2 Abs 1 Z 1 erfüllt ist.

Eine ausl Leistung ist dann als **gleichartig** anzusehen, wenn sie auf einer öffentlich-rechtlichen Grundlage beruht und zur Herbeiführung eines Lastenausgleichs im Interesse der Familie gewährt wird (vgl *Gebhart* in *Lenneis/Wanke*, FLAG, § 4 Rz 14). Die Höhe der ausl Beihilfe wird idR für die Frage der Gleichartigkeit kein maßgebendes Kriterium sein, weil die Abs 2 bis 6 des § 4 FLAG davon ausgehen, dass auch niedrigere ausl Beihilfen vom Anspruch auf die FBH ausschließen (vgl DurchführungsRL zum FLAG, Punkt 04.01.1, abgedr in *Lenneis/Wanke*, 1066 ff). 20

III. Gemeinsamer Haushalt (Abs 1 Z 2 und Abs 6)

A. Grundsätzliches

Durch die mit BGBl I 2009/116 eingefügte Klarstellung des Abs 6, dass ein gemeinsamer Haushalt eine auf längere Zeit gerichtete Wohn- und Wirtschaftsgemeinschaft mit dementsprechenden **Hauptwohnsitzmeldungen** des Elternteiles und des Kindes an derselben Adresse voraussetzt, wird eine Entlastung der Eltern und der KVT erreicht (340 BlgNR 24. GP, 9; 10 ObS 57/13z ua). § 2 Abs 6 idF vor BGBl I 2016/53 wurde vom OGH zu 10 ObS 144/15x beim VfGH angefochten. Der VfGH hielt die Regelung nicht für unsachlich, sie erleichtere die Administrierbarkeit (G 121/2016). *Kovács* äußerte unionsrechtliche Bedenken sowohl hins des Erfordernisses der Hauptwohnsitzmeldung, das gegen Art 11 der VO 987/2009 verstoße, als auch gegen die Definition des gemeinsamen Haushalts, die gegen Art 1 lit i Z 3 der VO 883/2004 verstoße (ZAS 2022, 59 [69]; ebenso *Kain*, DRdA 2024, 3 [5]). 21

Die Voraussetzung des gemeinsamen Haushalts wird im Anwendungsbereich der VO 883/2004 und 1408/71 (Rz 43 ff) durch deren Koordinierungsregelungen überlagert (vgl unten Rz 49 ff). 22

B. Haushalt

Zweck des KBG ist es, einem Elternteil zu ermöglichen, sich in der ersten Lebensphase eines Kindes dessen Erziehung zu widmen, die Betreuungs- und Erziehungskosten auszugleichen und gegebenenfalls finanzielle Nachteile, die der Verzicht auf ein (Voll-)Erwerbseinkommen bedeutet, abzumildern (10 ObS 109/07p). Primäre Anspruchsvoraussetzung ist somit die Erbringung von Betreuungsleistungen, wobei der Gesetzgeber davon ausgeht, dass diese von jenem Elternteil erbracht werden, der mit dem Kind einen gemeinsamen Haushalt führt (10 ObS 69/14s). 23

24 Seit der Novelle BGBl I 2016/53 ist eine **dauerhafte Wohn- und Wirtschaftsgemeinschaft** Anspruchsvoraussetzung. Diese ist auch bei einem Bezugswechsel (vgl § 3 Rz 6 ff, § 24b Rz 2) zw getrennt lebenden Elternteilen in der Variante 12+2 auch während der zweimonatigen Bezugsdauer im Verlängerungszeitraum gegeben (10 ObS 17/19a mit ausf Begründung unter Hinweis auf den Gesetzeszweck der flexibleren Handhabung durch die Eltern). Die Novelle BGBl I 2019/24 definiert als dauerhaft einen Zeitraum von mind 91 Tagen durchgehend und gerät damit in ein Spannungsfeld mit der genannten Entscheidung (vgl dazu auch 10 ObS 65/19k). Auch nach der neuesten Rsp (10 ObS 119/19a) ist für den genannten Fall eine teleologische Reduktion vorzunehmen, zumal den Gesetzesmaterialien kein Hinweis zu entnehmen ist, dass die Regelungen der §§ 3 Abs 2 und 5 und 24b Abs 2 durch die Neuregelung tangiert sein sollten. Diese wurde vielmehr iZm der Regelung des Leistungsanspruchs für Krisenpflegeeltern vorgenommen (584/A und 494 BlgNR 26. GP; vgl auch Rz 29c; ebenso *Blasl*, Auslegung der dauerhaften Wohn- und Wirtschaftsgemeinschaft im Sinne des KBGG bei getrennt lebenden Eltern, ASoK 2019, 465 [468]).

25 Außer dem Erfordernis, dass die mit dem Kind zu führende Wohn- und Wirtschaftsgemeinschaft auf längere Zeit ausgerichtet sein muss, enthält das Gesetz keine weiteren Anforderungen, etwa in dem Sinn, dass die Wohn- und Wirtschaftsgemeinschaft fortwährend am selben Ort oder aber in einer eigenen Wohnung stattzufinden hat. Daraus ist abzuleiten, dass auch **wechselnde Unterkunftnahmen** als gemeinsamer Haushalt zu qualifizieren sind (10 ObS 69/14s).

26 **§ 2 Abs 5 FLAG** regelt die Frage des gemeinsamen Haushalts wie folgt:

> Zum Haushalt einer Person gehört ein Kind dann, wenn es bei einheitlicher Wirtschaftsführung eine Wohnung mit dieser Person teilt. Die Haushaltszugehörigkeit gilt nicht als aufgehoben, wenn
> a) sich das Kind nur vorübergehend außerhalb der gemeinsamen Wohnung aufhält,
> b) das Kind für Zwecke der Berufsausübung notwendigerweise am Ort oder in der Nähe des Ortes der Berufsausübung eine Zweitunterkunft bewohnt,
> c) sich das Kind wegen eines Leidens oder Gebrechens nicht nur vorübergehend in Anstaltspflege befindet, wenn die Person zu den Kosten des Unterhalts mindestens in Höhe der Familienbeihilfe für ein Kind beiträgt; handelt es sich um ein erheblich behindertes Kind, erhöht sich dieser Betrag um den Erhöhungsbetrag für ein erheblich behindertes Kind (§ 8 Abs. 4).
>
> Ein Kind gilt bei beiden Elternteilen als haushaltszugehörig, wenn diese einen gemeinsamen Haushalt führen, dem das Kind angehört.

Aufgrund eines entsprechenden Hinweises in den Materialien zur Stammfassung des KBGG (620 BlgNR 21. GP, 8) und der engen Verknüpfung des KBG und der FBH ist grds von derselben Bedeutung des „Haushaltes“ in beiden Gesetzen auszugehen (*Ehmer ua*, 59).

Der gemeinsame Haushalt kann bereits ab dem ersten Tag der **Abwesenheit** **27**
des Elternteils bzw des Kindes aufgelöst sein. Für Zeiträume bis 91 Tage ist im Einzelfall zu prüfen, ob der gemeinsame Haushalt aufgelöst ist. Ab einer (tatsächlichen oder voraussichtlichen) Abwesenheit von mehr als drei Monaten ist der Zeitraum von einer derartigen Dauer, dass für die Zeit der Abwesenheit von keinem gemeinsamen Haushalt auszugehen ist. Für die Behörden sollen durch die Regelung des Abs 6 aufwendige Prüftätigkeiten entfallen (340 BlgNR 24. GP, 9).

Vorübergehende Abwesenheiten sind grds unschädlich. Als **vorübergehend** **28**
wird ein Aufenthalt des Kindes außerhalb der gemeinsamen Wohnung dann anzusehen sein, wenn aus den Umständen des Falls darauf geschlossen werden kann, dass das Kind nach absehbarer Zeit wieder in der gemeinsamen Wohnung leben wird (10 ObS 57/13z).

Für schwerkranke Kinder wurde durch BGBl I 2016/53 eine Sonderregelung **28a**
geschaffen, die den Fortbezug des KBG auch bei einem 91 Tage übersteigenden **Krankenhausaufenthalt** unter der Voraussetzung einer mind 4 Std täglich andauernden Betreuung und Pflege des Kindes durch den bezugsberechtigten Elternteil ermöglicht (krit zur Beschränkung auf Krankenhausaufenthalte und zur praktischen Vollziehbarkeit der Neuregelung *Burger-Ehrnhofer*, ASoK 2016, 412 [415 f]). Für Geburten nach dem 31.10.2023 wurde durch BGBl I 2023/115 die Mindestbetreuungsdauer auf 2 Std täglich verkürzt.

Der gemeinsame Haushalt ist jedenfalls dann **beendet**, wenn das Kind einem **29**
anderen Haushalt angehört. So besteht beispielsweise bei **(Krisen-)Pflegeeltern** bereits ab dem ersten Tag der Übernahme des Kindes ein gemeinsamer Haushalt (10 ObS 57/13z).

Vor der Novelle BGBl I 2016/53 wurde von der Rsp die Anspruchsberechti- **29a**
gung von Krisenpflegeeltern bejaht und zwar vom ersten Tag der Betreuung an, unabhängig von der Dauer des gemeinsamen Haushalts (10 ObS 3/13h, 10 ObS 14/13a ua).

Die Novelle BGBl I 2016/53 sah für Geburten ab 1.3.2017 (§ 50 Abs 14) in § 3 **29b**
Abs 5 eine **Mindestbezugsdauer** von 61 Tagen nunmehr auch unabhängig von einem Bezugswechsel vor (vgl § 3 Rz 10). Zusätzlich muss für Bezugszeiträume ab 1.1.2017 (§ 50 Abs 16) die Wohn- und Wirtschaftsgemeinschaft eine **dauerhafte** sein. Erklären sich Krisenpflegeeltern bereit, ein Kind für einen unbestimmten Zeitraum, solange es nötig ist, in ihrem Haushalt zu betreuen, so begründen sie aber auch nach dieser Rechtslage mit dem ersten Tag der Übernahme einen gemeinsamen Haushalt. Eine Ex-post-Differenzierung danach, wie lange diese Betreuung tatsächlich dauerte, ist nicht relevant (10 ObS 65/19k).

29c Durch die Novelle BGBl I 2019/24 wird der Anspruch von Krisenpflegeeltern erstmals ausdrücklich geregelt und von einer 91 Tage dauernden durchgehenden Wohn- und Wirtschaftsgemeinschaft abhängig gemacht. Die Neuregelung ist am 1.7.2018 in Kraft getreten (§ 50 Abs 23). Die Neuregelung ist auch für Fälle anwendbar, wo der Anspruchszeitraum vor dem 1.7.2018 beginnt und danach endet, nicht aber für solche, wo der Anspruchszeitraum vor dem 1.7.2018 geendet hat (10 ObS 57/19h). Hinsichtlich Krisenpflegeeltern liegt daher eine Sonderregelung zur 61-tägigen Mindestbezugsdauer nach § 3 Abs 5 vor (10 ObS 13/21s). Die Neuregelung ist weder teleologisch zu reduzieren noch verfassungsrechtlich bedenklich (10 ObS 134/22m).

C. Hauptwohnsitzmeldung

30 Nach § 1 Abs 7 MeldeG ist der **Hauptwohnsitz** eines Menschen an jener Unterkunft begründet, an der er sich in der erweislichen oder aus den Umständen hervorgehenden Absicht niedergelassen hat, diese zum Mittelpunkt seiner Lebensbeziehungen zu machen. Der Wohnsitz wird in § 1 Abs 6 MeldeG, Unterkünfte in § 1 Abs 1 MeldeG definiert. Art 6 Abs 3 B-VG enthält eine § 1 Abs 7 MeldeG nur teilw entsprechende Definition des Hauptwohnsitzes, weil das B-VG keine Unterkunft voraussetzt und die Begründung eines Hauptwohnsitzes überall dort vorsieht, wo der faktische Lebensmittelpunkt besteht. Das KBGG stellt auf den melderechtlichen Hauptwohnsitzbegriff und nicht auf jenen des Art 6 Abs 3 B-VG ab (10 ObS 69/14s).

30a Befinden sich in einem Wohnhaus zwei Wohnungen, die mit zwei unterschiedlichen Topnummern von der Meldebehörde bezeichnet wurden, so verfügen diese Wohnungen über unterschiedliche **Wohnadressen** (10 ObS 161/21f).

30b Die Verpflichtung, ein Kind nach der Geburt anzumelden, richtet sich nach § 3 Abs 1 MeldeG und stellt auf die tatsächliche Unterkunftnahme des Kindes an derselben Wohnadresse ab, an der die Eltern mit dem Kind im gemeinsamen Haushalt leben. Gem § 3 Abs 1 MeldeG ist die **Anmeldung** innerhalb von drei Tagen nach Unterkunftnahme des Kindes in der Wohnung an der gemeinsamen Wohnadresse vorzunehmen. Eine nach Ablauf der Frist des § 3 Abs 1 MeldeG und höchstens bis zu 14 Tagen verspätet erfolgte Hauptwohnsitzmeldung des Kindes an der gemeinsamen Wohnadresse schadet gem § 2 Abs 3 Satz 2 nicht. Den Eltern steht daher ab dem der Unterkunftnahme folgenden Tag insgesamt eine Frist von 17 Tagen für die noch ausständige Anmeldung des Kindes am gemeinsamen Hauptwohnsitz zur Verfügung (vgl grds10 ObS 84/22h, die Entscheidung erging noch zur Rechtslage vor der Novelle BGBl I 2023/115, die die Toleranzfrist von 10 auf 14 Tage erhöhte, die Gesamtfrist betrug damals daher 13 Tage). Zur Anmeldung im Wege der Personenstandsbehörde vgl 10 ObS 89/23w mwN.

31 Als **Wohnung** sind neben künstlich geschaffenen auch natürlich entstandene Räume anzusehen, wenn sie zum Wohnen und Schlafen benützt werden.

Räume von Betreuungseinrichtungen (etwa für Obdachlose) werden dann nicht als Wohnung angesehen, wenn sich dort Menschen bloß tagsüber während bestimmter Zeiten aufhalten können (10 ObS 69/14s mwN).

Eine **Hauptwohnsitzbestätigung** eines **Obdachlosen** iSd § 19a MeldeG ist einer hauptwohnsitzlichen Meldung iSd Abs 6 gleichzuhalten. Es wäre nämlich sachlich nicht zu rechtfertigen, dass ein Elternteil nur deshalb keinen Anspruch auf KBG haben sollte, weil er sein Kind nicht in einer Wohnung, sondern beispielsweise in einer Notunterkunft für Obdachlose betreut. Dies setzt voraus, dass es sich nicht um eine bloße Scheinmeldung handelte, dh dass die nach dem MeldeG erforderliche Voraussetzung der Obdachlosigkeit nicht gegeben war (10 ObS 69/14s). **32**

Hat ein Elternteil die Pflege und Erziehung des Kindes, so trifft ihn die **Meldepflicht** hins des **Kindes** (§ 7 Abs 2 MeldeG). In diesem Fall kommt eine teleologische Reduktion des § 2 Abs 6 wg „rechtlicher Unmöglichkeit" der Meldung des Kindes nicht in Betracht (10 ObS 61/18w). **32a**

Bei Wohnsitz in einem **anderen Mitgliedstaat** gilt Folgendes (vgl 10 ObS 45/19v, 10 ObS 41/19f): Existiert im anderen MS ein mit dem österr Melderecht vergleichbares System, ist die Vornahme der Meldung entsprechend der Ausgestaltung des jeweiligen Systems Voraussetzung für den Bezug des KBG (vgl Art 5 lit b VO 883/2004). Darauf, ob das ausl Recht eine Erfassung des ständigen Wohnsitzes zwingend vorschreibt, kommt es nicht an, sondern nur auf die entsprechende Möglichkeit (10 ObS 88/21w – Tschechien; zum ungarischen Melderecht vgl ausf 10 ObS 77/24g). Bei Fehlen eines vergleichbaren Systems müssen die Anspruchsvoraussetzungen der gemeinsamen hauptwohnsitzlichen Meldung unangewendet bleiben, weil sonst eine vom persönl Anwendungsbereich der VO 883/2004 erfasste Person allein aufgrund ihres Wohnsitzes in einem anderen MS vom Bezug der Leistung schlechthin ausgeschlossen wäre, was gegen Art 7 der VO 883/2004 (Aufhebung der Wohnortklauseln) verstoßen würde. **32b**

IV. Einkommensgrenze (Abs 1 Z 3)

Der **absolute Grenzbetrag** beträgt seit 1.1.2023 18.000 € (BGBl I 2022/174; § 50 Abs 35). **33**

Der **individuelle Grenzbetrag** des § 8b wurde durch die Novelle BGBl I 2009/116 eingeführt und beträgt 60 % der Einkünfte aus dem letzten Kalenderjahr vor der Geburt des Kindes, in welchem kein KBG bezogen wurde. Damit wird vor der Geburt besser verdienenden Eltern neben der Ausübung einer Teilzeitbeschäftigung in einem angemessenen Ausmaß der Bezug von KBG ermöglicht. Liegt die individuelle Zuverdienstgrenze unter 18.000 €, so gilt jedenfalls der Betrag von 18.000 € als Zuverdienstgrenze (340 BlgNR 24. GP, 9). **34**

Für die Berechnung der maßgeblichen Einkünfte sehen die §§ 8 und 8b detaillierte Regelungen vor (siehe dort). **35**

36 Bei Überschreitung der Zuverdienstgrenze verringert sich gem § 8a das für das betreffende Kalenderjahr gebührende KBG – im Gegensatz zur früheren Rechtslage, die zum Verlust des gesamten Anspruchs führte – nur um den übersteigenden Betrag. Diese mit BGBl I 2007/76 eingeführte **Einschleifregelung** gilt für Bezugszeiträume nach dem Jahr 2007 (§ 49 Abs 14).

37 Die vom OGH vorgetragenen verfassungsrechtlichen Bedenken gegen die die Zuverdienstgrenze in der Stammfassung betreffenden Regelungen (vgl RS 0124062) wurden vom VfGH nicht geteilt (G 128/08 ua). Die Anwendung der Zuverdienstgrenze begegnet auch bei subsidiär Schutzberechtigten keinen verfassungsrechtlichen Bedenken (10 ObS 150/10x).

38 Für den Anspruch auf Beihilfe zum pauschalen KBG sieht § 9 Abs 3 eine eigene Verdienstgrenze vor.

39 § 37 über die Datenübermittlungspflicht seitens der Abgabenbehörden erleichtert den KVT die Überwachung der Einhaltung der Zuverdienstgrenze. § 31 Abs 2 sieht einen **verschuldensunabhängigen Rückforderungstatbestand** für den Fall der Überschreitung der Zuverdienstgrenze vor. § 31 Abs 7 normiert eine zeitliche Begrenzung des Rückforderungsrechts.

V. Mittelpunkt der Lebensinteressen in Österreich; Auslandsbeamte (Abs 1 Z 4 und Abs 9)

40 Diese Voraussetzung ergibt sich im Normalfall aus den Anspruchsvoraussetzungen für den Bezug der FBH. Für jene Fälle, in denen ein Elternteil das KBG beanspruchen möchte, aber nicht Bezieher der FBH in eigener Person ist (vgl oben Rz 16), sowie aus Gründen der Rechtssicherheit hat der Gesetzgeber mit der Novelle BGBl I 2005/100 diese Voraussetzung ins KBGG aufgenommen (952 BlgNR 22. GP, 155).

41 Der Mittelpunkt der Lebensinteressen im Bundesgebiet ist dann anzunehmen, wenn sich eine Person ständig in Österreich aufhält und sich aus der Gesamtabwägung aller Umstände ergibt, dass diese Person zu Österreich die **engeren persönlichen** und **wirtschaftlichen Beziehungen** hat (vgl § 2 Abs 8 FLAG). Nach der Rsp des VwGH kann eine Person zwar mehrere Wohnsitze, jedoch nur einen Mittelpunkt der Lebensinteressen haben (93/15/0145). Den wirtschaftlichen Beziehungen kommt idR eine geringere Bedeutung als den persönlichen Beziehungen zu. Entscheidend ist das Gesamtbild der persönlichen und wirtschaftlichen Verhältnisse, wobei das Überwiegen der Beziehungen zum einen oder anderen Staat den Ausschlag gibt (VwGH 2008/15/0114). Zu den Kriterien im Detail vgl VwGH 89/14/0054 mwN; vgl auch die Beispiele bei *Reinalter* in *Lenneis/Wanke*, FLAG, § 2 Rz 16.

41a **Auslandsbeamte** (zB Diplomaten) haben den Mittelpunkt der Lebensinteressen zwar nicht im Inland, sie haben jedoch unter den Voraussetzungen des für Geburten nach dem 31.10.2023 anwendbaren Abs 9 Anspruch auf KBG.

Die Rsp zur früheren Rechtslage (10 ObS 180/19x, 10 ObS 2/20x) ist damit überholt.

Diese Anspruchsvoraussetzung wird im **Anwendungsbereich** der **VO 883/2004** und 1408/71 (vgl unten Rz 43 ff.) durch deren Koordinierungsregeln überlagert, im Rahmen derer es zu einem **Export** des KBG in andere Staaten kommen kann (vgl unten Rz 52 ff). Hingegen ist das bilaterale Abkommensrecht auf Familienleistungen nicht anzuwenden (Rz 19), sodass es zu keinem Export in Vertragsstaaten kommen kann. 42

VI. Koordinierung nach Unionsrecht

A. Sachlicher Anwendungsbereich

Das KBG ist eine **Familienleistung** iSd Art 1 lit z der VO 883/2004 (vgl *Felten* in Zwischenstaatl SV-Recht, Art 67 Rz 2) und Art 4 Abs 1 lit h der VO 1408/71 (RS 0122905, EuGH C-543/03 in der Rs *Dodl und Oberhollenzer*), ebenso die Beihilfe nach § 9 (10 ObS 63/20t) und der Partnerschaftsbonus nach § 5b (*Kovács*, ZAS 2022, 59 [60]). Für den Fall des Vorliegens eines grenzüberschreitenden Sachverhalts werden in der Folge die vorzunehmenden Prüfschritte abgehandelt. 43

B. Grenzüberschreitender Sachverhalt

Voraussetzung für die Anwendung des koordinierenden europ Sozialrechts ist das Vorliegen eines grenzüberschreitenden Sachverhalts. Der gemeinschaftliche, grenzüberschreitende Bezug setzt voraus, dass Personen, Sachverhalte oder Begehren eine rechtliche Beziehung zu einem anderen MS aufweisen. Diese Umstände können in der Staatsangehörigkeit, dem Wohn- oder Beschäftigungsort, dem Ort eines die Leistungspflicht auslösenden Ereignisses, in vormaliger Arbeitstätigkeit unter dem Recht eines anderen MS oder ähnlichen Merkmalen gesehen werden (10 ObS 27/08 f mwN). 44

C. Territorialer Anwendungsbereich

Vgl dazu oben Rz 18. 45

D. Persönlicher Anwendungsbereich

Gem ihrem Art 2 Abs 1 gilt die VO 883/2004 für **Staatsangehörige eines MS**, Staatenlose und Flüchtlinge mit Wohnort in einem MS, für die die Rechtsvorschriften eines oder mehrerer MS gelten oder galten, sowie für ihre Familienangehörigen und Hinterbliebenen. 46

Fallen **Drittstaatsangehörige** ausschließlich aufgrund ihrer Staatsangehörigkeit nicht bereits unter die VO 883/2004, gilt sie auch für Drittstaatsangehörige und ihre Familienangehörigen und ihre Hinterbliebenen aufgrund der VO 1231/2010, sofern sie ihren rechtmäßigen Wohnsitz im Hoheitsgebiet eines Mitgliedstaats haben und sich in einer Lage befinden, die nicht ausschließlich einen einzigen Mitgliedstaat betrifft (Art 1 VO 1231/2010). Der 46a als Grundvoraussetzung für die Anwendung des Unionsrechts geforderte Unionsbezug setzt voraus, dass Personen, Sachverhalte oder Begehren eine rechtliche Beziehung zu einem anderen Mitgliedstaat aufweisen. Dieser Bezug muss nicht in der Person des Leistungsberechtigten vorliegen; für Ansprüche aus abgeleiteter Sicherung genügt es, wenn er in der Person eines Familienangehörigen erfüllt ist. Sind Eltern und Kind ukrainische Staatsbürger, lebt die studierende Mutter mit dem Kind in Ö und ist der Vater in Polen selbständig erwerbstätig, so ist letzterer Umstand ein ausreichender Bezug zu einem anderen MS und die VO 883/2004 anwendbar (10 ObS 48/24t).

47 Im Gegensatz zur VorgängerVO 1408/71 ist es nicht mehr entscheidend, dass die betreffende Person eine ökonomische Aktivität ausübt bzw Studierender oder Pensionist ist. Auch **inaktive Personen**, die über die Unionsbürgerschaft verfügen und ihren Wohnsitz in einem MS haben, sind erfasst (vgl *Felten* in Zwischenstaatl SV-Recht, § 67 Rz 3).

48 Hingegen galt die VO 1408/71 gem ihrem Art 2 Abs 1 ua für AN und Selbständige, für die Rechtsvorschriften eines oder mehrerer MS gelten oder galten. Die Begriffe **„Arbeitnehmer“** und „Selbständige“ waren in Art 1 lit a der VO definiert. Die Rsp befasste sich insb mit dem Vorliegen der AN-Eigenschaft bei Inanspruchnahme einer gesetzl und freiwilligen Karenz (EuGH C-543/03 Rs *Dodl und Oberhollenzer*, C-516/09 Rs *Borger*; RS 0121106, 10 ObS 35/11 m). Für die Anwendung der VO 1408/71 auf Familienleistungen war es ausreichend, dass ein Elternteil AN iSd der VO war (10 ObS 27/08 f).

E. Bestimmung des anwendbaren Rechts

49 Die Regelungen des Art 67 der VO 883/2004 (Exportverpflichtung) und des Art 68 (Prioritätsregeln) knüpfen an die Bestimmung des anwendbaren Rechts nach Art 11 an. Es ist daher zunächst festzustellen, welchen Rechtsvorschriften der Anspruchswerber unterliegt (vgl ausf 10 ObS 65/06s). Dies ist primär jener MS, in dem eine (un-)selbständige **Beschäftigung** (zum Begriff vgl näher unten Rz 61 f) ausgeübt wird (Art 11 Abs 3 lit a) bzw eine **Rente** bezogen wird (Art 67 Satz 2; vgl *Felten* in Zwischenstaatl SV-Recht, Art 67 Rz 4 und 6 mwN; EuGH C-199/21, Rs *DN/Finanzamt Österreich*). Subsidiär ist die Zuständigkeit des **Wohnmitgliedstaats** gem Art 11 Abs 3 lit e gegeben.

50 Art 11 Abs 3 lit e der VO 883/2004 ist dahingehend auszulegen, dass er dem entgegensteht, dass ein MS aufgrund des bloßen Umstands, dass eine Person in seinem Staatsgebiet einen **registrierten Wohnsitz** hat, ohne dass sie und ihre Familienangehörigen in diesem MS gewöhnlich arbeiten oder wohnen, als der Staat angesehen wird, der für die Gewährung einer Familienleistung an diese Person zuständig ist (EuGH C-394/13, Rs *Ministerstvo práce a sociálních veci gegen B.*).

51 Art 11 Abs 2 der VO 883/2004 sieht eine **Fortwirkung** des **Beschäftigungsstatuts** bei kurzfristigem Bezug von Geldleistungen der sozialen Sicherheit vor. Dies gilt zB beim Bezug von **Krankengeld**, die entgegenstehende Regelung des § 24 Abs 2 ist insoweit unangewendet zu lassen (10 ObS 117/14z; vgl auch unten Rz 61), ebenso beim Bezug von **Weiterbildungsgeld** wg einer Bildungskarenz (10 ObS 51/17y). An dieser Konsequenz vermag auch der durch BGBl I 2016/53 in Reaktion auf dies Rsp eingefügte § 24 Abs 3 nichts zu ändern, der selbst in dieser Hinsicht ebenfalls unionsrechtswidrig ist (zu Recht krit auch *Hess-Knapp*, Das neue pauschale Kinderbetreuungsgeld als Konto und der neue Familienzeitbonus, DRdA 2016, 240 [245]). Selbstverständlich kann der nationale Gesetzgeber die vom OGH unionsrechtlich begründete Rechtsfolge nicht beeinflussen (vgl auch *Sonntag*, ASoK 2017, 2 [4 f]). Der Bezug von KBG gilt dagegen nicht als fortgesetzte Ausübung der Beschäftigung, weil es sich um eine Leistung für alle Einwohner handelt, die nicht aufgrund oder infolge einer Erwerbstätigkeit gebührt (10 ObS 117/14z). Übersiedelt der KBG-Bezieher in einen anderen MS, so unterliegt er nicht weiter dem österr Recht, sondern nach Art 11 Abs 3 lit e dem Recht seines neuen Wohnortstaates; der Anspruch auf KBG endet (*Pöltl* in Zwischenstaatl SV-Recht, Art 11 Rz 9, *Holzmann-Windhofer*, Kinderbetreuungsgeld für EG-Wanderarbeitnehmer, SozSi 2008, 16), außer Ö bleibt wegen der Fortwirkung des Beschäftigungsstatuts aufgrund einer Elternkarenz weiterhin zuständig (vgl Rz 62).

Bei **Beschäftigung** in **mehreren MS** ist jener MS zuständig, in dem der wesentliche Teil der Beschäftigung liegt (Art 13 Abs 1 VO 883/2004), sodass bei einer Karenzierung beim österr DG und der Ausübung einer geringfügigen Beschäftigung in D der betreffende Elternteil österr Recht unterliegt (10 ObS 122/17i). 51a

F. Exportverpflichtung

Art 67 der VO 883/2004 sieht einen Anspruch auf Export von Familienleistungen für Familienangehörige (Art 1 lit i) vor, die in einem anderen MS wohnen. Dadurch soll verhindert werden, dass Personen auf die Ausübung ihres Freizügigkeitsrechts verzichten, um nicht den Anspruch auf Familienleistungen für Familienangehörige zu verlieren. Unerheblich für die Familienangehörigeneigenschaft ist, ob die Eltern in aufrechter Ehe leben oder geschieden sind (vgl *Felten* in Zwischenstaatl SV-Recht, Art 67 Rz 4 f mwN). Die Exportverpflichtung ist auch nicht davon abhängig, ob der Anspruchswerber im zust MS eine Beschäftigung ausübt oder infolge einer Beschäftigung eine Geldleistung bezieht (EuGH C-322/17 Rs *Bogatu*). Dies erklärt sich daraus, dass sich die Zuständigkeit dieses MS ja auch aus anderen Anknüpfungspunkten als der Beschäftigung ergeben kann (vgl Rz 49). 52

G. Prioritäts- und Antikumulierungsregeln

1. Anwendungsvoraussetzungen und -grundsätze

Art 68 Abs 1 der VO 883/2004 sieht Prioritätsregeln für den Fall eines **Anspruchskonflikts** vor, der zu Stande kommen kann, weil es sich bei Familien um Mehrpersonenverhältnisse handelt. Es kann daher die Situation eintreten, 53 dass diese jeweils unterschiedlichen Rechtsvorschriften unterliegen und somit ein Anspruch auf Familienleistungen nach mehreren Rechtsordnungen besteht (*Felten* in Zwischenstaatl SV-Recht, Art 68 Rz 1). Art 68 Abs 2 enthält Antikumulierungsregeln. Art 68 der VO 883/2004 kommt dann nicht zur Anwendung, wenn ein Staat bloß **freiwillig** leistet, sodass gar nicht zwei Ansprüche von koordinierungsrechtlich zuständigen Staaten aufeinandertreffen (*Kain*, DRdA 2024, 3 [10]).

54 Voraussetzung für eine Anwendung dieser Bestimmungen ist, dass es sich um das **Zusammentreffen** von **vergleichbaren** (gleichartigen) **Familienleistungen** handelt. Besteht in einem der beiden Staaten kein Anspruch auf eine mit dem KBG vergleichbare Familienleistung, ist der Anspruch ausschließlich aufgrund der Regelung über die Exportpflicht (vgl oben Rz 52) zu prüfen. Dabei ist es unerheblich, ob im Wohnsitzstaat eine entsprechende Leistung gar nicht existiert oder ob sie dort nur deshalb nicht zur Auszahlung gelangt, weil beispielsweise die dort geltenden Einkommensgrenzen überschritten werden (EuGH C-543/03, Rs *Dodl und Oberhollenzer*, 10 ObS 35/11m mwN, jeweils zur VO 1408/71). Diese Grundsätze gelten mE auch für die VO 883/2004 (aA EB 1110 BlgNR 25. GP, 8 f), weil auch Art 76 der VO 1408/71 die Gleichartigkeit als Voraussetzung der Anwendung der Prioritätsregeln nicht vorsah, sondern sich diese aus der Rsp des EuGH ergaben (vgl die Fundstellen in 10 ObS 109/07p). Vgl auch *Sonntag*, ASoK 2017, 2. Entscheidend für die Anwendbarkeit der Antikumulierungsvorschrift ist, dass die betreffende Person **alle formellen** und **materiellen Voraussetzungen** für eine Leistung tatsächlich erfüllt (EuGH C-36/23, Rs *Familienkasse Sachsen*).

55 **Vergleichbarkeit** ist anzunehmen, wenn die Leistungen einander nach Funktion und Struktur im Wesentlichen entsprechen. Die **liechtensteinische Geburtszulage** ist mit dem österr KBG nicht vergleichbar (10 ObS 109/07p zur VO 1408/71; 10 ObS 146/16t zur VO 883/2004; dies gilt nach 10 ObS 110/19b ungeachtet der Neuregelung des § 6 Abs 3 durch BGBl I 2016/53), dasselbe gilt für die **Schweizer Kinderzulage** (10 ObS 35/11 m zur VO 1408/71), das **deutsche Betreuungsgeld** (10 ObS 149/17k, vgl auch 10 ObS 141/19m zum Verhältnis zu § 6 Abs 3), das **bayerische Familiengeld** (10 ObS 19/20x), die **finnische Kinderbetreuungsbeihilfe** (10 ObS 147/21x), die **niederländische Leistung „Kinderopvangtoeslag“** (10 ObS 55/23w), das **slowakische Elterngeld** und das vom **Vater bezogene slowakische Mutterschaftsgeld** (10 ObS 101/22h). Vgl auch § 6 Rz 9a, 9b.

55a Die Beurteilung der Vergleichbarkeit ist eine rein **rechtliche Beurteilung** und kann daher nicht Gegenstand eines prozessualen Anerkenntnisses sein (10 ObS 123/23w).

56 Die Anwendung der Prioritätsregeln erfolgt grds unter Berücksichtigung der gesamten familiären Situation und unter Heranziehung beider Elternteile (**Familienbetrachtungsweise**): Familienleistungen können nicht als Ansprüche

betrachtet werden, die einem Einzelnen unabhängig von seiner familiären Situation zustehen. Das bedeutet, dass es für die Anwendung der Antikumulierungsregeln nicht darauf ankommt, ob es sich bei dem Leistungsberechtigten um einen Familienangehörigen des AN oder den AN selbst handelt, weil hier die gesamte familiäre Situation unter Heranziehung beider Elternteile zu berücksichtigen ist. Diese Familienbetrachtungsweise führt dazu, dass es irrelevant ist, welcher Elternteil in welchem Staat die Familienleistungen beansprucht. Eine Individualbetrachtung nur des Elternteils, der die Familienleistungen beanspruchen möchte, hat bei verheirateten oder in Lebensgemeinschaft lebenden Eltern nicht zu erfolgen (EuGH C-153/03 Rs *Weide*, C-543/03 Rs *Dodl und Oberhollenzer*, 10 ObS 27/08 f mwN, jeweils zur VO 1408/71). Diese Familienbetrachtungsweise ist in Art 60 Abs 1 der DurchführungsVO 987/2009 nunmehr ausdrücklich verankert und sieht diese Norm darüber hinaus eine Antragstellungsmöglichkeit für den anderen Elternteil vor (vgl *Felten* in Zwischenstaatl SV-Recht, Art 60 VO 987/2009 Rz 1). Diese letztgenannte Regelung steht einer nationalen Regelung entgegen, nach der Familienleistungen zurückgefordert werden können, die in Fällen, in denen sie vom nach dieser Bestimmung anspruchsberechtigten Elternteil nicht beantragt wurden, dem anderen Elternteil gewährt wurden, dessen Antrag nach dieser Bestimmung vom zuständigen Träger berücksichtigt wurde und der die ausschließliche Geldunterhaltslast für das Kind tatsächlich trägt (EuGH C-199/21 Rs *Finanzamt Österreich* zur ö FBH).

Diese Familienbetrachtungsweise kann dazu führen, dass der Anspruch auf **56a** Familienleistungen einer Person zusteht, die nicht in dem MS wohnt, der für die Gewährung dieser Leistungen zuständig ist. Es ist zwischen der **Einreichung** des **Antrags** und dem **Anspruch** auf die **Leistung** zu **unterscheiden**. Das Unionsrecht hindert den zuständigen Träger des MS nicht, in Anwendung seines nationalen Rechts zu dem Ergebnis zu gelangen, dass der Anspruch für ein Kind einer anderen Person zusteht als der, die den Antrag auf diese Leistungen gestellt hat. Die Regelung über die Antragstellungsmöglichkeit des anderen Elternteils verlangt nicht, dass der Anspruch dem Elternteil des Kindes, der in dem für die Gewährung zust MS wohnt, deshalb zuerkannt werden muss, weil der andere Elternteil, der im anderen MS wohnt, keinen Antrag auf Familienleistungen gestellt hat (EuGH C-378/14 Rs *Trapkowski*).

Art 60 der VO 987/2009 ist sowohl in dem Fall, dass die Leistung gem den als **56b** vorrangig bestimmten Rechtsvorschriften (vgl Rz 58 ff) gewährt wird, als auch in jenem Fall, dass sie nach den Rechtsvorschriften eines **nachrangig** zust MS in Form eines **Unterschiedsbetrages** ausbezahlt wird (vgl Rz 63), anzuwenden. Die Anwendung der Familienbetrachtungsweise sowie die Leistung des Unterschiedsbetrages erfordern kein grenzüberschreitendes Element beim Bezieher. Arbeitet die Mutter als Grenzgängerin in Ö und lebt die Familie in D, wo auch der Vater beschäftigt ist, so hat der Vater demnach Anspruch auf ea KBG in Form einer Ausgleichszahlung zu dem von ihm in D bezogenen Elterngeld (EuGH C-32/18 Rs *Moser*).

56c Sind die **Prioritätsregeln nicht anzuwenden**, weil in einem der beiden Staaten kein Anspruch auf eine Familienleistung besteht (Rz 54), so ist auch die Familienbetrachtungsweise nicht anzuwenden. Die in der Schweiz, wo keine dem ea KBG vergleichbare Leistung besteht, beschäftigte Mutter, die mit ihrer Familie in Ö lebt, wo auch der Vater beschäftigt ist, hat daher keinen Anspruch auf ea KBG in Ö (10 ObS 133/22i). Davon zu unterscheiden ist die Konstellation, dass zwar die Prioritätsregeln mangels vergleichbarer Leistungen nicht anzuwenden sind, es jedoch zu einer Anwendung der Regeln über die **Exportpflicht** kommt (vgl Rz 52 und 54). Diesfalls ist die Familienbetrachtungsweise anzuwenden. Daher kann bei Wohnsitz der Familie in der Slowakei und einer Beschäftigung des Vaters in Ö die Mutter einen aus der Beschäftigung des Vaters in Ö abgeleiteten Anspruch auf pauschales KBG geltend machen (ausf 10 ObS 123/23w mwN).

56d Die Familienbetrachtungsweise stellt im Ergebnis eine spezielle Ausprägung der Sachverhaltsgleichstellung iSd Art 5 der VO 883/2004 dar. Ihre Anwendung kann daher nicht eine internationale Zuständigkeit begründen. Vielmehr hat der zunächst zu bestimmende Träger die Familienbetrachtungsweise anzuwenden (10 ObS 2/22z mwN).

57 Art 68 Abs 3 der VO 883/2004 regelt die Folgen der **Antragstellung** beim **unzuständigen Träger** zusammengefasst dahingehend, dass diese nicht zu Lasten der Betroffenen gehen soll (Antragsweiterleitung, Stichtagswahrung). Das bei Anwendung der VO 1408/71 bestehende Problem der unterlassenen Antragstellung im vorrangigen Staat (vgl 10 ObS 27/08 f und EuGH C-4/13 Rs *Fassbender-Firman*) stellt sich nach der neuen VO daher nicht mehr (vgl *Felten* in Zwischenstaatl SV-Recht, Art 68 Rz 16).

2. Prioritätsregeln

58 Die Regelungen der VO 883/2004 führen grds zum selben Ergebnis wie die entsprechenden Bestimmungen der VorgängerVO 1408/71.

59 Art 68 Abs 1 der VO 883/2004 bestimmt die Rangfolge danach, aus welchem Grund die Rechtsvorschriften eines MS zur Anwendung kommen. Das anzuwendende Recht wird durch Art 11 Abs 3 festgelegt. Gem Art 68 Abs 1 lit a stehen an erster Stelle Ansprüche, die deshalb bestehen, weil die betreffende Person im jeweiligen MS eine **Beschäftigung** bzw selbständige Erwerbstätigkeit tatsächlich (10 ObS 130/22y, vgl näher § 24 Rz 11a) **ausübt**. Dem folgen Ansprüche, die durch eine **Rente** ausgelöst werden. An letzter Stelle folgen Ansprüche, die aufgrund des **Wohnsitzes** bestehen. Die Anknüpfungspunkte des Art 68 sind unionsrechtliche Begriffe, die für die MS insofern bindend sind, als sie die Zuständigkeit unabhängig von den nationalen Vorschriften zwingend vorgeben (*Kovács*, ZAS 2022, 59 [63]). Unerheblich ist, ob nach innerstaatlicher Systematik der Anspruch durch eine Beschäftigung oder durch den Wohnsitz im Inland ausgelöst wird. Arbeitet der Vater in D und wohnt die gesamte Familie in Ö, so ist Deutschland prioritär zuständig (vgl *Felten* in Zwischenstaatl SV-Recht, Art 68 Rz 2 mwN; ebenso *Rief*, Zuständigkeit für Familienleistungen – aktuelle EuGH-Judikatur und die neue Rechtslage, DRdA 2011, 480 [484 f]).

60 Kommen die Vorschriften mehrerer MS aus dem **gleichen Grund** zur Anwendung, ist jener Staat prioritär zuständig, in dem die **Kinder wohnen** (Art 68 Abs 1 lit b der VO 883/2004). Arbeiten die Eltern in zwei verschiedenen MS, ist daher der Wohnstaat vorrangig zuständig (vgl *Felten* in Zwischenstaatl SV-Recht, Art 68 Rz 4; EuGH C-543/03 Rs *Dodl und Oberhollenzer* zur VO 1408/71).

61 Hins der Definition von **Beschäftigung** und selbständiger Erwerbstätigkeit verweisen Art 1 lit a und b der VO 883/2004 auf die nationalen Rechtsvorschriften. § 24 Abs 2 kommt zur Anwendung, soweit nicht Art 11 Abs 2 der VO 883/2004 dem entgegensteht (10 ObS 117/14z, vgl auch oben Rz 51). Zur Problematik des sechsmonatigen Erwerbstätigkeitserfordernisses aus unionsrechtlicher Sicht vgl ausf *Petric*, ZAS 2016/5). Tätigkeiten, die eine Versicherung in einem System für AN auslösen, werden als Beschäftigung, solche, die eine Versicherung in einem System für Selbständige auslösen, werden als selbständige Erwerbstätigkeiten angesehen werden können. Auch geringfügige Beschäftigungen nach § 5 Abs 2 ASVG würden zwar grds idR unter Beschäftigung fallen (vgl *Spiegel* in Zwischenstaatl SV-Recht, Art 1 Rz 9 mwN), durch die Beschränkung auf eine kranken- und pensionsversicherungspflichtige Erwerbstätigkeit durch die Novelle BGBl I 2016/53 gilt sie nunmehr nicht als Beschäftigung iSd § 24 Abs 2. Ob diese Vorgangsweise unionsrechtlich zulässig ist, ist mE fraglich: Es ist dem nationalen Gesetzgeber zwar unbenommen, grds geringfügig Beschäftigte nicht als Beschäftigte iSd Art 1 lit a der VO 883/2004 zu führen, indem diese Gruppe nicht in das System der Pflichtversicherung einbezogen wird. Ist diese Gruppe aber zumind in die Teilversicherung einbezogen (vgl § 7 Z 3 lit a ASVG), so darf wohl nicht für eine bestimmte Familienleistung der Beschäftigtenbegriff modifiziert werden, um bei der Bestimmung des anwendbaren Rechts (Rz 49 ff) und der Anwendung der Prioritätsregeln möglichst eine österr Zuständigkeit oder vorrangige österr Zuständigkeit hintanzuhalten. Vgl auch *Sonntag*, ASoK 2017, 2 (3 f).

62 Nach dem Beschluss Nr F1 der VWK gelten auch **Karenzzeiten** als Beschäftigung, wenn sie nach den einschlägigen Rechtsvorschriften einer Beschäftigung oder selbständigen Erwerbstätigkeit gleichgestellt sind, was sich sowohl auf Art 11 (oben Rz 49) als auch auf Art 68 der VO 883/2004 bezieht (*Felten* in Zwischenstaatl SV-Recht, Art 68 Rz 6 mwN). Da § 24 Abs 2 nur mehr die gesetzliche Karenz der Beschäftigung gleichstellt (vgl EB 340 BlgNR 24. GP, 16 f), würde eine freiwillige Karenzierung über das Ausmaß des § 15 MSchG hinaus nicht als Beschäftigung gelten (vgl noch EuGH C-516/09 Rs *Borger*

zur AN-Eigenschaft nach der VO 1408/71 bei freiwilliger Karenzierung). Diesem Ergebnis begegnet der OGH in 10 ObS 117/14z mit einer durchgehenden Fiktion der Ausübung der Erwerbstätigkeit, wenn das Dienstverhältnis lediglich vorübergehend unterbrochen wird, dem Grunde nach aber fortbesteht, und dies nach nationalem Recht zumindest zu einer Teilversicherung (vgl § 8 Abs 1 Z 2 lit g ASVG) führt (vgl auch 10 ObS 135/16z zu einer kollektivvertraglichen Anschlusskarenz). Ein vorzeitiger Austritt am Ende der Karenz ändert nichts an der Gleichstellung der Karenz (10 ObS 96/17s).

62a Auf diese Entscheidung reagierte der Gesetzgeber mit der Einfügung des § 24 Abs 3 durch BGBl I 2016/53. In den EB (1110 BlgNR 25. GP, 11) wird die Auffassung vertreten, die Neuregelung sei europarechtskonform, weil der Beschluss der VWK auf eine Gleichstellung nach den nationalen Rechtsvorschriften abstelle. Dem ist zu entgegnen, dass die vom OGH mit mehreren Literaturmeinungen untermauerte Gleichstellung der freiwilligen Karenz durch die weiterlaufende Teilversicherung auch nach der neuen Rechtslage gegeben ist. Auch in dieser Hinsicht erweist sich § 24 Abs 3 damit als unionsrechtswidrig (vgl zum weiteren Regelungsinhalt auch Rz 51). Vgl auch *Sonntag*, ASoK 2017, 2 [5 f] und *Kain*, DRdA 2024, 3 [7 f]. Diese Auffassung vertritt auch der OGH in seiner Rsp zur Rechtslage nach der zitierten Novelle (10 ObS 104/21y).

62b Die Inanspruchnahme von Karenz nach dem MSchG wird durch die gleichzeitige Inanspruchnahme der deutschen Elternteilzeit durch den anderen Elternteil nicht ausgeschlossen (10 ObS 148/14h). Auch auf diese Entscheidung reagierte der Gesetzgeber mit der Einfügung des § 24 Abs 3 letzter Satz. Damit ist bei gleichzeitiger mehr als einmonatiger Inanspruchnahme einer ausländischen Karenzzeit durch den anderen Elternteil keine Leistungszuständigkeit Österreichs und daher keine Exportverpflichtung mehr gegeben (10 ObS 81/20i). Die gleichzeitige Inanspruchnahme der Karenz für verschiedene Kinder ist jedoch nicht ausgeschlossen (10 ObS 61/22a).

62c Bei mehreren Kindern können sich sog **Gleichstellungsketten** durch die Aneinanderreihung von Zeiten der Erwerbstätigkeit, des Beschäftigungsverbots und einer Karenz nach dem ersten Kind sowie einem anschließenden Beschäftigungsverbot und der Karenz nach dem zweiten Kind ergeben (*Faber*, DRdA 2022, 18 [24]). Widerruft eine Selbständige ihre Ausnahme von der KV und PV nach § 4 Abs 1 Z 7 GSVG, wodurch sie wieder pflichtversichert ist, liegt während dieses Zeitraums trotz Nichtausübung der Tätigkeit keine gleichgestellte Situation vor, sodass die Gleichstellungskette nicht lückenlos ist und die Leistungszuständigkeit des früheren Beschäftigungsstaats wegfällt (10 ObS 36/21y).

62d Bei einer **Scheinkarenz** iSd § 24 Abs 3 wird die vorübergehende Unterbrechung der Tätigkeit zum Zweck der Kindererziehung nur vorgetäuscht, obwohl realiter von einer Beendigung der Tätigkeit auszugehen ist (10 ObS 130/18t). Dabei kommt es auf die Täuschungsabsicht im Zeitpunkt des Abschlusses der Karenzvereinbarung oder die Ausübung des Gestaltungsrechts der Inanspruchnahme der Karenz an (10 ObS 179/21b).

3. Antikumulierungsregeln

Gem Art 68 Abs 2 der VO 883/2004 hat der **vorrangig** zuständige **Staat** die **Familienleistung** zu **erbringen**, die Leistungen des **nachrangigen Staates** sind bis zur Höhe der Leistung des vorrangig zuständigen Staates **auszusetzen**. Ist die Leistung des nachrangigen Staates höher, so hat der nachrangige Staat einen **Unterschiedsbetrag** zu leisten (ausgenommen bei Anwendbarkeit der Vorschriften von zwei MS aufgrund von zwei Wohnsitzen). Die Regelung statuiert somit ein **Günstigkeitsprinzip** (vgl *Felten* in Zwischenstaatl SV-Recht, Art 68 Rz 7 f). Die Anrechnung tritt auch dann ein, wenn die ausl Leistungen nicht beantragt werden. Eine erfolgte oder nicht erfolgte **Antragstellung** berührt den Anspruch daher nicht. Die Anrechnung wird auch nicht durch das Vorliegen eines positiven oder negativen **Bescheids** über eine **ausl Leistung** bewirkt. Die Rechtslage im Ausland ist vom Entscheidungsträger im Verwaltungsverfahren zu ermitteln (10 ObS 55/23w). 63

Bei der **Berechnung** des **Unterschiedsbetrages** stellen sich viele Fragen, die in der VO 883/2004 und in der DurchführungsVO 987/2009 nicht geregelt sind, insb hins unterschiedlicher Bezugszeiträume (vgl ausf *Felten* in Zwischenstaatl SV-Recht, Art 68 Rz 9 ff). Der OGH nahm im Geltungsbereich der VorgängerVO 1408/71 eine Anrechnung des kürzer bezogenen höheren deutschen Elterngeldes auf den nachrangig bestehenden Anspruch auf österr KBG nach § 6 Abs 3 vor (10 ObS 6/10w). Zu Art 68 Abs 2 der VO 883/2004 entschied er, dass der Unterschiedsbetrag auf Basis der jeweiligen Gesamtbeträge zu ermitteln ist, wenn die gleichartigen Leistungen in sich gar nicht oder sich nur zum Teil überschneidenden Zeiträumen bezogen wurden (10 ObS 117/22m). 64

Art 60 VO 987/2009 regelt das **Verfahren** bei Anwendung von Art 67 und 68 der VO 883/2004. Kommt der Träger zu dem Schluss, dass die **prioritäre Zuständigkeit** gegeben ist, hat er die Leistung auszuzahlen. Stellt er fest, dass daneben die subsidiäre Zuständigkeit eines anderen MS besteht, so ist der Antrag an diesen Träger weiterzuleiten und der Antragsteller darüber zu informieren. Dem subsidiär zuständigen Träger sind alle Informationen zur Berechnung des Unterschiedsbetrages mitzuteilen (vgl Art 60 Abs 2 VO 987/2009 und *Felten* in Zwischenstaatl SV-Recht, Art 60 VO 987/2009 Rz 5). 64a

Kommt der Träger, bei dem der Antrag gestellt wurde, hingegen zu dem Schluss, dass seine Rechtsvorschriften zwar anwendbar, aber nach Art 68 Abs 1 und 2 der VO 883/2004 **nicht prioritär** anzuwenden sind, hat er „unverzüglich eine vorläufige Entscheidung über die anzuwendenden Prioritätsregeln" zu treffen und den Antrag nach Art 68 Abs 3 der VO 883/2004 an den Träger des anderen MS weiterzuleiten und den Antragsteller darüber zu informieren. Dieser Träger muss innerhalb von zwei Monaten zu der vorläufigen Entscheidung Stellung nehmen. Falls der Träger, an den der Antrag weitergeleitet wurde, nicht innerhalb einer Frist von zwei Monaten nach Eingang des Antrags Stellung nimmt, wird die **vorläufige Entscheidung** kraft Koordinierungsrecht anwendbar (Art 60 Abs 3 VO 987/2009). Erfolgt **keine Stellungnahme**, ist davon auszugehen, dass der erste Träger die Koordinierungsregeln richtig angewendet hat. Der zweite Träger muss nun die nach seinen Rechtsvorschriften zustehenden Familienleistungen erbringen und den ersten Träger über die Höhe informieren (10 ObS 42/19b mwN). Kommt er diesen Verpflichtungen nicht nach, kann es im Ergebnis zu einer Überwälzung der vollen Leistungsverpflichtung auf den ersten Träger kommen (10 ObS 111/20a – mehrere Jahre Untätigkeit des zweiten Trägers). Der erste Träger darf in einem solchen Fall die Zahlung der Familienleistungen **nicht** um den Betrag der **hypothetischen Leistung** des anderen MS **kürzen**. Der erste Träger kann aber vom zust ausl Träger den Überbezug zurückverlangen (EuGH C-36/23, Rs *Familienkasse Sachsen*). Vgl auch § 6 Rz 11. Treffen keine vergleichbaren (Rz 54 f) Familienleistungen aufeinander, erübrigt sich eine Auseinandersetzung mit den Auswirkungen einer Entscheidung nach Art 60 Abs 3 (10 ObS 50/23k).

64b Der nachrangig zuständige Mitgliedstaat hat im Falle des Art 60 Abs 3 (Rz 64a) „unbeschadet der Bestimmungen der Durchführungsverordnung über die vorläufige Gewährung von Leistungen" erforderlichenfalls den Unterschiedsbetrag als **Vorschuss** zu leisten (Art 68 Abs 3 lit a VO 883/2004). Art 7 der VO 987/2009 regelt die **vorläufige Leistungsgewährung** näher, vgl auch § 6 Rz 12. Zu den Folgen der Säumnis mit der vorläufigen Leistungsgewährung vgl § 27 Rz 9b.

64c **Bestreitet** der vermeintlich prioritär zuständige Träger die **Entscheidung** über die Rangfolge der Zuständigkeiten (Rz 64a), so kommt es nach Art 60 Abs 4 der VO 987/2009 zu einem **Festlegungsverfahren** nach Art 6 Abs 2 bis 5 dieser VO mit näher geregelten vorläufigen Leistungspflichten (vgl näher *Felten* aaO Rz 6).

4. Leistungszuständigkeit aufgrund des Primärrechts?

65 Nach der Entscheidung des EuGH C-611/10 in der Rs *Hudzinski und Wawrzyniak* standen die dargestellten Koordinierungsbestimmungen dem nicht entgegen, dass ein MS, der nach dem Unionsrecht grds nicht zuständig ist, allein auf Grundlage des nationalen Rechts einem WanderAN Familienleistungen gewährt (krit *Felten* in Zwischenstaatl SV-Recht, Art 68 Rz 8/1). Nach der neueren Rsp des EuGH C-95/18 und 96/18 in den Rs *van den Berg, Giesen, Franzen* besteht jedoch keine Pflicht des nicht zuständigen Staates zur Leistungsgewährung (zur Entwicklung der Rsp vgl ausf *Sonntag*, ZAS 2022, 51 [55 f]). Auf Basis dieser Änderung der Rsp des EuGH ist daher der Wohnsitz des Kindes und seiner Eltern in Ö kein ausreichendes Anknüpfungskriterium für einen Anspruch auf ea KBG, wenn beide Elternteile auch bereits vor der Geburt in einem anderen von der Koordinierung erfassten Staat beschäftigt waren und sind (ausf 10 ObS 120/19y; krit *Kovács*, ZESAR 2022, 51 [55, 59]). Der OGH verneinte den Anspruch ungeachtet dessen, dass das KBGG keine **Ausschlussklausel** für den Fall der Zuständigkeit eines anderen Staates nach dem Koordinierungsrecht vorsieht. Tragende Begründung war, dass die in der Schweiz liegenden Beschäftigungszeiten in der vorliegenden Konstellation ausnahmsweise nicht nach Art 5 VO 883/2004 österr Zeiten gleichzustellen seien (vgl zur Gleichstellung allg § 24 Rz 33), weil die Gleichstellung eine österr Zuständigkeit voraussetze (vgl dazu auch 10 ObS 13/24w). Hätte die Anspruchswerberin pauschales KBG begehrt, das keine Erwerbstätigkeit im Inland voraussetzt, so hätte sie die nationalen Voraussetzungen erfüllt und wäre Ö mangels Ausschlussklausel zur Gewährung verpflichtet gewesen (vgl 10 ObS 50/23k und 10 ObS 55/23w).

Davon zu unterscheiden ist die Konstellation, dass der das Kind betreuende Elternteil vor der Geburt in Österreich beschäftigt war und lediglich nach der Geburt eine Erwerbstätigkeit in einem anderen MS – bei Beibehaltung der Wohnsitzes in Ö – ausübt. Diesfalls erfüllte der Elternteil die Voraussetzungen des § 24 Abs 1 Z 2 und Abs 2 für das ea KBG. Auf die Ausübung der Erwerbstätigkeit im Inland während des Bezugs kommt es nicht an (10 ObS 203/21g).

5. Zusammenfassung: Fallprüfungsschema in Kumulierungsfällen

- Ist der persönliche Anwendungsbereich der VO 883/2004 eröffnet (Rz 46 ff)? **65a**
  Wenn ja:
- Liegt ein grenzüberschreitender Sachverhalt vor (Rz 44)? Wenn ja:
- In welchen Staaten liegen Anknüpfungspunkte für die Familienleistungen, insb Beschäftigung und Wohnort? Danach bestimmen sich die anwendbaren Rechtsvorschriften (Rz 49).
- Bestehen im anderen MS vergleichbare Familienleistungen?
  Wenn nein, so liegt kein Kumulierungsproblem vor (Rz 54), ist die Familienbetrachtungsweise – außer bei Vorliegen eines Falls der Exportpflicht – nicht anzuwenden (Rz 56c) und zahlt Österreich als alleine zuständiger Staat die volle Leistung.
  Wenn ja:
- Besteht im anderen MS ein Anspruch (Rz 63) auf diese vergleichbaren Leistungen?
  Wenn nein, so liegt kein Kumulierungsproblem vor (Rz 54), ist die Familienbetrachtungsweise – außer bei Vorliegen eines Falls der Exportpflicht – nicht anzuwenden (Rz 56c) und zahlt Österreich als alleine zuständiger Staat die volle Leistung. Auch ohne Zuständigkeit ist Österreich bei Erfüllung der nationalen Vorschriften bei Fehlen einer Ausschlussklausel leistungspflichtig (Rz 65).

Wenn ja bestehen folgende drei Möglichkeiten:

- Österr Träger stellt vorrangige Zuständigkeit fest, wendet Familienbetrachtungsweise an (Rz 56d) und zahlt Leistung in voller Höhe aus (Rz 64a).
- Österr Träger stellt nachrangige Zuständigkeit Ö und vorrangige Zuständigkeit eines anderen MS fest, der Träger des anderen MS akzeptiert diese Entscheidung ausdrücklich oder gibt keine Stellungnahme ab: Die vorrangige Zuständigkeit des anderen MS ist bindend festgestellt, dieser muss die Leistung in voller Höhe erbringen, Ö zahlt einen allfälligen Unterschiedsbetrag, bei Säumigkeit des ausl Trägers vorläufig die volle Leistung (Rz 64a und 64b).
- Österr Träger stellt nachrangige Zuständigkeit Ö und vorrangige Zuständigkeit eines anderen MS fest, der Träger des anderen MS bestreitet diese Entscheidung: Es kommt bei Nichteinigung zu einem Festlegungsverfahren mit vorläufigen Leistungspflichten (Rz 64c).

H. Sachverhaltsgleichstellung

66 Für eine Verlängerung des Anspruchs auf KBG aufgrund von **Bezugszeiten** des **Partners** gem § 5 Abs 2 sind auch Bezugszeiten des Partners nach den Vorschriften eines **anderen MS** zu berücksichtigen (EuGH C-507/06 Rs *Klöppel* zur VO 1408/71). Nach der VO 883/2004 ergibt sich dies aus Art 5.

VII. Rechtmäßiger Aufenthalt (Abs 1 Z 5)

A. Niederlassungs- und Aufenthaltsrecht

67 Mit dem Fremdenrechtspaket 2005 (BGBl I 2005/100) wurde die bis dahin unübersichtliche Rechtslage bei den Anspruchsvoraussetzungen für KBG und FBH für **EU-Bürger/-innen** sowie für **EWR- und Drittstaatsangehörige** an die Systematik des NAG angepasst. Seither hängt sowohl der Anspruch auf KBG als auch auf FBH für Personen, die nicht österr Stb sind, davon ab, ob sie sich gem §§ 8 und 9 NAG legal im Inland aufhalten oder nicht (10 ObS 53/08d mwN). Diese Voraussetzung verstößt nicht gegen Unionsrecht (vgl EuGH C-308/14 Rs *Kommission/Vereinigtes Königreich*). Zur Wirkung von Anträgen auf Verlängerung der Aufenthaltsbewilligung von Drittstaatsangehörigen und der Zuerkennung der aufschiebenden Wirkung einer VwGH-Beschwerde vgl ausf 10 ObS 8/16y.

68 § 8 NAG und § 54 AsylG zählen die Arten und Formen der **Aufenthaltstitel** auf. § 9 NAG regelt die **Dokumentation** des **unionsrechtlichen Aufenthaltsrechts**. Aufenthaltstitel sind behördl Entscheidungen, mit denen ein Recht auf Aufenthalt oder Niederlassung eingeräumt wird. Im Gegensatz zu den bloß mit deklaratorischer Wirkung verbundenen Dokumentationen des gemeinschaftsrechtl Aufenthaltsrechts entsteht das Aufenthaltsrecht eines Fremden erst mit rechtsbegründender Erteilung des konstitutiven Aufenthaltstitels. Hingegen ergibt sich das mit der Freizügigkeit verbundene Aufenthaltsrecht direkt aus dem Gemeinschaftsrecht, sodass eine Verleihung

durch nationales Recht überflüssig ist (vgl *Kutscher/Völker/Witt*, Niederlassungs- und Aufenthaltsrecht[2], 11 und 13). Zum Aufenthaltsrecht für Unionsbürger iZm Ausgleichszulage und Sozialhilfe vgl EuGH C-140/12 Rs *Brey*, C-333/13 Rs *Dano*, C-67/14 Rs *Alimanovic* und C-299/14 Rs *Garcia-Nieto ua* sowie 10 ObS 152/13w, 10 ObS 15/16b ua).

Aus Art 20 AEUV (Unionsbürgerschaft) iVm Art 24 Abs 2 GRC (Grundrecht des Kindeswohls) ergibt sich ein unionsrechtlich abgeleitetes Aufenthaltsrecht der **drittstaatsangehörigen** Mutter eines zweijährigen Kindes mit österr Staatsbürgerschaft, wenn der österr Vater wegen seiner Vollzeitbeschäftigung nicht in der Lage ist, das Kind täglich zu betreuen (10 ObS 64/17k uHa auf die Entscheidung des EuGH C-133/15 Rs *Chavez-Vilchez* ua). **68a**

B. Gleichstellungsrecht für türkische Staatsbürger

Gem Art 3 des Assoziationsratsbeschlusses 3/80 (ARB 3/80) haben Personen, die im Gebiet eines MS wohnen und für die dieser Beschluss gilt, die gleichen Rechte und Pflichten aufgrund der Rechtsvorschriften eines MS wie die Staatsangehörigen dieses Staats. Die Bestimmung enthält somit ein **Diskriminierungsverbot** (10 ObS 168/09t). **69**

Art 3 ARB 3/80 kommt **unmittelbare Wirkung** zu, sodass sich Bürger, für die er gilt, vor den Gerichten der MS darauf berufen können (EuGH C-262/96 Rs *Sürül*, 10 ObS 168/09t). **70**

Das KBG als Familienleistung fällt gem Art 1 lit a des ARB 3/80 in seinen **sachl Geltungsbereich** (10 ObS 168/09t). **71**

Nach seinem Art 2 gilt der ARB 3/80 für **Arbeitnehmer**, für welche die Rechtsvorschriften eines oder mehrerer MS gelten oder galten, und die türkische Staatsangehörige sind und für die Familienangehörigen dieser AN, sofern sie im Gebiet eines MS wohnen, sowie für Hinterbliebene dieser AN. Die Definition des persönl Geltungsbereichs lehnt sich an die Definition des Begriffs „Arbeitnehmer" in Art 2 Abs 1 der VO 1408/71 an. Dabei ist es ohne Belang, ob der türkische Staatsangehörige als WanderAN nach Österreich eingereist ist oder als Asylwerber, ebenso, wann der türkische Staatsangehörige die ANeigenschaft in Österreich begründet hat (ausf 10 ObS 168/09t mwN). **72**

Selbständige fallen nicht in den Anwendungsbereich des ARB 3/80 (10 ObS 64/14 f). **73**

Für die Gleichstellung mit österr Stb nach Abs 5 lit a und damit für den Anspruch auf KBG ist es ausreichend, dass die Anspruchswerberin **Familienangehörige** eines AN ist (10 ObS 168/09t). **74**

C. Asylberechtigte (lit b)

Die Voraussetzungen für die Zuerkennung des Asylstatus regelt § 3 AsylG. **75**

D. Subsidiär Schutzberechtigte (lit c)

1. Begriff

76 § 8 Abs 1 AsylG lautet:

> Der Status des subsidiär Schutzberechtigten ist einem Fremden zuzuerkennen,
> 1. der in Österreich einen Antrag auf internationalen Schutz gestellt hat, wenn dieser in Bezug auf die Zuerkennung des Status des Asylberechtigten abgewiesen wird oder
> 2. dem der Status des Asylberechtigten aberkannt worden ist,
>
> wenn eine Zurückweisung, Zurückschiebung oder Abschiebung des Fremden in seinen Herkunftsstaat eine reale Gefahr einer Verletzung von Art. 2 EMRK, Art. 3 EMRK oder der Protokolle Nr. 6 oder Nr. 13 zur Konvention bedeuten würde oder für ihn als Zivilperson eine ernsthafte Bedrohung des Lebens oder der Unversehrtheit infolge willkürlicher Gewalt im Rahmen eines internationalen oder innerstaatlichen Konfliktes mit sich bringen würde.

§ 8 Abs 4 AsylG lautet:

> Einem Fremden, dem der Status des subsidiär Schutzberechtigten zuerkannt wird, ist vom Bundesamt oder vom Bundesverwaltungsgericht gleichzeitig eine befristete Aufenthaltsberechtigung als subsidiär Schutzberechtigter zu erteilen. Die Aufenthaltsberechtigung gilt ein Jahr und wird im Falle des weiteren Vorliegens der Voraussetzungen über Antrag des Fremden vom Bundesamt für jeweils zwei weitere Jahre verlängert. Nach einem Antrag des Fremden besteht die Aufenthaltsberechtigung bis zur rechtskräftigen Entscheidung über die Verlängerung des Aufenthaltsrechts, wenn der Antrag auf Verlängerung vor Ablauf der Aufenthaltsberechtigung gestellt worden ist.

2. Kein Anspruch auf Grundversorgungsleistungen/ Mindestsicherung

77 Gem § 1 Z 3 Grundversorgungsgesetz – Bund 2005 (GVG-B 2005) BGBl 405/1991 idgF gelten als Versorgung die gem Art 6 und 7 der Grundversorgungsvereinbarung BGBl I 2004 /80 idgF zu erbringenden Leistungen.

78 Es ist ausreichend, wenn der KBG beziehende Elternteil und das Kind keinen Anspruch auf Leistungen aus der Grundversorgung haben (*Ehmer ua*, 67 f). Dies korreliert auch mit der Rechtslage hins des Bezugs der FBH bei Ausschluss eines Elternteils von derselben aufgrund eines Amtssitzabkommens (vgl oben Rz 16).

79 Ein freiwilliger **Verzicht** auf die Leistungen aus der Grundversorgung wirkt nach der Novelle 2016 anspruchsvernichtend. Der Gesetzestext stellt nun nicht mehr auf den faktischen Bezug ab, sondern auf den Anspruch (krit zur Neuregelung *Burger-Ehrnhofer*, ASoK 2016, 412 [417]).

79a Durch BGBl I 2016/53 wurde die Anspruchsvoraussetzung um den fehlenden Anspruch auf Mindestsicherung erweitert, weil in einigen Bundesländern subsidiär Schutzberechtigte anstelle eines Anspruchs auf Grundversorgungsleistungen einen Anspruch auf Mindestsicherung erhalten. Dadurch sollen verfassungswidrige Ungleichbehandlungen vermieden werden (EB 1110 BlgNR 25. GP, 4).

3. Erwerbstätigkeit

Anspruch auf KBG besteht nur für Personen, die im Bundesgebiet bei einem DG beschäftigt sind und aus dieser Beschäftigung **tatsächlich** auch **Einkünfte** aus unselbständiger Arbeit beziehen oder selbständig tätig sind und daraus auch tatsächlich Einkünfte erwirtschaften (10 ObS 53/08d). 80

Dabei ist auf die frühere familienbeihilferechtl Definition der **unselbständigen Erwerbstätigkeit** abzustellen. Nach der dafür maßgebenden Bestimmung des § 3 Abs 1 FLAG idF BGBl 1977/646 hatten Personen, die nicht österr Stb sind, ua nur dann Anspruch auf FBH, wenn sie im Bundesgebiet bei einem DG beschäftigt waren und aus dieser Beschäftigung Einkünfte aus nichtselbständiger Arbeit oder zufolge einer solchen Beschäftigung Bezüge aus der gesetzl KV im Bundesgebiet bezogen. Zur Prüfung der Qualifikation einer Tätigkeit war das EStG 1988 heranzuziehen (10 ObS 53/08d). 81

Der Bezug von **Arbeitslosengeld** und **Notstandshilfe** erfüllt nicht die Voraussetzungen einer Erwerbstätigkeit. Dagegen bestehen keine verfassungsrechtl Bedenken (ausf 10 ObS 53/08d). 82

Auch die **StatusRL** 2004/83/EG verpflichtet nicht zur Zahlung von KBG an subsidiär Schutzberechtigte unabhängig von einer Erwerbstätigkeit: Die RL sieht Mindeststandards hins der Gewährung von Sozialhilfeleistungen für Flüchtlinge und subsidiär Schutzberechtigte vor. Sie haben nach Art 28 Abs 1 der RL die notwendige Sozialhilfe wie Staatsangehörige dieses MS zu erhalten. Das KBG stellt nach seinen Wesensmerkmalen, insb seiner Zweckbestimmung und der Voraussetzungen seiner Gewährung, keine Leistung („Kernleistung") der Sozialhilfe dar. Beim KBG handelt es sich um eine Sozialleistung, die auch österr Stb nicht im Rahmen der Sozialhilfe erbracht wird (10 ObS 53/08d). 83

E. Ukraine-Vertriebene (lit d)

Die Regelung gilt ab 12.3.2022 und endet mit dem Tag der Beendigung des Aufenthaltsrechts nach § 4 Vertriebenen-VO, BGBl II 2022/92, spätestens mit 4.3.2025 (§ 50 Abs 30). 83a

F. Nachgeborene Kinder

§ 4 Abs 2 ermöglicht im Falle der Antragstellung nach der Geburt bzw Inpflegenahme eines Adoptiv- oder Pflegekindes eine rückwirkende Gewährung nur für 182 Tage. Durch die Änderung des Abs 1 Z 5 durch BGBl I 2006/168 wurde sichergestellt, dass für nachgeborene Kinder von Fremden mit Aufenthaltstitel nach dem NAG bzw für nachgeborene Kinder von Asylberechtigten rückwirkend ab dem Zeitpunkt der Geburt die FBH und das KBG ausbezahlt 84 werden können, wenn schließlich für die **Kinder** der **Nachweis** des **Aufenthaltsrechts** erbracht wird (10 ObS 53/08d mwN). Es ist für das Kind ein Antrag auf internationalen Schutz nach § 34 AsylG zu stellen (*Ehmer ua*, 69).

VIII. Verzicht (Abs 5)

85 Die Regelung ermöglicht durch Abgabe einer Verzichtserklärung die **Verkürzung** des **Anspruchszeitraums**. Die während der Dauer des Verzichts erzielten Einkünfte scheiden bei der Ermittlung des für die Zuverdienstgrenze maßgebl Gesamtbetrags der Einkünfte (vgl § 8) aus und wirken sich insoferne unschädlich für ein bezogenes KBG aus (620 BlgNR 21. GP, 60).

86 Ein Verzicht ist nur für **ganze Kalendermonate** möglich, dh vom Monatsersten bis zum Monatsletzten (OLG Wien 10 Rs 97/19m).

87 Zeitpunkt und Dauer des Verzichts müssen **im Vorhinein bekannt gegeben** werden.

88 Ein **Widerruf** des Verzichts ist zulässig, jedoch nur für ganze Kalendermonate und max für 182 Tage rückwirkend. Dadurch sollen Bezieher/-innen, die für einzelne Monate auf die Auszahlung verzichtet haben, aber später bemerken, dass der Verzicht nicht nötig gewesen wäre, weil sie die Zuverdienstgrenze unterschreiten, eine Gestaltungsmöglichkeit erhalten. Damit erfolgt eine Gleichstellung mit jenen Personen, die erst im Nachhinein einen Antrag stellen und das KBG 182 Tage rückwirkend (§ 4 Abs 2) beziehen können (229 BlgNR 23. GP, 4).

89 Mit dem Verzicht endet der Anspruch vorübergehend bzw vorzeitig (§ 4a Abs 2).

§ 2a. **(1) Krisenpflegepersonen im Sinne dieses Bundesgesetzes sind Personen, die im Auftrag des zuständigen Kinder- und Jugendhilfeträgers ausgebildet und von diesem mit der vorübergehenden Pflege und Erziehung eines Kindes für die Dauer der Gefährdungsabklärung betraut wurden. Krisenpflegepersonen sind keine Pflegeeltern im Sinne dieses Gesetzes, die auf Pflegeeltern anzuwendenden Bestimmungen sind jedoch auf Krisenpflegepersonen sinngemäß anzuwenden, es sei denn, dieses Gesetz sieht abweichende Bestimmungen für Krisenpflegepersonen vor.**

(2) Krisenpflegekinder im Sinne dieses Bundesgesetzes sind Kinder, die aufgrund einer akut gefährdenden Lebenssituation kurzfristig von Krisenpflegepersonen betreut werden. Krisenpflegekinder sind keine Pflegekinder im Sinne dieses Gesetzes, die auf Pflegekinder anzuwendenden Bestimmungen sind jedoch auf Krisenpflegekinder sinngemäß anzuwenden, es sei denn, dieses Gesetz sieht abweichende Bestimmungen für Krisenpflegekinder vor.

[BGBl I 2019/24]

Zur Bedeutung der Regelung vgl § 2 Rz 4a; zum Leistungsanspruch vgl § 2 Rz 29a ff. § 2 Abs 6 letzter Satz ist eine abw Bestimmung iSd § 2a Abs 1 letzter Satz. 1

Höhe und Anspruchsdauer

§ 3. **(1) Das Kinderbetreuungsgeld beträgt bei einer Anspruchsdauer von bis zu 365 Tagen ab der Geburt des Kindes 33,88 Euro täglich. Eine kürzere Inanspruchnahme erhöht nicht den Tagesbetrag. Eine verlängerte Inanspruchnahme ist gemäß § 5 möglich.**

(1a) Mit Wirksamkeit ab 1. Jänner eines jeden Jahres, erstmals mit 1. Jänner 2023, ist das Kinderbetreuungsgeld (Abs. 1 erster Satz) mit dem Anpassungsfaktor des § 108f des Allgemeinen Sozialversicherungsgesetzes (ASVG), BGBl. Nr. 189/1955, zu vervielfachen. Der Vervielfachung ist der Betrag zugrunde zu legen, der am 31. Dezember des vorangegangenen Jahres in Geltung steht. Der vervielfachte Betrag ist kaufmännisch auf zwei Dezimalstellen zu runden.

(2) Der Bezug von Kinderbetreuungsgeld nach Abs. 1 kann abwechselnd durch beide Elternteile erfolgen, wodurch sich die Anspruchsdauer über den 365. Tag ab der Geburt hinaus um die bereits bezogenen Tage des jeweils anderen Elternteiles verlängert, maximal jedoch auf bis zu 456 Tage ab der Geburt des Kindes. Jedem Elternteil ist hierbei eine Anspruchsdauer von 91 Tagen unübertragbar vorbehalten. Pro Kind ist nur ein zweimaliger Wechsel zwischen den Elternteilen zulässig.

(3) Ist der beziehende Elternteil durch ein unvorhersehbares und unabwendbares Ereignis für eine nicht bloß verhältnismäßig kurze Zeit verhindert, das Kind im gemeinsamen Haushalt (§ 2 Abs. 6) zu betreuen, kann ein Wechsel über das in Abs. 2 angeführte Ausmaß erfolgen.

(4) Werden die im § 7 Abs. 2 vorgesehenen Eltern-Kind-Pass-Untersuchungen nicht bis zu den vorgesehenen Zeitpunkten nachgewiesen, so reduziert sich der Anspruch auf Kinderbetreuungsgeld für jeden Elternteil um 1 300 Euro.

(5) Das Kinderbetreuungsgeld kann stets, also unabhängig von einem Wechsel, jeweils nur in Blöcken von mindestens 61 Tagen beansprucht werden. Als beansprucht gelten ausschließlich Zeiträume des tatsächlichen Bezuges der Leistung.

(6) Der Anspruch auf Kinderbetreuungsgeld endet spätestens mit Ablauf jenes Tages, welcher der Geburt eines weiteren Kindes bzw. der Adoption (In-Pflege-Nahme) eines jüngeren Kindes vorangeht. Endet der Anspruch für das weitere Kind vorzeitig, lebt der Anspruch für jenes Kind, für welches davor Kinderbetreuungsgeld bezogen wurde, wieder auf

[BGBl I 2023/115]

Übersicht

I. Höhe und Anspruchsdauer in der Grundvariante (Abs 1, 1a und 4)

1 Die bisherigen vier Pauschalvarianten wurden durch BGBl I 2016/53 für Geburten nach dem 28.2.2017 (§ 50 Abs 14) in ein **KBG-Konto** umgewandelt. Dies erfolgt in einem ersten Schritt durch Schaffung einer Grundvariante als Ausgangsbasis für das Konto, welche der bisherigen Pauschalvariante 12+2 des § 5c aF nachgebildet ist. Bei Inanspruchnahme dieser Grundvariante wählen Eltern jene Variante mit der geringsten Anspruchsdauer (für einen Elternteil bis zu 365 Kalendertage ab Geburt unter Einrechnung des Tags der Geburt) und mit dem daran geknüpften **höchstmöglichen Tagesbetrag,** der auch bei kürzerer Bezugsdauer nicht überschritten werden kann. Beginnt der Bezug später, endet er vorzeitig oder liegen Unterbrechungen aus welchem Grund immer vor, so verfallen nicht in Anspruch genommene Tage (1110 BlgNR 25. GP, 5).

2 Die flexible Inanspruchnahme regelt § 5, die Festlegung und Änderung der Anspruchsdauer § 5a.

3 Der monatliche Auszahlungsbetrag ist abhängig von der Anzahl der Tage des jeweiligen Kalendermonats (620 BlgNR 21. GP, 61).

4 Das Gesetz sieht in Abs 1a ab 1.1.2023 eine **Anpassung** der Höhe des KBG mit dem Anpassungsfaktor des § 108f ASVG vor. Der Betrag nach Abs 1 beträgt 2024 39,33 € (BGBl II 2023/328).

5 Bei Nichtdurchführung bzw Nichtnachweis der in § 7 Abs 2 vorgesehenen **Eltern-Kind-Pass-Untersuchungen** wird das KBG für jeden Elternteil um 1.300 € reduziert. Ausnahmen sind in § 7 Abs 3 geregelt.

Zum Zuschlag für **Mehrlingsgeburten** vgl § 3a, zur Höhe des **einkommensabhängigen KBG** vgl § 24a, zum **Partnerschaftsbonus** vgl § 5b.

II. Bezugswechsel (Abs 2 und 3)

6 Die Regelungen entsprechen dem § 5 Abs 2 bis 4 aF. Neu ist die **unübertragbare Reservierung** eines Zeitraums von **91 Tagen** für jeden Elternteil.

7 Die **Bezugsdauer** des KBG richtet sich danach, ob der Leistungsbezug zwischen den Eltern geteilt wird oder nicht. Nach Abs 2 kann der Bezug abwechselnd durch beide Elternteile erfolgen, wobei ein zweimaliger Wechsel pro Kind zulässig ist, nach Abs 3 in Ausnahmefällen auch öfter (diese Fälle sind in § 5c definiert). Das KBG wird nach § 5 bis zu **851 Tage** ab Geburt des

Kindes bzw bei einer Teilung des Leistungsbezugs entsprechend der Dauer des Leistungsbezugs des anderen Elternteiles bis maximal 1063 Tage gewährt. Der gesetzliche **Höchstanspruch** von **1063 Tagen** kann also nur dann voll ausgeschöpft werden, wenn es zu einer **partnerschaftlichen Teilung** der Kinderbetreuung kommt und damit dem familienrechtlichen Grundsatz der partnerschaftlichen Erziehung des Kindes Rechnung getragen wird. Dem im Rahmen des Abs 2 möglichen abwechselnden Bezug durch beide Elternteile liegt – sofern der Anspruch des beziehenden Elternteils nicht bereits voll ausgeschöpft ist – eine Vereinbarung beider Elternteile zu Grunde (vgl *Ehmer ua*, 105). Sie enthält den zeitlich befristeten Verzicht des beziehenden Elternteils zu Gunsten des anderen Elternteils (10 ObS 68/14v).

Der **Anspruch** auf KBG ist ein **einheitlicher**, von der Betreuung eines Kindes 8
im gemeinsamen Haushalt abhängiger Anspruch, den die Eltern wahlweise ausüben können (10 ObS 151/11w). Es handelt sich nicht um getrennte Ansprüche des einen oder des anderen Elternteils (RS 0129826).

Ein Wechsel ist jeweils nur zwischen jenen Elternteilen möglich, die miteinander durch das Band der leiblichen Elternschaft oder durch das Band der Adoptivelternschaft oder durch das Band der Pflegeelternschaft verbunden sind. Der bloße Wechsel zwischen leiblicher Mutter und außenstehendem Pflegeelternteil führt noch zu keiner Verlängerung der Anspruchsdauer des KBG bis zur Vollendung des 36. Lebensmonats des Kindes (10 ObS 99/06s; RS 0120864). Diese Rsp wurde in den Entscheidungen 10 ObS 3/13h und 10 ObS 14/13a fortgeschrieben (RS 0128641).

Die Verlängerung des Bezugs durch Bezug des anderen Elternteils setzt einen 9
tatsächlichen Bezug voraus (vgl näher unten Rz 11). Zur **Härtefallverlängerung** vgl § 5c. Zum **gleichzeitigen Bezug** vgl § 5d.

Zum Erfordernis der **dauerhaften Wohn- und Wirtschaftsgemeinschaft** als 9a
Anspruchsvoraussetzung auch für einen Bezugswechsel s näher § 2 Rz 24.

III. Mindestdauer (Abs 5)

Anders als nach § 5 Abs 4 aF ist die Mindestbezugsdauer nun ausdrücklich 10
unabhängig von einem **Bezugswechsel** vorgesehen. Die Rsp zu § 5 Abs 4 aF beschränkte die Mindestbezugsdauer auf den Fall des Bezugswechsels (vgl RS 0128640).

Nicht schon der theoretische Leistungsanspruch, sondern nur der **tatsächliche** 11
Leistungsbezug bewirkt die Einhaltung der Mindestbezugsdauer sowie die gleichzeitige Verlängerung des Bezugs des KBG. **Ruhenszeiten** des KBG in voller Höhe, wenn also keine Auszahlung des KBG gebührt, sind daher für die Einhaltung der Mindestbezugsdauer sowie für die gleichzeitige Verlängerung des Bezugs des KBG nicht zu berücksichtigen (RS 0129040). Das Erfordernis der mindestens zwei Monate währenden Bezugsdauer ist daher auch

dann nicht erfüllt, wenn der tatsächliche Bezug des KBG wegen eines Ruhenstatbestands (hier: Wochengeld der Mutter nach Kaiserschnitt) unter der Zwei-Monatsfrist bleibt (RS 0129039). Dasselbe gilt für Zeiten des **Verzichts** auf das KBG und zwar unabhängig davon, wann diese Unterbrechung erfolgt (ausf 10 ObS 72/15h).

12 Konnte ein Leistungsbezieher bei der Antragstellung davon ausgehen, dass er das KBG in der gesetzlichen Mindestdauer (§ 5 Abs 4 aF) beziehen können wird, und kommt es in der Folge durch die frühere Geburt eines weiteren Kindes zur Verkürzung dieser Frist, ist zumindest in dieser Konstellation § 5 Abs 4 aF im Wege einer teleologischen Reduktion dahingehend zu interpretieren, dass die Mindestbezugsdauer ohne Verlust der für den verkürzten Zeitraum zuerkannten Leistungen auch unterschritten werden kann (RS 0129247; 10 ObS 177/13x – Geburt des zweiten Kindes um sechs Tage früher als erwartet und daher Zwei-Monatsfrist des § 5 Abs 4 aF nicht erfüllt). Diese Rsp ist auch auf § 3 Abs 5 idF der Novelle 2016 zu übertragen, weil sie sich nicht auf das „unvorhersehbare und unabwendbare Ereignis", das in der neuen Bestimmung nicht mehr enthalten ist, gestützt hat (10 ObS 192/21i).

13 Waren zum Zeitpunkt der Antragstellung die Voraussetzungen für den Bezug des beantragten KBG auch in Hinblick auf die angestrebte Mindestbezugsdauer gegeben und kam es nur auf Grund einer vom Antragsteller missverständlich gewählten Antragstellung beim AMS, die durch eine als entschuldbar zu wertende Fehlinterpretation der Rechtslage veranlasst wurde, in der Folge dazu, dass dem Antragsteller – entgegen seiner Intention und Absicht – das beantragte Arbeitslosengeld drei Tage zu früh ausbezahlt wurde, so liegt kein schuldhaftes Fehlverhalten (im Sinne des § 31 Abs 1) vor. Eine Rückforderung des gewährten KBG entspräche nicht den Intentionen der zugrunde liegenden Regelungen. Vielmehr liegt ein Sachverhalt vor, der dem Gesetzeszweck nach der Ausnahmebestimmung des § 5 Abs 4 aF gleichzuhalten ist. Die Aufzählung der unvorhersehbaren und unabwendbaren Ereignisse in § 5 Abs 4a aF betrifft nur den Fall der Auflösung der Hausgemeinschaft mit dem Kind (RW0000761).

13a **Krisenpflegeeltern** werden in § 2a Abs 1 definiert. Sie gelten ausdrücklich nicht als Pflegeeltern iSd KBGG. Die auf Pflegeeltern anzuwendenden Bestimmungen sind jedoch auf Krisenpflegeeltern sinngemäß anzuwenden, es sei denn, das G sieht abw Bestimmungen vor. Zum Anspruch auf KBG s § 2 Rz 29a ff.

13b Vor der Novelle BGBl I 2016/53 wurde von der Rsp die Anspruchsberechtigung von **Krisenpflegeeltern** bejaht und zwar vom ersten Tag der Betreuung an, unabhängig von der Dauer des gemeinsamen Haushalts (10 ObS 3/13h, 10 ObS 14/13a ua).

13c Die Novelle BGBl I 2016/53 sah für Geburten ab 1.3.2017 (§ 50 Abs 14) in Abs 5 eine **Mindestbezugsdauer** von 61 Tagen nunmehr auch unabhängig von einem

Bezugswechsel vor (vgl Rz 10). Zusätzlich muss für Bezugszeiträume ab 1.1.2017 (§ 50 Abs 16) die Wohn- und Wirtschaftsgemeinschaft eine **dauerhafte** sein. Erklären sich Krisenpflegeeltern bereit, ein Kind für einen unbestimmten Zeitraum, solange es nötig ist, in ihrem Haushalt zu betreuen, so begründen sie aber auch nach dieser Rechtslage mit dem ersten Tag der Übernahme einen gemeinsamen Haushalt. Eine Ex-post-Differenzierung danach, wie lange diese Betreuung tatsächlich dauerte, ist nicht relevant (10 ObS 65/19k).

Durch die Novelle BGBl I 2019/24 wird der Anspruch von Krisenpflegeeltern **13d**
erstmals ausdrücklich geregelt und von einer 91 Tage dauernden durchgehenden Wohn- und Wirtschaftsgemeinschaft abhängig gemacht. Die Neuregelung ist am 1.7.2018 in Kraft getreten (§ 50 Abs 23). Die Neuregelung ist auch für Fälle anwendbar, wo der Anspruchszeitraum vor dem 1.7.2018 beginnt und danach endet, nicht aber für solche, wo der Anspruchszeitraum vor dem 1.7.2018 geendet hat (10 ObS 57/19h). Hinsichtlich Krisenpflegeeltern liegt daher eine Sonderregelung zur 61-tägigen Mindestbezugsdauer nach Abs 5 vor (10 ObS 13/21s).

IV. Geburt eines weiteren Kindes (Abs 6)

Gem Abs 6 endet bei weiteren Geburten während des Bezugszeitraums der **14**
Anspruch für das zuerst geborene Kind spätestens mit dem Tag, welcher der Geburt des nachfolgenden Kindes vorangeht. Ab dem Tag der Geburt des nachfolgenden Kindes beginnt ein neuer Anspruch für dieses weitere Kind. Aus der Bestimmung des § 6 KBGG kann ein anderes Ergebnis nicht abgeleitet werden (10 ObS 118/07m zur Vorgängerregelung des § 5 Abs 5 aF). Die Regelung gilt auch für die Inpflegenahme eines weiteren Kindes durch eine **Krisenpflegemutter** (10 ObS 87/19w). Auch in einem Fall eines **gleichgeschlechtlichen Paares**, in dem die Eltern des älteren Kindes auch die Eltern des jüngeren Kindes (mit „vertauschten" Elternteilrollen) sind, scheidet ein gleichzeitiger Kinderbetreuungsgeldbezug der Elternteile für beide gemeinsamen Kinder aus, selbst wenn diese sehr kurz nacheinander geboren wurden (10 ObS 36/23a).

Die Vorgängerregelung des § 5 Abs 5 aF wurde für **verfassungskonform** erachtet (VfGH G 43/06, 44/06). Dies galt auch für die durch BGBl I 2007/76 geschaffene Fassung (10 ObS 121/11h).

Mehrlingsgeburten

§ 3a. (1) Bei Mehrlingsgeburten erhöht sich das Kinderbetreuungsgeld für das zweite und jedes weitere Kind um 50 % des Betrages gemäß § 3 Abs. 1. Voraussetzung für den Anspruch auf den Erhöhungsbetrag ist, dass ein Anspruch auf Auszahlung des Kinderbetreuungsgeldes besteht.

(2) Werden für das zweite oder weitere Mehrlingskind die in § 7 Abs. 2 vorgesehenen Eltern-Kind-Pass-Untersuchungen nicht bis zu den vor-

gesehenen Zeitpunkten nachgewiesen, so reduziert sich das Kinderbetreuungsgeld für jeden Elternteil um 650 Euro pro weiterem Mehrlingskind.

[BGBl I 2023/115]

1 Mit der KBGG-Novelle BGBl I 2003/58 wurde erstmals dem Umstand Rechnung getragen, dass Eltern von **Mehrlingen** mit deutlich höheren finanziellen Aufwendungen/mit deutlich größeren Betreuungsleistungen konfrontiert sind als Eltern, deren Kinder nacheinander geboren sind.

2 Bei der **ursprünglichen** Regelung ist bei Erfüllen der Anspruchsvoraussetzungen (§ 2) und der ordnungsgemäßen Durchführung der EKP-Untersuchungen (vgl BGBl I 2023/82) sowie bei deren Nachweis ab dem 21. Lebensmonats des Kindes (Abs 2) seit 1.1.2004 ein **Mehrlingszuschlag** in der Höhe von **50 %** vorgesehen, wobei dieser auch für Geburten ab 1.1.2002 zustand, sofern ab 1.1.2004 noch KBG bezogen wurde.

Im Laufe der Zeit wurde diese Regelung zunächst zweimal **novelliert**: Mit BGBl I 2006/97 wurden die finanziellen Härten der ursprünglichen Regelung bei einer nachfolgenden Geburt abgefedert, obwohl der OGH in Bezug auf die (Nicht-) Berücksichtigung von Mehrlingsgeburten weder gegen § 2 Abs 6 (idF BGBl I 2001/103) noch gegen § 2 Abs 6 iVm § 3a Abs 1 (jeweils idF BGBl I 2003/58) verfassungsrechtliche Bedenken hatte (RS 0119267; s näher 10 ObS 110/04 f; vgl aber VfGH G 81/06 ua). Mit BGBl I 2007/76 wurde die Bindung an die **Auszahlung** des KBG explizit verankert. Des Weiteren wurde die Kürzung bei fehlendem Nachweis der EKP-Untersuchungen bei der Langleistung vom 21. auf den 25. Lebensmonat des Kindes – analog der Kürzungsregelung in § 3 aF – verlegt. Für die neu geschaffenen Kurzleistungsvarianten wurden für die Kürzung entsprechend dem kürzeren Bezugsausmaß das 17. und 13. Lebensmonat festgelegt.

3 Mit der Novelle BGBl I 2016/53 (**„Einführung des KBG-Kontos“**) erfolgte eine inhaltliche Änderung in Bezug auf **nachgeborene** Kinder. Waren diese bislang nach § 3a Abs 2 aF (BGBl I 2014/35) noch erfasst und berücksichtigt, wird der Mehrlingszuschlag für (Mehrlings)Geburten ab dem **1.3.2017** nicht mehr berücksichtigt (außer die erneute Geburt ist wiederum eine Mehrlingsgeburt). *Burger-Ehrnhofer* (ASoK 2016, 415) ist zuzustimmen, dass im Lichte der bisherigen Judikatur des VfGH ein (endgültiger) Verlust des Mehrlingszuschlags infolge der Geburt eines weiteren Kindes als unsachlich zu beurteilen sein wird. Dass in den EB zu 1110 BlgNR 25. GP, 5 mit keinem Wort auf diese Problematik eingegangen wird, lässt ein redaktionelles Versehen vermuten.

Sonst erhöht sich das pauschale KBG (Konto) für das zweite und jedes weitere Mehrlingskind um 50 % des jeweiligen Tagesbetrags. Bei annähernd gleicher Aufteilung des KBG-Bezuges (50:50 bis 60:40) gebührt ein Partnerschaftsbonus in Höhe von 500 € je Elternteil.

Es ist davon auszugehen, dass alle übrigen Bestimmungen des KBGG bei Mehrlingsgeburten grundsätzlich so anzuwenden sind, als würde es sich um **ein** Kind handeln (so ist bei Mehrlingen ein Bezugswechsel auch nur zweimal möglich wie nach der Geburt eines Kindes [*Ehmer ua*, 83]). Daraus folgt auch, dass bei Mehrlingskindern die EKP-Untersuchungen für jedes Kind nachzuweisen sind. 4

Der Mehrlingszuschlag gebührt nur bei den **Pauschalvarianten** des KBG (vgl §§ 5 ff aF) und mit 1.3.2017 für das KBG-Konto, nicht jedoch beim einkommensabhängigen KGB (§§ 24 ff).Zur **Aufteilung** der **Kinder** nach Trennung der Eltern vgl § 2 Rz 14.

Zur **Höhe** und **Anspruchsdauer** des Mehrlingszuschlages s näher *Ehmer ua*, 84.

Abs 2 regelt die **Kürzung** des Mehrlingszuschlages, wenn die in § 7 Abs 2 normierten Untersuchungs- und Nachweispflichten und Fristen nicht eingehalten werden.

§ 7 Abs 4 aF (Ausnahmen von der Kürzungsregelung) ist nunmehr § 7 Abs 3 nF.

Bezugsbeginn

§ 4. (1) Das Kinderbetreuungsgeld gebührt auf Antrag, frühestens ab dem Tag der Geburt des Kindes, bei Adoptiv- und Pflegekindern frühestens ab dem Tag, ab dem das Kind in Pflege genommen wird.

(2) Wird der Antrag erst später gestellt, so gebührt das Kinderbetreuungsgeld rückwirkend bis zum Höchstausmaß von 182 Tagen.

[BGBl I 2016/53]

Übersicht

I. Allgemeines

1 Der Bezug des KBG und der Beihilfe zum (pauschalen) KBG (§ 9) gebührt **nur auf Antrag** (ebenso wie in der AlV, KV und PV). Der Antrag ist bei jenem KVT einzubringen, der nach § 28 für die Durchführung der KV zuständig ist. Personen, die KBG beziehen, sind in der KV teilversichert (zu den Ausnahmen s § 28 Abs 1). Die Zuständigkeit für die Durchführung der Teilversicherung richtet sich danach, wo die KBG-Bezieherinnen Wochengeld oder Betriebshilfe bezogen haben. Wenn kein solcher Bezug vorliegt, ist die KBG-Beziehende dort krankenversichert, wo sie es zuletzt war. Liegt keine

Versicherung nach dem ASVG, BSVG, GSVG oder B-KUVG vor, so sind die Beziehenden bei der Gebietskrankenkasse teilversichert, bei der der Antrag auf KBG gestellt wurde (zB für Mütter, die Schülerinnen und nicht selbst krankenversichert sind).

2 Der zuständige KVT entscheidet über den gestellten Antrag mittels **Bescheid** (aber nur im negativen Fall), der nach § 65 Abs 1 Z 8 ASGG im Rahmen der **sukzessiven Kompetenz** beim Arbeits- und Sozialgericht bekämpft werden kann. Partei im Verfahren vor dem **Arbeits- und Sozialgericht** ist ausschließlich der jeweilige KVT, nicht aber dessen Hauptstellen oder Landesstellen (RS 0083753).

Sofern ein Anspruch zu Recht besteht, erhält der Antragsteller lediglich eine Mitteilung über den Beginn, das voraussichtliche Ende und die Höhe der zu erwartenden KBG-Leistung (vgl § 27).

II. Bezugsbeginn

3 Nach Abs 1 gebührt auf Antrag das KBG **frühestens** ab dem Tag der Geburt; bei Adoptiv- und Pflegekindern frühestens ab dem Tag, ab dem das Kind in Pflege genommen wurde.

Wenn der Antrag zu einem **späteren** Zeitpunkt gestellt wird, so ist zu beachten, dass das KBG höchstens (maximal) nur **182 Tage (aF: sechs Monate) rückwirkend** gewährt wird (Abs 2). Mit der Einführung des KBG-Kontos (BGBl I 2016/53) brachte die Umstellung auf eine Kalendertage-Zählung ab der Geburt mit sich, dass auch diese bei den materiell-rechtlichen Fristen zu erfolgen hat. In diesem Zusammenhang ist darauf hinzuweisen, dass es im Belieben des Antragstellers steht, ob und inwieweit er die 182 Tage ausschöpfen möchte (zu beachten ist aber die verbindliche Festlegung der Bezugsdauer bei Antragsstellung; vgl § 5 Rz 1).

Der Bezugsbeginn ist auch maßgeblich für den Zeitraum der Ermittlung der Einkommensgrenzen (§ 8) und/oder den Anspruch auf sonstige Leistungen (*Ehmer ua*, 90), wie

- die Zuverdienstmöglichkeit während des Bezugs von KBG bis zu 18.000 € jährlich (dazu vgl § 8);
- die KV für Bezieherinnen von KBG (vgl § 28);
- die Anerkennung von 18 Monaten des KBG-Bezugs als Beitragszeiten der PV (vgl § 28);
- die Möglichkeit des Bezugs einer Beihilfe zum KBG (vgl § 9).

4 Nach § 25 sind die für Leistungssachen in der KV geltenden Verfahrensbestimmungen des ASVG, BSVG, GSVG oder B-KUVG (subsidiär) anzuwenden, sofern das KBGG nichts anderes bestimmt. Demnach können nach § 361 Abs 2 ASVG **Minderjährige**, die das 14. Lebensjahr vollendet haben, den Antrag selbst stellen. Das KBG ist in diesem Fall nach § 106 Abs 1 ASVG

den mündigen Minderjährigen auch selbst auszubezahlen, weil diese für Leistungen aus der eigenen Versicherung empfangsberechtigt sind (vgl *I. Faber/Fellinger* in SV-Komm § 106 ASVG Rz 2, *Atria* in *Sonntag*, ASVG § 106 Rz 1; *Ehmer ua* 91; § 34 Rz 2 mwN).

III. Fristenlauf

In Bezug auf den Fristenlauf sind nach Ansicht von *Ehmer ua* (209) die Bestimmungen der §§ 32 Abs 2 und 33 AVG maßgeblich (vgl *Hengstschläger/Leeb*, AVG § 32 Rz 8 f). Dem steht die Rsp des OGH entgegen, wonach eine materiell-rechtliche Frist vorliegt (vgl § 26 Rz 7, § 3 FamZeitbG Rz 4). 5

Ungeachtet der Frage, ob es sich bei der 182 Tages-Frist um eine **verfahrensrechtliche** oder **materiellrechtliche** Frist handelt, ist bei der Berechnung das Ende der Frist zur Tageszahl jenes Datums, an welchem das fristauslösende Ereignis stattgefunden hat, hinzuzuzählen. Wird dabei ein Monatsende überschritten, so wird die Anzahl der Tage des Vormonats wieder abgezogen (bei allfälligem mehrmaligen Überschreiten eines Monatsendes die Gesamtzahl der Tage der Vormonate; vgl näher *Hengstschläger/Leeb*, AVG § 32 Rz 11; *Gitschthaler* in *RechbergerKlicka*, ZPO[5] §§ 124–126 ZPO Rz 4).

Zur Frage der Rechtsnatur der Frist s näher § 26 Rz 6 ff.

Zur **Fristenwahrung** muss der Antrag innerhalb der 182 Tage von der Behörde entgegengenommen werden. 6

Um allfälligen **Beweisproblemen** in Bezug auf die Rechtzeitigkeit der Einbringung vorzubeugen, empfiehlt es sich, entsprechende Nachweise (Postaufgabeschein oder Kopie des abgestempelten Antrags) zumindest bis zur tatsächlichen Gewährung des KBG aufzubewahren. § 26 Abs 1 normiert sogar ein Recht auf eine **Bestätigung** des Einlangens des Antrags, aber nur auf Verlangen.

Zur Frage der **Restituierbarkeit** der Frist vgl ebenfalls § 26 Rz 6 ff.

IV. Legitimation

Antragslegitimiert sind die **leiblichen Eltern** sowie **Adoptiv- und Pflegeeltern**. Bei Adoptiv- und Pflegeeltern beginnt der Anspruch aber erst mit dem Zeitpunkt der Übernahme in die Pflege. Dies bedingt, dass der Anspruch der leiblichen Eltern auf KBG mit der Übergabe des Kindes endet (*Ehmer ua* 93), weil damit der gemeinsame Haushalt als Anspruchsvoraussetzung wegfällt (vgl näher § 2 Rz 29). 7

Zu den **Adoptiveltern** vgl §§ 191 ff ABGB.

Pflegeeltern sind gem § 184 ABGB Personen, die die Pflege und Erziehung des Kindes ganz oder teilw besorgen und zu denen eine dem Verhältnis zw leiblichen Eltern und Kindern nahe kommende Beziehung besteht oder hergestellt werden soll. Diese Elemente setzen eine weitgehende Eingliederung des Kindes in den Haushalt und Lebensablauf der Pflegeeltern sowie zumind 8 die Absicht voraus, eine dem Verhältnis zw leiblichen Eltern und Kindern vergleichbare emotionale Bindung aufzubauen. Auf welcher Rechtsgrundlage das Pflegeverhältnis beruht, ist nicht maßgeblich. Die Pflegeelternschaft ist kraft Gesetzes gegeben, wenn die gesetzlichen Tatbestandsmerkmale erfüllt sind (10 ObS 68/14v mwN).

Zu **Stiefelternteilen, Lebensgefährten/-in** bzw **eingetragenen Partner/-in** der **Mutter** oder Großeltern s näher § 2 Rz 5 ff.

Zu **Krisenpflegeeltern** s näher § 2 Rz 29a ff.

V. Besonderheiten

9 Zu beachten ist, dass nach § 3 Abs 6 (§ 5 Abs 5 aF) der Anspruch auf KBG spätestens mit Ablauf jenes Tages (ex lege) endet, welcher der **Geburt eines weiteren Kindes** bzw der **Adoption (Inpflegenahme) eines jüngeren Kindes** vorangeht. Für das weitere Kind ist wiederum ein Antrag zu stellen. Endet der Anspruch für das weitere Kind vorzeitig, lebt der Anspruch für jenes Kind, für welches davor KBG bezogen wurde, wieder auf.

10 Ein **Verzicht** oder eine **Unterbrechung** des KBG-Bezugs ist möglich. Die Mindestbezugsdauer von 61 Tagen (vormals nach § 5 Abs 4 aF zwei Monaten) ist grundsätzlich einzuhalten, außer der beziehende Elternteil ist durch ein unvorhersehbares und unabwendbares Ereignis für eine nicht bloß verhältnismäßig kurze Zeit verhindert (zum Verzicht s näher § 2 Rz 85 ff). Als Unterbrechungsgrund könnte bspw der Fall eintreten, dass ein nichtösterreichischer Staatsbürger für eine bestimmte Zeit den Anspruch auf FBH verliert (*Ehmer ua* 206).

11 Zusätzlich kann der Anspruch auf KBG **ruhen** (dazu näher § 6 Rz 1 ff).

Einer Unterbrechung oder ein Ruhen, dessen Ende ungewiss ist, erfordert eine **Wiedermeldung** des Leistungsbeziehers (§ 26 Abs 2). Steht das Ende des Unterbrechungs- oder Ruhenszeitraumes fest, hat der SVT jedenfalls über die Bezugsdauer abzusprechen (vgl § 27). Bei der Wiedermeldung ist die Frist des § 4 Abs 2 wiederum zu beachten, dh sie beträgt (maximal) 182 Tage (aF: sechs Monate) rückwirkend. Zur Frage der Restituierbarkeit der Frist vgl ausf § 26 Rz 6 ff.

12 Der Anspruch endet im Fall des **Todes** des Leistungsbeziehers. Jemand anderer (zB anderer Elternteil, Großmutter etc, die die Betreuung des Kindes übernehmen) kann dann einen Antrag stellen und bei gegebenen Voraussetzungen ab dem auf den Todestag folgenden Tag KBG beziehen.

Bezugsende

§ 4a. **(1) Der Anspruch auf Kinderbetreuungsgeld endet mit Ablauf des letzten Tages der beantragten Dauer, spätestens jedoch nach der in diesem Bundesgesetz festgelegten Höchstanspruchsdauer.**

(2) Der Bezug des Kinderbetreuungsgeldes kann durch Verzicht (§ 2 Abs. 5, § 24b Abs. 7) vorübergehend oder durch gesonderte Meldung vorzeitig beendet werden. Im Fall der vorzeitigen Beendigung ist ein neuerlicher Bezug nur nach erneuter Antragstellung und nach Ablauf einer Frist von mindestens einem Kalendermonat möglich. Der Beendigungszeitpunkt muss im Vorhinein bekanntgegeben werden.

[BGBl I 2016/53]

§ 4a legt fest, dass der Anspruch auf KBG mit Ablauf des letzten Tages der beanspruchten Dauer, spätestens mit der Höchstdauer nach § 5 endet. Ein Elternteil alleine kann nach § 5 Abs 1 höchstens 851 Tage (gezählt ab der Geburt) KBG beziehen; die Eltern gemeinsam nie mehr als 1063 Tage (§ 5 Abs 2). **1**

Ein Verzicht ist für eine vorübergehende Bezugsunterbrechung möglich. **2** Weiters ist auch eine vorzeitige (endgültige) Beendigung möglich. Zu beachten ist dabei, dass nach einer Beendigung eine **Sperrfrist** von einem Monat für einen neuen Bezugsbeginn besteht. Nach dem Willen des Gesetzgebers dient die Sperrfrist der Vermeidung von Missbrauch und der Verhinderung der Umgehung der Zuverdienstgrenze (1110 BlgNR 25. GP, 6).

Nicht eindeutig ist die Formulierung in § 4a Abs 2 „... *ist ein neuerlicher* **3** *Bezug nur nach erneuter Antragstellung und nach Ablauf einer Frist von* ***mindestens einem Kalendermonat*** *möglich.*" In den Materialien (vgl Rz 2) ist Folgendes angeführt: „Bisher konnten Eltern auf das Kinderbetreuungsgeld verzichten, um den Bezug verfrüht zu beenden, mit allen Bedingungen, die an den Verzicht geknüpft sind (zB kann nur auf ganze Kalendermonate verzichtet werden) und allen Folgen, die ein Verzicht mit sich bringt (wie zB, dass der Bezug des anderen Elternteils während eines Verzichtszeitraumes ausgeschlossen ist und es daher vor einem Bezug eines Widerrufs des verzichtenden Elternteiles bedarf). In Hinkunft kann der Leistungsbezug vorzeitig (endgültig) beendet werden. Die Möglichkeit des Verzichts bleibt für vorübergehende Bezugsunterbrechungen aufrecht. Die einmonatige Sperrfrist nach einer Beendigung und vor einem neuen Bezugsbeginn (nach neuer Antragstellung) durch denselben Elternteil dient der Vermeidung von Missbrauch und der Verhinderung der Umgehung der Zuverdienstregelungen."

Ausgehend von den Bestimmungen des § 2 Abs 5, § 4a Abs 2 und § 24b Abs 7 und auch von der herkömmlichen Wortbedeutung ist mA der Begriff „**Kalendermonat**" so zu verstehen, dass es sich hier um einen dem Jahreskalender entsprechend festgelegten Monat (vom Monatsersten bis zum Monatsletzten) handelt (vgl OLG Wien 10 Rs 97/19m).

Flexible Inanspruchnahme

§ 5. (1) **Die Anspruchsdauer nach § 3 Abs. 1 kann auf bis zu 851 Tage ab Geburt des Kindes verlängert werden, wodurch sich der Tagesbetrag im gleichen Verhältnis verringert. § 3a Abs. 1 ist sinngemäß und verhältnismäßig anzuwenden.**

(2) Der Bezug von Kinderbetreuungsgeld nach Abs. 1 kann abwechselnd durch beide Elternteile erfolgen, § 3 Abs. 2 erster und zweiter Satz ist dabei sinngemäß und verhältnismäßig anzuwenden. Die Anspruchsdauer verlängert sich maximal auf bis zu 1063 Tage ab der Geburt des Kindes.

(3) § 3 Abs. 3 bis 6 und § 3a Abs. 2 sind anzuwenden.

[BGBl I 2016/53]

Übersicht

I. Allgemeines

1 Die **Bezugsdauer** des KBG richtet sich danach, ob der Leistungsbezug zwischen den Eltern geteilt wird oder nicht. Der Bezug kann abwechselnd durch beide Elternteile erfolgen, wobei auch nach der Novelle BGBl I 2016/53 ein zweimaliger Wechsel pro Kind zulässig ist, wodurch sich höchstens drei Bezugsteile ergeben können.

1a Für Geburten ab dem **1.3.2017** erfolgt eine Umstellung der pauschalen KBG-Varianten auf ein **Kontosystem** (BGBl I 2016/53); das einkommensabhängige KBG bleibt bestehen. Die Umsetzung erfolgt in der Art, dass Eltern eine Grundvariante (§ 3 nF; ist der bisherigen Pauschalvariante 12 + 2 nachgebildet) mit einer kurzen Anspruchsdauer inklusive einem daran gebundenen höchstmöglichen Tagesbetrag als Konto zur Verfügung haben. Ausgehend davon wählen Eltern flexibel die auf sie passende KBG-Variante mit bspw längerer Anspruchsdauer und daraus abgeleitetem niedrigeren Tagesbetrag. Somit gibt es keine fixen Bezugszeiten mehr (siehe Pauschalvarianten nach BGBl I 2009/116, dargestellt auch im Überblick unten Rz 3), aus denen zu wählen ist. Gewählt werden muss jedoch bei der **ersten Antragstellung** die individuelle KBG-Variante durch Festlegung der (längeren) Anspruchsdauer.

1b Die Wahl der Anspruchsdauer erfolgt **verbindlich**; sie kann nicht verlängert, verkürzt, verschoben, aufgeteilt oder vorzeitig beendet werden: nicht in Anspruch genommene Tage verfallen (1110 BlgNR 25. GP, 3 und 5; vgl aber § 4a). Unterläuft bei der Antragstellung ein Irrtum und steht nur ein kürzerer

Zeitraum als Familienzeit zur Verfügung, verliert der Vater den gesamten Anspruch (*Hess-Knapp*, DRdA-infas 2016, 240; vgl Rz 5 zu § 3).

Der sich aus der Wahl der Anspruchsdauer ergebende **Tagesbetrag** kann den jeweiligen Höchstbetrag nach § 3 Abs 1 (vgl § 3 Rz 4) nicht überschreiten.

Die neue Flexibilität erfordert eine Umstellung der Anspruchsdauer auf **Tage,** wobei der Tag der Geburt mitgezählt wird (1110 BlgNR 25. GP, 6).

Die Bezugsdauer als Konto kann innerhalb eines vorgegebenen Rahmens von **365** bis zu **851** Tagen ab der Geburt des Kindes für **einen Elternteil** oder von **456** bis **1.063** Tagen ab der Geburt des Kindes bei Inanspruchnahme durch **beide Elternteile** flexibel gewählt werden. Je länger man bezieht, desto geringer ist der Tagesbetrag, die Höhe der Leistung ergibt sich also aus der individuell gewählten Leistungsdauer; die Höhe der Leistung verhält sich reziprok zur gewählten Leistungsdauer (vgl 1110 BlgNR 25. GP, 6).Vom gesamten zur Verfügung stehenden Betrag pro Kind sind 20 % dem zweiten Elternteil unübertragbar vorbehalten (in der kürzesten Variante sind das 91 Tage; vgl § 3 Rz 3). **1c**

Bei **Mehrlingsgeburten** erhöht sich das pauschale Kinderbetreuungsgeld (Konto) für das zweite und jedes weitere Mehrlingskind um 50 % des jeweiligen Tagesbetrages (beachte aber § 3a Rz 3). **1d**

Bei annähernd gleicher Aufteilung des KBG-Bezugs (50:50 bis 60:40) gebührt ein **Partnerschaftsbonus** in Höhe einer Einmalzahlung von 500 € je Elternteil. Damit soll ein Anreiz zur partnerschaftlichen Aufteilung der Eltern bei der Kinderbetreuung geliefert werden. **1e**

Der **Anspruch** auf KBG ist ein **einheitlicher**, von der Betreuung eines Kindes im gemeinsamen Haushalt abhängiger Anspruch, den die Eltern wahlweise ausüben können (10 ObS 151/11w). Es handelt sich nicht um getrennte Ansprüche des einen oder des anderen Elternteils (RS 0129826). **2**

Ein Wechsel iSd § 5 ist jeweils nur zwischen jenen Elternteilen möglich, die miteinander durch das Band der leiblichen Elternschaft oder durch das Band der Adoptivelternschaft oder durch das Band der Pflegeelternschaft verbunden sind. Der bloße Wechsel zwischen leiblicher Mutter und außenstehendem Pflegeelternteil führt noch zu keiner Verlängerung der Anspruchsdauer des KBG (§ 5 Abs 2) bis zur Vollendung des 36. Lebensmonats des Kindes (10 ObS 99/06s; RS 0120864). Diese Rsp wurde in den Entscheidungen 10 ObS 3/13h und 10 ObS 14/13a fortgeschrieben (RS 0128641).

Zu beachten ist, dass die **Wahl** der Leistungsart nur **einmal** getroffen werden kann und auch den anderen Elternteil bindet. Eine Änderung der Variante ist nur binnen 14 Tagen ab erstmaliger Antragstellung möglich (§ 26a).

II. Übersichtstabelle zum KBG-Konto (für Geburten ab dem 1.3.2017 bis 31.12.2022)

3

DAUER			TAGSATZ
1 Elternteil allein	**2. Elternteil**	**2 Elternteile**	**Euro**
Tage	**Tage**	**Summe**	
365	91	456	33,88
366	91	457	33,79
367	91	458	33,70
368	91	459	33,60
369	91	460	33,51
370	92	462	33,42
371	92	463	33,33
372	92	464	33,24
373	92	465	33,15
374	93	467	33,06
375	93	468	32,98
376	93	469	32,89
…			
840	209	1049	14,72
841	209	1050	14,70
842	209	1051	14,69
843	210	1053	14,67
844	210	1054	14,65
845	210	1055	14,63
846	210	1056	14,62
847	211	1058	14,60
848	211	1059	14,58
849	211	1060	14,57
850	211	1061	14,55
851	212	1063	14,53

Tab 2: Übersichtstabelle zum KBG-Konto; Quelle: BMFJ, Übersichtstabelle zum KBG-Konto

Der individuelle Tagesbetrag ergibt sich bei der verlängerten Inanspruchnahme durch eine Division des maximalen Tagesbetrags nach § 3 Abs 1 durch die individuelle Verhältniszahl, welche anhand der Formel „gewählte Anspruchstage dividiert durch 365 Tage" ermittelt wird (vgl Bsp in 1110 BlgNR 25. GP, 6). *Burger-Ehrnhofer* (ASok 2016, 412 [413]) weist zutreffend darauf hin, dass sich diese Formel nicht im Gesetzestext und nur in den Materialien wiederfindet; auch nicht berücksichtigt ist die Tatsache eines Schaltjahres. Offen bleibt derzeit, ob diese Unklarheiten praxisrelevant werden.

Reicht der Bezugszeitraum ab 1.1.2023 in ein neues Kalenderjahr, so sind im neuen Kalenderjahr die Tagesbeträge entsprechend der jeweiligen ValorisierungsV (vgl § 3 Rz 4) anzupassen.

Zur Frage der Änderung der Anspruchsdauer s näher § 5a.

III. Höchstdauer

Ein Elternteil alleine kann höchstens **851 Tage** (gezählt ab der Geburt) KBG beziehen; die Eltern gemeinsam nie mehr als **1063 Tage**. Zur Mindestdauer vgl § 3 Rz 10 ff. 4

Festlegung und Änderung der Anspruchsdauer

§ 5a. (1) **Die Anspruchsdauer (§ 3 Abs. 1 und 2, § 5 Abs. 1 und 2) ist bei der erstmaligen Antragstellung verbindlich festzulegen. Nicht in Anspruch genommene Tage verfallen ausnahmslos. Der antragstellende Elternteil ist an den sich aus dieser gewählten Anspruchsdauer ergebenden Tagesbetrag gebunden. Der andere Elternteil ist ebenfalls an diesen Tagesbetrag gebunden. Der Anspruch besteht nur für volle Tage.**

(2) Eine spätere Änderung der festgelegten Anspruchsdauer ist nur einmal pro Kind auf Antrag und nur bis spätestens 91 Tage vor Ablauf der ursprünglich beantragten Anspruchsdauer möglich. Die Änderung kann nur auf Antrag des beziehenden Elternteiles erfolgen. Die Änderung bindet auch den anderen Elternteil. Die Änderung der Anspruchsdauer ist nur unter Einhaltung der Reziprozität und aller gesetzlichen Bedingungen möglich und sie ist ausgeschlossen, sofern dadurch vergangene Bezugszeiträume nachträglich geändert werden sollen. Die Änderung bewirkt, dass die Eltern so zu stellen sind, wie sie stünden, wenn von Anfang an die nun geänderte Anspruchsdauer festgelegt worden wäre, weshalb die durch die Änderung ausgelöste Neubemessung des Tagesbetrages einen Nachzahlungsanspruch oder eine Rückzahlungsverpflichtung für vergangene Zeiträume auslöst. Im Falle einer Rückzahlungsverpflichtung ist die Änderung nur dann wirksam, sofern binnen 61 Tagen ab Antragstellung der gesamte Rückzahlungsbetrag beim Krankenversicherungsträger einlangt. Hat der andere Elternteil bereits Kinderbetreuungsgeld bezogen, so ist eine Änderung nur bei ausdrücklicher Zustimmung dieses Elternteiles möglich; weiters ist im Falle einer Rückzahlungsverpflichtung die Änderung nur dann wirksam, sofern binnen 61 Tagen ab Beantragung der Än-

derung die gesamten Rückzahlungsbeträge beider Elternteile beim Krankenversicherungsträger einlangen. Eine unwirksame Änderung eröffnet keine weitere Änderungsmöglichkeit.

[BGBl I 2016/53]

1 Der **Anspruch** auf KBG bleibt auch durch die Novelle BGBl I 2016/53 ein **einheitlicher**; er ist ein von der Betreuung eines Kindes im gemeinsamen Haushalt abhängiger Anspruch, den die Eltern wahlweise ausüben können (10 ObS 151/11w). Es handelt sich nicht um getrennte Ansprüche des einen oder des anderen Elternteils (RS 0129826).

2 Trotz neuer Flexibilität wird vorausgesetzt, dass bei der **erstmaligen Antragstellung** die Anspruchsdauer **verbindlich festgelegt** wird. Konsequenz daraus ist, dass der Gesetzgeber nicht in Anspruch genommene Tage (der Anspruch stellt nur auf volle Tage ab!) „ausnahmslos" als **verfallen** erklärt (Abs 1).

3 Verstärkt wird diese Wirkung dadurch, dass beide Elternteile an den gewählten Tagesbetrag gebunden sind. Die dem zweitantragstellenden Elternteil zur Verfügung stehende Anspruchsdauer hängt somit (auch) vom feststehenden Tagesbetrag ab. Gewollt ist eine **einvernehmliche Vorgangsweise** beider Elternteile (1110 BlgNR 25. GP, 6). In den Materialen ist beispielhaft genannt, dass, wenn vom ersten Elternteil eine Gesamt-Anspruchsdauer von 730 Tagen gewählt wurde, der unübertragbare Teil für jeden Elternteil 182 Tage beträgt und die Eltern durch (einen oder zwei) Wechsel insgesamt 912 Tage ab der Geburt des Kindes beziehen können (beachte: ein Elternteil kann insgesamt niemals mehr als 851 Tage, beide gemeinsam nie mehr als 1063 Tage beziehen).

4 In Abs 2 werden Umstände angeführt, unter denen die Eltern von der einmal getroffenen Wahl nachträglich (ausnahmsweise) doch wieder abgehen können. Dabei hat der Gesetzgeber vorgesehen (letzter Satz), dass eine unwirksame Änderung keine weiteren Änderungsmöglichkeiten eröffnet. Dh, wenn der Änderungsantrag letztlich zu keiner wirksamen Änderung geführt hat, schließt dieser eine weitere Änderung jedenfalls aus (vgl EB 1110 BlgNR 25. GP, 8; *Holzmann-Windhofer* in *Holzmann-Windhofer/Weißenböck*, 78, 80). Einem gegenteiligen (Auslegungs-)Standpunkt ist der OGH nicht beigetreten (10 ObS 47/21s).

§ 5a Abs 1 und 2 soll – ebenso wie etwa § 2 Abs 3 – in erster Linie Sicherheit für Fälle schaffen, in denen ein Einvernehmen zwischen den Eltern nicht (mehr) besteht, indem vorweg der andere Elternteil an die Wahl der Bezugsdauer durch den Antragsteller gebunden wird. Im Fall der Änderung der Bezugsdauer soll der erstbeziehende Elternteil gegen eine für ihn allenfalls nachteilige spätere Änderung durch den nunmehr beziehenden Elternteil geschützt werden. § 5a Abs 2 Satz 2 ist dahin teleologisch zu reduzieren, dass ein Elternteil unter den weiteren Voraussetzungen des § 5a Abs 2 KBGG auch während eines **Ruhens des Anspruchs** einen Änderungsantrag stellen kann, sofern das Ruhen in den von ihm beantragten und gewährten Anspruchszeitraum fällt (RS0134312; 10 ObS 110/22g).

Der Wortlaut des § 5a Abs 2 Satz 4 unterscheidet zwischen der „Anspruchsdauer" und dem „Bezugszeitraum". Was unter der Anspruchsdauer zu verstehen ist, ergibt sich aus § 5a Abs 1 und dem darin enthaltenen Verweis auf § 3 Abs 1 und 2 sowie § 5 Abs 1 und 2. Der Begriff Bezugszeitraum wird aber nicht definiert. Der OGH kam zum Auslegungsergebnis, dass nur Zeiten des tatsächlichen Bezugs von KBG, nicht jedoch Zeiten eines Ruhens desselben erfasst sind (10 ObS 78/23b).

Bei der Frist des Abs 2 zur späteren Änderung der festgelegten Anspruchsdauer (von spätestens 91 Tagen vor Ablauf der ursprünglich beantragten Anspruchsdauer) handelt es sich um eine **materiell-rechtliche Frist**, weil daran die materielle Rechtsfolge des Verlusts dieses geänderten KBG-Anspruchs angeknüpft wird (10 ObS 90/20p; vgl EB 1110 BlgNR 25. GP, 7). Das hat zur Folge, dass zur Wahrung der Frist der Antrag rechtzeitig einlangen muss; eine rechtzeitige Postaufgabe reicht nicht aus (RS 0122645).

Für die Berechnung der Frist sind die allgemeinen Regeln in §§ 902 ff ABGB anzuwenden. Zu berücksichtigen ist aber, dass Abs 2 eine sogenannte „rückgerechnete" Frist beinhaltet. Der Ablauf der ursprünglich beantragten Anspruchsdauer stellt das fristauslösende Ereignis dar, von dem ausgehend dem KVT ein Rahmen von (mindestens) 91 Tagen für die Bearbeitung des Änderungsantrags zur Verfügung stehen muss (EB 1110 BlgNR 25. GP, 7). Rückwärtsfristen dienen – anders als vorwärtsberechnete Fristen – dem Schutz des Erklärungsgegners, dem ein gewisser Mindestzeitraum zwischen der Handlung und dem Eintritt der Folge zur Vorbereitung zur Verfügung stehen soll. Für den Handelnden selbst läuft keine Frist. Ob § 903 Satz 3 ABGB (*fällt der letzte Tag auf einen Sonntag oder Feiertag, tritt an dessen Stelle der nächstfolgende Werktag*) „spiegelbildlich" anzuwenden wäre, hat der OGH zu 10 ObS 90/20p offen gelassen.

Partnerschaftsbonus

§ 5b. Haben die Eltern das Kinderbetreuungsgeld für dasselbe Kind zu annähernd gleichen Teilen, mindestens jedoch im Ausmaß von je 124 Tagen, beansprucht, so gebührt jedem Elternteil nach Ende des Anspruchszeitraumes auf Antrag ein Partnerschaftsbonus in Höhe von 500 Euro als Einmalzahlung. Zu annähernd gleichen Teilen im Sinne dieses Bundesgesetzes beziehen Eltern nur dann, wenn der eine Elternteil mindestens 40 % und der andere Elternteil maximal 60 % bezieht. Nach Auszahlung des Partnerschaftsbonus besteht kein Anspruch mehr auf Kinderbetreuungsgeld für dieses Kind, weder für künftige, noch für vergangene Zeit-

räume. Der Anspruch besteht pro Kind nur einmal, wobei den Vorrang jene Eltern haben, die zuerst bezogen haben. Der Antrag ist spätestens binnen 124 Tagen ab dem letzten Tag der höchstmöglichen Anspruchsdauer für beide Elternteile beim Krankenversicherungsträger zu stellen. In Angelegenheiten des Partnerschaftsbonus ist jener Krankenversicherungsträger zuständig, bei dem zuletzt Kinderbetreuungsgeld für dieses Kind bezogen worden ist. Eine Rückforderung von zu Unrecht bezogenem Kinderbetreuungsgeld für dieses Kind bei einem Elternteil löst zugleich eine Rückforderung der beiden Partnerschaftsboni aus, sofern dadurch die geforderte Anspruchsdauer eines Elternteiles oder die vorgeschriebene Aufteilungsquote nicht mehr vorliegt.

[BGBl I 2023/115]

1 Mit dem Partnerschaftsbonus soll der Anreiz der partnerschaftlichen Aufteilung des KBG-Bezugs (gesetzlich) noch mehr verstärkt werden. Eltern werden für einen (jeweils) gleich langen Leistungsbezug, der jeweils zumindest **182 Tage** andauern muss, mit 500 € belohnt, wobei eine annähernd gleiche Aufteilung (60:40 %) ausreicht (vgl 1110 BlgNR 21. GP, 8). Der Bonus steht jenem Elternteil zu, der den Bezug länger konsumiert. Eine spätere Antragstellung ist möglich, wobei eine Frist von 182 Tagen (**Mindestbezugsdauer**) einzuhalten ist, weil sonst das Aufteilungsverhältnis außerhalb der normierten Bandbreite liegt. Konsequenz wäre, dass der Bonus zurückzuzahlen ist.

2 Der Charakter dieser Leistung als – entweder zur Gänze zustehende oder nicht zustehende – Belohnung spricht dafür, nur an das objektive Vorliegen eines KBG-Bezugs anzuknüpfen. Daher sind nur **tatsächliche und rechtmäßige Bezugszeiten** – nicht aber Zeiten eines Verzichts oder des Ruhens des KBG-Anspruchs – der Beurteilung zugrunde zu legen, unabhängig davon, ob ein Elternteil bei der Antragstellung von einem anderen Bezugszeitraum ausging oder ausgehen durfte (10 ObS 74/22p).

Der Wortlaut in Satz 2 in Bezug auf „*zu annähernd gleichen Teilen*“ sieht **keine** (kaufmännische) **Rundung** vor. Die Vorgabe von Werten, die ein Elternteil „maximal“ erreichen darf und der andere „mindestens“ erreichen muss, kann nur als Normierung absoluter Grenzen verstanden werden (10 ObS 26/22d).

3 Mit BGBl I 2023/115 wurde einer Empfehlung des Rechnungshofes nachgekommen und die Antragsfrist gegenüber der geltenden Rechtslage verlängert: Der Antrag ist spätestens binnen 124 Tagen ab **dem letzten Tag der höchstmöglichen Anspruchsdauer** für beide Elternteile beim KVT zu stellen. Dies wurde als nötig angesehen, weil in jenen wenigen Einzelfällen, in denen die höchstmögliche Bezugsdauer der gewählten Variante nicht ausgeschöpft wurde, das automatisierte Erinnerungsschreiben nach Ende der Antragsfrist einlangen könnte (IA 3478/A 27. GP, 18).

Härtefälleverlängerung

§ 5c. (1) Ist ein Elternteil aufgrund eines unabwendbaren und unvorhersehbaren Ereignisses, dessen Dauer den Wegfall des gemeinsamen Haushaltes mit dem Kind bewirkt, am Bezug des pauschalen Kinderbetreuungsgeldes für dieses Kind verhindert, so verlängert sich die Bezugsdauer des anderen Elternteiles im Zeitraum der Verhinderung auf Antrag um die Anzahl der Verhinderungstage, maximal aber um 91 Tage. Ein unvorhersehbares und unabwendbares Ereignis im Sinne dieses Gesetzes liegt nur vor bei:

1. Tod,
2. Aufenthalt in einer Heil- und Pflegeanstalt,
3. Gerichtlich oder behördlich festgestellter häuslicher Gewalt sowie Aufenthalt im Frauenhaus aufgrund häuslicher Gewalt,
4. Verbüßung einer Freiheitsstrafe sowie bei einer anderweitigen auf gerichtlicher oder behördlicher Anordnung beruhenden Anhaltung.

Hat der verhinderte Elternteil bereits Kinderbetreuungsgeld für dieses Kind bezogen, so werden seine Bezugstage auf den Verlängerungszeitraum des anderen Elternteiles angerechnet. Der andere Elternteil hat Beginn und (voraussichtliche) Dauer der Verhinderung des verhinderten Elternteiles bekannt zu geben und die anspruchsbegründenden Umstände nachzuweisen. Die Verlängerung nach diesem Absatz endet bei vorzeitigem Ende der Verhinderung. Der Wegfall des gemeinsamen Haushaltes mit dem Kind ist nur bei einer nicht bloß vorübergehenden Dauer des Ereignisses anzunehmen (§ 2 Abs. 6). Dem Wegfall des gemeinsamen Haushaltes mit dem Kind gleichzustellen ist der Wegfall des gemeinsamen Haushaltes mit der mit diesem Kind schwangeren Frau. Kein Anspruch auf Verlängerung besteht, sofern der nicht verhinderte Elternteil eine Ehe oder nicht-eheliche Lebensgemeinschaft mit einer anderen Person als der Kindesmutter oder dem Kindesvater eingeht.

(2) Eine Verlängerung im Sinne des Abs. 1 erfolgt auch dann, wenn ein alleinstehender Elternteil (§ 11 Abs. 1) einen Antrag auf Festsetzung des Unterhaltes für das Kind, für das Kinderbetreuungsgeld bezogen wird, gestellt hat, jedoch noch kein tatsächlicher Unterhalt geleistet wird oder ein vom Gericht vorläufig zugesprochener Unterhalt 100 Euro nicht übersteigt, sofern während der letzten 121 Tage vor der Verlängerung sowie während der 91 Verlängerungstage das Einkommen des alleinstehenden Elternteiles im monatlichen Durchschnitt den Betrag von 1 400 Euro netto nicht übersteigt. Ab einer dritten und weiteren im gemeinsamen Haushalt lebenden Person, für die aufgrund einer rechtlichen oder sittlichen Pflicht vom alleinstehenden Elternteil Unterhalt geleistet wird, erhöht sich dieser Betrag um jeweils 300 Euro monatlich. Zum Einkommen zählen alle Ein-

künfte gemäß § 2 Abs. 3 EStG 1988, Leistungen aus der gesetzlichen und freiwilligen Pensionsversicherung, Leistungen aus der Arbeitslosenversicherung, dem Kinderbetreuungsgeldgesetz, die Familienbeihilfe, der Ehegattenunterhalt sowie einkommensähnliche bundes- oder landesgesetzlich geregelte Beihilfen und Zuschüsse (z. B. Mindestsicherung). Die Einkommenssituation der letzten 121 Tage ist bereits zum Zeitpunkt der Antragstellung nachzuweisen, für den Verlängerungszeitraum ist die Glaubhaftmachung zum Zeitpunkt der Antragstellung vorläufig ausreichend.

[BGBl I 2016/53]

1 § 5c regelt, unter welchen Voraussetzungen eine Bezugsverlängerung um bis zu 91 Tagen bei der Verhinderung eines Elternteils auch ohne Wechsel zwischen den Elternteilen möglich ist. Eine Verhinderung liegt nur dann vor, wenn sie in Folge eines der **taxativ** aufgezählten unvorhersehbaren und unabwendbaren Ereignisse (Z 1 bis 4) eintritt (vgl 340 BlgNR 24. GP, 10).

Dazu zählen

- Tod;
- Aufenthalt in einer Heil- und Pflegeanstalt;
- gerichtlich oder behördlich festgestellte häusliche Gewalt sowie Aufenthalt im Frauenhaus aufgrund häuslicher Gewalt (wobei keinesfalls die Verlängerung dem Gewalttäter zukommen soll; Strafanzeige ist nicht ausreichend);
- Verbüßung einer Freiheitsstrafe sowie ein anderweitiger auf gerichtlicher oder behördlicher Anordnung beruhender Aufenthalt (zB Untersuchungshaft, Unterbringung in einer Anstalt für geistig abnorme oder entwöhnungsbedürftige Rechtsbrecher).

2 Eine länger dauernde Krankheit des betreuenden Elternteils ohne Aufenthalt in einer Heil- oder Pflegeanstalt rechtfertigt noch keine Bezugsverlängerung (10 ObS 35/16v; RS 0130957).

Die Verhinderung muss von einer derartigen Dauer sein, dass der **gemeinsame Haushalt** mit dem Kind als **aufgelöst** gilt (vgl RW0000761; s auch näher § 13 Rz 1 ff); kurzfristige Unterbrechungen der Verhinderung schaden nicht. So führt auch eine bloß vorübergehende Abwesenheit eines Elternteils grds nicht zum Wegfall des gemeinsamen Haushalts mit dem Kind, wobei es dabei auf die Umstände des Einzelfalls ankommt.

3 *Burger-Ehrnhofer* (ASoK 2016, 412 [416]) kritisiert zur Z 2, dass mit der Wortwahl „Heil- und Pflegeanstalt" Aufenthalte in Rehabilitations-, Hospiz oder Palliativeinrichtungen nicht erfasst sein könnten; auch würde ein Widerspruch zwischen einer täglichen vierstündigen persönlichen Betreuung und Pflege des Kindes zur Anstaltspflege bestehen (mit Hinweis auf die Stellungnahmen von NÖGKK [31/SN-181/ME 25. GP, 3] und ÖGB [26/SN-181/ME

25. GP, 5] im Begutachtungsverfahren). Es bleibt abzuwarten, ob dies in der Praxis eine Rolle spielt und einer legistischen Präzisierung bedarf.

Gleichzeitiger Bezug

§ 5d. Abweichend von § 2 Abs. 2 können die Eltern aus Anlass des erstmaligen Wechsels gleichzeitig Kinderbetreuungsgeld in der Dauer von bis zu 31 Tagen in Anspruch nehmen, wodurch sich die Anspruchsdauer um diese Tage reduziert.

[BGBl I 2016/53]

Aus Anlass des **erstmaligen** KBG-Bezugswechsels wurde die Möglichkeit ge- 1
schaffen, dass für eine Dauer von **bis zu 31 Tagen** das KBG **gleichzeitig** von beiden Elternteilen bezogen wird. Dies bedingt, dass sich die (gewählte) Anspruchsdauer um diese Tage reduziert. Damit wird der Wille des Gesetzgebers zur „flexiblen Inanspruchnahme" noch deutlicher zum Ausdruck gebracht.

Ruhen

§ 6. (1) Der Anspruch auf Kinderbetreuungsgeld ruht, sofern ein Anspruch auf Wochengeld gemäß § 162 ASVG oder Sonderwochengeld gemäß § 163 ASVG oder vergleichbare Leistungen nach anderen österreichischen oder ausländischen Rechtsvorschriften besteht, in der Höhe des Wochengeldes, des Sonderwochengeldes oder vergleichbarer Leistungen.

(1a) Der Anspruch auf Kinderbetreuungsgeld ruht, sofern ein Anspruch auf eine Leistung gemäß § 102a des Gewerblichen Sozialversicherungsgesetzes (GSVG), BGBl. Nr. 560/1978, oder § 98 des Bauern-Sozialversicherungsgesetzes (BSVG), BGBl. Nr. 559/1978, oder vergleichbare Leistungen nach anderen österreichischen oder ausländischen Rechtsvorschriften besteht, in der Höhe des Wochengeldes gemäß § 102a Abs. 5 GSVG.

(2) Der Anspruch auf Kinderbetreuungsgeld für ein Kind ruht für den Vater nicht, sofern für die Mutter ein Anspruch gemäß Abs. 1 anlässlich der Geburt eines weiteren Kindes besteht.

(3) Der Anspruch auf Leistungen nach diesem Bundesgesetz ruht, sofern Anspruch auf ausländische Familienleistungen besteht, in der Höhe der ausländischen Leistungen. Der Differenzbetrag zwischen den ausländischen Familienleistungen und den Leistungen nach diesem Bundesgesetz wird nach Ende der ausländischen Familienleistungen auf die laufenden Leistungen nach diesem Bundesgesetz angerechnet. Das Ruhen und die Anrechnung erfolgen jedoch jeweils nur in der Höhe, in der sie nicht bereits eine andere österreichische Familienleistung zum Ruhen gebracht und auf diese angerechnet wurden.

[BGBl I 2024/64]

Übersicht

I. Wochengeldbezug (Abs 1)

1 Das Ziel der meisten **Ruhensbestimmungen** besteht darin, Leistungen dann nicht zu gewähren, wenn ein Sicherungsbedürfnis vorübergehend weggefallen ist. Dazu kommt es insbesondere dann, wenn eine andere funktionsgleiche Leistung bezogen wird. In diesen Fällen dienen die Ruhensregelungen der Vermeidung einer sozialpolitisch unerwünschten „**Überversicherung**" durch einen Doppelbezug von Leistungen mit gleicher Zweckbestimmung (10 ObS 72/11b mwN). So soll Abs 1 eine Mehrfachversorgung aus den Maßnahmen der sozialen Sicherheit hintanhalten. Nach der Wertung des Gesetzgebers sollen somit Mutterschaftsleistungen grds nicht neben dem KBG bezogen werden.

2 Gemäß Abs 1 ruht der Anspruch auf KBG, sofern ein Anspruch auf **Wochengeld** gemäß § 162 ASVG (vgl näher *Binder* in *Tomandl/Felten*, System 264/29; *Drs* in SV-Komm § 162 ASVG Rz 1 ff; *Schober* in *Sonntag*, ASVG § 162 Rz 1 ff), **Sonderwochengeld** gemäß § 163 ASVG oder auf gleichartige Leistungen nach anderen österreichischen oder ausländischen Rechtsvorschriften oder ein Anspruch auf Wochengeld gemäß § 102a GSVG oder § 98 BSVG besteht, in der Höhe des Wochengeldes. Dies bedeutet, dass bei einem Wochengeld, dessen Höhe unter dem KBG liegt, das KBG in der Höhe des Differenzbetrages (**Unterschiedsbetrages**) ausbezahlt wird (vgl EB 340 BlgNR 24. GP 12). Eine Verminderung des Wochengeldes um eine **Opting-out**-Versicherungsprämie findet im Wortlaut des § 6 keine Deckung (10 ObS 67/15y; RS 0008757).

2a Es ist nicht am engen Wortsinn des § 6 Abs 1 zu haften, sondern eine am offenkundigen Zweck der Regelung orientierte Auslegung dahingehend geboten, dass nicht nur das Wochengeld, sondern jede gleichartige Leistung erfasst wird (10 ObS 72/11b). Deckt sich der Zweck einer anderen zustehenden in- oder ausländischen Leistung mit dem Zweck des Wochengeldes bzw der Betriebshilfe, dann führt auch der Anspruch auf diese Leistung zu einem Ruhen des KBG.

Nach diesen Auslegungsgrundsätzen wurden von der bisherigen Rsp die Voraussetzungen für den Eintritt des Ruhenstatbestands nach § 6 Abs 1 Z 1 etwa durch den Bezug von Krankengeld nach der Satzung der Wohlfahrtskasse der Ärztekammer Oberösterreichs als erfüllt angesehen (10 ObS 34/07h), ebenso durch den Bezug von Wochengeld, das nicht unmittelbar aufgrund der Satzung der Versorgungseinrichtung einer Kammer (Rechtsanwaltskammer), sondern aufgrund der auf dieser Grundlage errichteten vertraglichen KV gebührt (10 ObS 72/11b; 10 ObS 67/15y [keine Kürzung um die bezahlten Versicherungsprämien]).

Mit BGBl I 2016/53 wurde nunmehr auch in Abs 1a der Bezug von **Betriebshilfe** gemäß § 102a GSVG bzw § 98 BSVG, welche als **Sachleistung** die Weiterführung des Betriebs ermöglichen soll, als Ruhensgrund determiniert. Damit hat der Gesetzgeber der vormaligen Kritik einer unterschiedlichen Behandlung (*Ehmer ua* 113) die Grundlage entzogen (vgl 1110 BlgNR 20. GP, 8). Das Ruhen erfolgt in der Höhe des Wochengeldes, welches anstelle der Betriebshilfe zustehen würde, es ist als Fixbetrag im GSVG und BSVG in derselben Höhe festgelegt und wird jährlich valorisiert (im Jahr 2017: 53,11 €). 3

In Abs 2 wurde klargestellt, dass der Anspruch für ein Kind für den Vater nicht ruht, sofern für die Mutter ein Anspruch gemäß Abs 1 anlässlich der Geburt eines weiteren Kindes besteht.

II. Vergleichbare ausländische Familienleistungen (Abs 3)

Da das KGB eine Familienleistung iSd Art 1 lit z der VO 883/2004 (vgl *Felten* in Zwischenstaatl SV-Recht, Art 68 Rz 2) ist und Art 67 der VO 883/2004 einen **Anspruch auf Export** der Familienleistungen für in einem anderen MS lebenden Familienangehörigen (Art 1 lit i) vorsieht, können bei Zusammentreffen von vergleichbaren (gleichartigen) Leistungen bei einem grenzüberschreitenden gemeinschaftsrechtlichen Sachverhalt **Anspruchskonflikte** bestehen, unabhängig davon, ob die vergleichbare ausländische Leistung beantragt und bezogen oder darauf verzichtet wird. Es wird rein auf den (theoretischen) Anspruch abgestellt. Durch die Regelung des Art 68 Abs 3 der VO 883/2004 über die Antragsweiterleitung kann es freilich zur Unterlassung der Antragstellung im vorrangig zuständigen Staat gar nicht mehr kommen (vgl näher § 2 Rz 57 mwN). 4

Art 68 der VO 883/2004 enthält die **Prioritätsregeln** bei Zusammentreffen derartiger Leistungen, wobei § 6 Abs 3 (eingefügt mit BGBl I 2007/76) als international umfassend ausgestaltete **Antikumulierungsregel** konzipiert wurde (vgl RS 0125752); sie bezieht sich ausdrücklich auf die dem KBG vergleichbare ausländische Familienleistungen und ist eine Antikumulierungsvorschrift iSd Art 68 Abs 2 der VO 883/2004 (vormals Art 12 Abs 2 der VO 1408/71). 5

Motiv des Gesetzgebers für die Einführung der Anrechnungsbestimmung war die Vermeidung von Ungleichbehandlungen während der Kleinstkindphase in jenen Fällen, in denen die ausländischen Leistungen in einem höheren Betrag als das Kinderbetreuungsgeld, jedoch für eine kürzere Dauer vorgesehen sind. Alle Eltern sollen bis höchstens zum 30. bzw 36. Lebensmonat des Kindes (der Kinder) mit den gleich hohen Beträgen unterstützt werden (EB 229 BlgNR 23. GP, 5).

Familienleistungen **internationaler Organisationen** sind von der Definition nicht erfasst, weil es hier zu nicht beeinflussbaren Doppelleistungen nicht kommen kann, zumal es eine Frage der völkerrechtlichen Vereinbarung zwischen den Organisationen und den Sitzstaaten ist, ob und in welchem Aus- 6 maß die Mitarbeiter in die Sozialsysteme der Sitzstaaten einbezogen werden (vgl 10 ObS 190/21w [Unterhaltsberechtigtenzulage des EPA]).

7 Zur **Koordinierung** nach dem **Unionsrecht** bei grenzüberschreitenden Sachverhalten allgemein sowie zu den Prioritäts- und Antikumulierungsregeln s näher § 2 Rz 43 ff. Zur Gleichstellungsrecht für **türkische Staatsangehörige** vgl § 2 Rz 69 ff.

8 Die Antikumulierungsregel besagt, dass, wenn der vorrangig zuständige Staat die Familienleistung zu erbringen hat, die Leistungen des nachrangigen Staates bis zur Höhe des vorrangig zuständigen Staates auszusetzen sind. Ist die Leistung des nachrangigen Staates höher, so hat dieser einen Unterschiedsbetrag zu leisten (ausgenommen bei Anwendbarkeit der Vorschriften von zwei MS aufgrund von zwei Wohnsitzen). Dies Regelung statuiert somit ein **Günstigkeitsprinzip** (vgl *Felten* in Zwischenstaatl SV-Recht, Art 68 Rz 7 f).

8a Verfahrensrechtlich hat das Gericht nach den Grundsätzen der sukzessiven Kompetenz aber nicht die Verwaltungsentscheidung zu prüfen, sondern ein eigenes Verfahren durchzuführen und aufgrund der gesetzlichen Bestimmungen vollkommen neu zu entscheiden (RS0053686; RS0106394; RS0112044). Im Fall einer Klage gegen einen auf die – erst seit 1.3.2017 als Ablehnungsgrund eingeführte (§ 50 Abs 15 idF BGBl I 2016/53) – Verletzung der Mitwirkungspflicht nach § 32 Abs 4 gestützten Bescheid ist Gegenstand des Gerichtsverfahrens daher nicht die Verletzung der Mitwirkungspflicht, sondern der geltend gemachte Anspruch. Ob eine Antragstellung im Ausland erfolgt ist oder ein Bescheid des ausl Trägers vorliegt, ist für die Anrechnung irrelevant, die Rechtslage ist vom österr Träger zu ermitteln (vgl 10 ObS 55/23w und § 2 Rz 63).

9 Gerade bei unterschiedlichen Bezugszeiträumen der Familienleistungen gestaltet sich die Berechnung des Unterschiedsbetrages äußerst schwierig; es stellen sich viele Fragen, die in der VO 883/2004 und in der Durchführungs-VO 987/2009 nicht geregelt sind (vgl ausf *Felten* in Zwischenstaatl SV-Recht, Art 68 Rz 9 ff; 10 ObS 117/22m; s § 2 Rz 64).

Nach dem Willen des Gesetzgebers sind alle ausländischen Familienleistungen (unabhängig von der Leistungsart, ihres nationalen Zwecks etc) auf KBG-Leistungen anzurechnen (vgl 1110 BlgNR 20. GP, 8). Diese Regelung soll der generellen Verhinderung von Doppelleistungen dienen, wobei eine Doppelanrechnung ausländischer Familienleistungen auf österr Familienleistungen nicht erfolgen soll (wurde die ausländische Familienleistung bereits bei der Familienbeihilfe angerechnet, erfolgt keine nochmalige Anrechnung in derselben Höhe auf das KBG). Zur Kritik an dieser Neuregelung vgl § 2 Rz 54 und ausf *Sonntag*, ASoK 2017, 2), zur **Vergleichbarkeit** vgl § 2 Rz 55.

9a Für die Gleichartigkeit (Vergleichbarkeit) von Familienleistungen ist Voraussetzung, dass sie einander in Funktion und Struktur im Wesentlichen entsprechen (RS 0122907). Dem Einwand, dass kaum jemals Familienleistungen zweier Mitgliedstaaten einander entsprechen werden, hat der EuGH Rechnung getragen, indem er es als ausreichend erachtet, wenn die Leistungen unabhängig von den besonderen Eigenheiten der Rechtsvorschriften der verschiedenen MS in wesentlichen Merkmalen (Sinn und Zweck, Voraussetzungen für die Gewährung und Leistungsberechnung) übereinstimmen (C-347/12, Rs *Wiering*, Rn 54). Dass die Berechnungsgrundlagen und die Voraussetzungen völlig gleich sein müssen, wird demnach nicht gefordert (EuGH C-102/91, Rs *Knoch*, Rn 42).

Zur Lösung der Frage der Vergleichbarkeit können detaillierte Informationen über die sozialen Sicherungssysteme in den MS den vergleichenden **MISSOC-Tabellen** entnommen werden (www.missoc.org). 9b

Zum Geltungsbereich der VO 1408/71 sprach der OGH aus, dass die Anwendbarkeit der nationalen Antikumulierungsbestimmung unter dem Vorbehalt stehe, „soweit in dieser Verordnung nichts anderes bestimmt" sei. Da die VO 574/72 die VO 1408/71 durchführt, sei unter „dieser Verordnung" in Art 12 Abs 2 VO 1408/71 auch die Durchführungs VO 574/72 zu verstehen. § 6 Abs 3 KBGG wäre mit Art 10 Abs 1 lit b Z i VO 574/72 nicht vereinbar, wenn Österreich vorrangig leistungszuständig wäre, ruhen doch nach der genannten Bestimmung nur die Familienleistungen des nachrangig zuständigen Staats (RS 0125752; 10 ObS 6/10w). 10

III. Vorgehensweise bei grenzüberschreitenden Sachverhalten

Der KBG-Antrag ist an den prioritär zuständigen Träger im anderen MS weiterzuleiten, der zur vorläufigen Entscheidung des ö SVT über die Prioritätsregeln eine Stellungnahme iSd Art 60 Abs 3 VO 987/2009 abzugeben hat (vgl näher § 2 Rz 64a). Der Träger im anderen MS hat den Antrag so zu bearbeiten, als wäre er direkt bei ihm gestellt worden (Art 68 Abs 3 VO 883/2004; *Marhold* in *Fuchs/Janda*, Europäisches Sozialrecht[8] Art 68 Rz 12). 11

Um die ordnungsgemäße Anwendung VO 883/2004 zu gewährleisten, sind die Träger und Personen, die in den Geltungsbereich der VO fallen, zur gegenseitigen Information und Zusammenarbeit verpflichtet (Art 76 Abs 4). Diese Verpflichtung zur loyalen Zusammenarbeit soll vermeiden, dass Streitigkeiten der Träger auf dem Rücken der Betroffenen ausgetragen werden (*Wunder* in *Schreiber/Wunder/Dern*, VO [EG] 883/2004 Art 76 Rz 24 mwN).

Der Erfolg der Koordinierung hängt entscheidend vom Zusammenspiel der zuständigen Behörden ab (*Wunder* in *Schreiber/Wunder/Dern*, VO [EG] 883/2004 Art 76 Rz 26 mwN). Beim Informationsaustausch zwischen den Trägern sollen ua die Bestimmungen von Art 68 Abs 3 und Art 76 Abs 4 der VO 883/2004 eingehalten werden (Erwägungsgrund 3 des Beschlusses Nr F2 der Verwaltungskommission für die Koordinierung der Systeme der sozialen Sicherheit vom 23. Juni 2015 über den Datenaustausch zwischen den Trägern zum Zweck der Gewährungen von Familienleistungen [2016/C52/07]). Ist es den Trägern unmöglich, in angemessener Zeit eine Lösung zu finden, können sie die Verwaltungskommission einschalten (*Wunder* in *Schreiber/Wunder/Dern*, VO [EG] 883/2004, Art 76 Rz 24 f; *Cornelissen* in *Fuchs*, Europäisches Sozialrecht[7] Art 72 Rz 26).

12 Nach Art 7 der VO 987/2009 ist einem Leistungsempfänger zeitgerecht ein Gesamtbetrag an Leistungen zu garantieren, der gleich dem Betrag der günstigsten, also höchsten Leistung ist, die ihm nach dem Recht nur eines dieser Staaten zusteht (EuGH C-31/18, Rs *Moser*, Rn 42 und 46; vgl auch § 2 Rz 64b). Eine Aussetzung der Leistungsverpflichtung ist nur für maximal **zwei Monate** zulässig. Nach dem Erwägungsgrund 3 des Beschlusses Nr F2 der Verwaltungskommission für die Koordinierung der Systeme der sozialen Sicherheit vom 23. Juni 2015 über den Datenaustausch zwischen den Trägern zum Zweck der Gewährungen von Familienleistungen (2016/C52/07) ist von der Beachtung der gegenseitigen Informationspflichten zwischen den Trägern und den betroffenen Personen auszugehen. Auf dieser Grundlage wird in Pkt 5 des Beschlusses bei der Berechnung des Unterschiedsbetrags vorausgesetzt, dass dem Mitgliedstaat alle Informationen vorliegen, die er für dessen Berechnung benötigt. Eine Auslegungshilfe dazu, wie vorzugehen ist bzw wie die Berechnung vorzunehmen ist, wenn ein Träger seine Informationspflichten nicht eingehalten hat, enthält der Beschluss der Verwaltungskommission leider nicht.

13 Bei **Säumigkeit** des prioritär zuständigen MS könnte daher die **vorläufige Leistungsverpflichtung** auf Ö übergewälzt werden, weil ansonsten die Träger ihre oben dargelegten nicht eingehaltenen Verpflichtungen nach der VO 883/2004 und DVO 987/2009 auf dem Rücken des betroffenen Anspruchswerbers austragen würden (OLG Wien 10 Rs 51/22a, vgl auch § 2 Rz 64a). Dies aber nur dann, wenn dem Anspruchswerber keine **Verletzung der Mitwirkungs- bzw Informationspflichten** (Art 76 Abs 4 Satz 3 VO 883/2004) vorzuwerfen ist (zB zusätzliche Antragsformulare oder erforderliche Nachweise). Eine Verletzung der Mitwirkungspflicht hätte zur Folge, dass angemessene Maßnahmen nach dem nationalen Recht zu ergreifen wären (Art 76 Abs 5 VO 883/2004). Diese Maßnahmen sind in § 32 Abs 4 vorgesehen. Der KVT kann bei – trotz zweimaliger schriftlicher Aufforderung gegebener – Verletzung der Mitwirkungspflicht und dadurch verursachter erheblicher Erschwerung oder Verhinderung der Aufklärung des Sachverhalts den Leistungsanspruch ohne weitere Ermittlungen ablehnen (10 ObS 111/20a). Beachte aber die Ausführungen zu Rz 8a (10 ObS 55/23w) und § 32 Rz 1.

Eltern-Kind-Pass-Untersuchungen

§ 7. (1) Im Zusammenhang mit der Geburt eines Kindes sowie der Gewährung des Kinderbetreuungsgeldes hat der für das Gesundheitswesen zuständige Bundesminister im Einvernehmen mit der für Familienagen-

den zuständigen Bundesministerin ein Eltern-Kind-Pass-Untersuchungsprogramm für die Schwangere und das Kind mittels Verordnung festzulegen und einen Eltern-Kind-Pass aufzulegen. Die Verordnung hat den Umfang, die Art und den Zeitpunkt der ärztlichen Untersuchungen und der Hebammenberatungen festzulegen, wobei auf den jeweiligen Stand der medizinischen Erkenntnisse zur Sicherung der Gesundheit der Schwangeren und des Kindes Bedacht zu nehmen ist. Für den Nachweis der ärztlichen Untersuchungen hat der Eltern-Kind-Pass einen entsprechenden Vordruck zu enthalten.

(1) Für die Gewährung des Kinderbetreuungsgeldes in voller Höhe findet das mittels Verordnung des für das Gesundheitswesen zuständigen Bundesministers im Einvernehmen mit der für Familienagenden zuständigen Bundesministerin festgelegte Untersuchungsprogramm gemäß eEltern-Kind-Pass-Gesetz (EKPG), BGBl. I Nr. 82/2023, Anwendung.

(Fassung tritt gem § 50 Abs 38 mit 1.1.2026 in Kraft)

(2) Anspruch auf Kinderbetreuungsgeld in voller Höhe besteht nur, sofern

1. die fünf Untersuchungen während der Schwangerschaft sowie die erste Untersuchung des Kindes nach der in Abs. 1 genannten Verordnung vorgenommen und bei der Beantragung des Kinderbetreuungsgeldes durch Vorlage der entsprechenden Untersuchungsbestätigungen nachgewiesen werden und
2. die zweite bis fünfte Untersuchung des Kindes bis zur Vollendung des 14. Lebensmonates nach der in Abs. 1 genannten Verordnung vorgenommen und spätestens bis zur Vollendung des 15. Lebensmonates des Kindes durch Vorlage der entsprechenden Untersuchungsbestätigungen nachgewiesen werden.

(3) Ungeachtet des Abs. 2 besteht Anspruch auf Kinderbetreuungsgeld in voller Höhe, wenn

1. die Vornahme oder der Nachweis der Untersuchungen nur aus Gründen, die nicht von den Eltern zu vertreten sind, unterbleibt oder
2. die jeweiligen Nachweise bis spätestens zur Vollendung des 18. Lebensmonates des Kindes nachgebracht werden.

(4) In jenen Fällen, in denen die Nachweise erfolgreich elektronisch durch den eEKP gemäß § 6 Abs. 2 EKPG erfolgt sind, entfällt die Nachweispflicht der antragstellenden Elternteile, sofern seitens des Krankenversicherungsträgers keine gegenteilige Information ergeht.

(Tritt ab 1.1.2026 in Kraft)

[BGBl I 2023/115]

Übersicht

I. Allgemeines

1 Mit 1.1.2024 löste der **Eltern-Kind-Pass** (EKP) den bisherigen MuKiPass ab (BGBl I 2023/82). Dieser wird bis 2026 ausgebaut und digitalisiert. Die Leistungen des zugrundeliegenden Untersuchungsprogramms sollen erweitert werden (ua bis zum 18. Lj des Kindes), wobei der genaue Umfang und die Art der ärztlichen Untersuchungen noch mit gesonderter VO festgelegt werden. Das EKP-Untersuchungsprogramm bleibt weiterhin mit dem Bezug des KBG gekoppelt. Jede Schwangere erhält ab 2026 einen elektronischen EKP, wenn dafür die technische Implementierung abgeschlossen ist. Kernfunktion des eEKP ist der Zugriff auf eigene Untersuchungsergebnisse und jene des Kindes. Zusätzlich soll möglich sein, dass Schwangere oder Obsorgeberechtigte an Untersuchungen und Fristen erinnert werden oder den Untersuchungsplan einsehen können.

Mit der Verknüpfung des KBG mit den Eltern-Kind-Pass-Untersuchungen (EKP-Untersuchungen) wird die Bedeutung, die der Gesetzgeber diesen Untersuchungen beimisst, hervorgehoben und durch die Kürzungsregelungen die Nichtdurchführung sanktioniert. Auch wenn das Hauptgewicht auf der Untersuchung selbst, nicht ihrem Nachweis liegt, können die Bestimmungen, die eine Reduktion des KBG vorsehen, nicht dahingehend verstanden werden, dass diese Reduktion nur dann eintritt, wenn die Untersuchung nicht durchgeführt wurde, unabhängig davon, ob sie fristgerecht nachgewiesen wurde oder nicht (vgl 10 ObS 45/15p).

2 Nach dem klaren Wortlaut dieser Bestimmung, die auch mehrfach für veränderte Varianten des KBGG übernommen wurde, hat der Gesetzgeber anlässlich der Novelle BGBl I 2003/122, mit der ua die Möglichkeit geschaffen wurde, den Nachweis für die durchgeführten Untersuchungen bis zur Vollendung des 3. Lebensjahres des Kindes nachzubringen (s Abs 4 Z 2 aF), ausdrücklich auf die **Notwendigkeit** des **Nachweises**, nicht bloß der Untersuchung Bezug genommen (vgl EB 248 BlgNR 22. GP, 2, vgl auch 10 ObS 157/14 g). Dies geschah in Kenntnis der Härtefälle, die damit verbunden sein können, dass Untersuchungen zwar durchgeführt, aber nicht fristgerecht nachgewiesen werden. Der Gesetzgeber hat nicht auf den Nachweis verzichtet, sondern nur in einem zeitlich begrenztem Umfang die Möglichkeit geschaffen, durch eine nachträgliche Vorlage eine Nachzahlung der gekürzten Beträge zu erreichen (10 ObS 45/15p).

Mit der Umstellung auf das KBG-Konto (BGBl I 2016/53) hat der Gesetzgeber explizit festgeschrieben, dass auf den **Nachweis** abzustellen ist. Die maximale Nachfrist zur Nachholung des Nachweises wurde auf die Vollendung des 18. Lebensmonats verkürzt (Abs 3 nF), wobei dies in den Materialien damit begründet wird, dass eine zeitnahe Abwicklung des Nachweises nötig sei und sich gezeigt habe, dass eine längere Nachfrist keine Vorteile für die Eltern bringe (1110 BlgNR 25. GP, 9). **2a**

Konsequenz eines fehlenden Nachweises ist, dass der SVT berechtigt ist, (bis auf die Hälfte) den laufenden Bezug des KBG zu reduzieren (vgl § 3 Abs 4) oder diesen bei den Eltern zurückzufordern. Liegt gar kein laufender KBG-Bezug mehr vor, so erfolgt die Rückforderung der zu Unrecht bezogenen Leistungen von je 1.300 € durch die Eltern. Im Fall einer Nichtdurchführung einer EKP-Untersuchung oder eines vom Anspruchswerber zu vertretenden nicht rechtzeitigen Nachweises (vgl Rz 7) einer solchen Untersuchung ist eine **Rückforderung** des im Hinblick auf die Kürzung des KBG nach § 24a Abs 4 zu Unrecht ausbezahlten Betrags zulässig (RS 0130214). Der bloße Umstand, dass eine Mutter die Verpflichtung zum rechtzeitigen Nachweis übersehen hat, vermag die Annahme, dass der Nachweis der Untersuchung aus Gründen, die die Mutter nicht zu vertreten hätte (vgl § 24c Abs 2 Z 1 nF), unterblieben wäre, jedenfalls nicht zu rechtfertigen (10 ObS 157/14 g). **3**

Bei der Rückforderung wegen des fehlenden Nachweises ist zu beachten, dass für den Rückforderungstatbestand zunächst der SVT behauptungs- und beweispflichtig ist. Hingegen fällt die Beweislast auf die KBG-Bezieherin für den den Rückforderungsanspruch vernichtenden Umstand (vgl 10 ObS 174/21t). **3a**

II. Maßgebliche Zeiträume (Abs 2 nF)

Abs 2 nF sieht für alle Eltern einheitlich vor, dass die ersten **sechs Untersuchungen** (fünf Untersuchungen während der Schwangerschaft und die erste Kindesuntersuchung) bei der Antragstellung bereits vorzulegen sind, anderenfalls nur ein reduzierter KBG-Betrag zusteht (vgl § 3 Abs 4). In einem zweiten Schritt sind bis längstens zur Vollendung des 15. Lebensmonats des Kindes die restlichen vier Kindesuntersuchungen nachzuweisen. **4**

Eine gesetzliche Verpflichtung des KVT zur Aufforderung des Nachweises besteht nicht (vgl 10 ObS 157/14 g); ein solche ist durch das neue zweistufige System ohnedies nicht notwendig. **5**

(entfällt) **6**

III. Ausnahme vom Nachweis der Untersuchungen (Abs 3 nF)

Die verspätete Vornahme oder der verspätete Nachweis von den vorgeschriebenen EKP-Untersuchungen kann zu einer **Kürzung** des KBG führen, es sei denn, die unterbliebene Vornahme oder der unterbliebene Nachweis der Untersuchungen erfolgte aus Gründen, die nicht vom dem das KBG beziehen- **7** den Elternteil zu vertreten sind (Z 1) oder die jeweiligen Nachweise nicht bis spätestens zur Vollendung des 18. Lebensmonats des Kindes nachgebracht werden (Z 2). Der Abs 3 enthält zwei Tatbestände, die durch das Wort „oder" verbunden sind. Nach dem Wortlaut handelt es sich um **alternativ**, nicht um kumulativ anzuwendende Voraussetzungen der Erbringung der Untersuchungsnachweise. § 7 Abs 3 Z 1 nennt keine gesonderte Frist, innerhalb derer sich die Gründe, die von den Eltern zu vertreten sind, auswirken müssen. Bei systematischer Betrachtung kann diese Bestimmung nur dahin verstanden werden, dass eine Kürzung des KBG-Anspruchs nur dann zu unterbleiben hat, wenn die Vornahme oder der Nachweis der Untersuchungen innerhalb der in Abs 2 genannten Frist aus Gründen, die nicht von den Eltern zu vertreten sind, unterblieb. Die außerhalb der Zurechnungssphäre der Eltern liegende Hinderungsgründe müssen innerhalb der in Abs 2 angeführten Nachweisfrist zum Tragen kommen (vgl 10 ObS 58/21h). Diese Auslegung schließt nicht aus, dass bei Vorliegen derartiger Hinderungsgründe während eines längeren, über die Vollendung des 15. (auch des 18.) Lebensmonats des Kindes hinausgehenden Zeitraums der ungekürzte Anspruch erhalten bleiben kann (zB im Fall einer späteren Adoption [vgl ErlRV 229 BlgNR 23. GP, 6]). Die Regelung des § 7 Abs 3 Z 2 bezieht sich aber ausschließlich auf Nachweise, die rechtzeitig, dh innerhalb der in § 7 Abs 2 vorgesehenen Fristen, vorgenommen wurden. Sie ist nicht anwendbar für einen Nachweis einer außerhalb der Frist des § 7 Abs 2 Z 2, aber noch vor Ablauf des 18. Lebensmonats des Kindes erfolgten Untersuchung (RS0134872: die 5. Untersuchung wurde nach der Vollendung des 15. Lebensmonats des Kindes vorgenommen, der Nachweis aber erst vor Vollendung des 18. Lebensmonats des Kindes erbracht; die Kürzung des KBG war rechtens).

Die Gründe, die den Nachweis verhindern, können sowohl in der Sphäre des beziehenden Elternteils als auch des nicht beziehenden Elternteils liegen; dem beziehenden Elternteil darf nur diesbezüglich kein rechtlich relevanter Vorwurf gemacht werden. Diese Beurteilung hängt von den **Umständen** des **Einzelfalls** ab, wobei der OGH bislang über folgende Fallvarianten entschieden hat:

7a **Contra** Nachsicht:

- Das allgemeine Ansteckungsrisiko bei einer Grippewelle in einer Arztpraxis ist kein Nachsichtsgrund (RS 0130213; 10 ObS 26/16w). Die Gefahr, sich mit einem Influenzavirus zu infizieren, besteht nicht nur in einer Ordination von (Kinder-)Ärzten. Trotz des Ansteckungsrisikos flieht nach alltäglicher Erfahrung die ganz überwiegende Mehrheit der Menschen aber auch während einer Grippewelle nicht in die Selbstinsolation der eigenen Wohnung (10 ObS 45/15p).
- Ein emotionaler Ausnahmezustand der Mutter im ersten Jahr nach der Geburt ist kein Nachsichtsgrund, weil der Mutter die Fristgebundenheit der

Vorlage der Nachweise bekannt war und ihr nach dem Ausnahmezustand noch mindestens vier Monate zur Erbringung offenstanden (10 ObS 33/21g).

- Die Fehlvorstellung, „Vollendung des 18. Lebensmonats" bezeichne nicht den Zeitpunkt 18 Monate nach dem Tag der Geburt des Kindes, sondern einen Monat später, ist von den Eltern zu vertreten (10 ObS 187/21d).
- Eine wegen der Behandlung eines akuten Infekts unterbliebene Untersuchung ist dann kein Nachsichtsgrund, wenn der Arztbesuch weder als MuKiPass-Untersuchung von den Eltern geplant gewesen ist noch (danach) rechtzeitig veranlasst wurde. Dass die MuKiPass-Untersuchung nicht anlässlich einer „zufälligen" Akut-Behandlung erfolgte, ohne dass sich die Eltern in irgend einer Form um ihre Vornahme bemüht oder darauf hingewirkt hätten, ist von ihnen zu vertreten (10 ObS 31/24t).

Pro Nachsicht: **7b**

- Die Verschiebung eines Untersuchungstermins durch den behandelnden Kinderarzt, der der Mutter anlässlich der telefonischen Bekanntgabe einer Erkrankung des Kindes erklärte, sie könne mit dem kranken Kind nicht zur Untersuchung kommen (10 ObS 15/20h).
- Die Absage des Termins wegen Erkrankung des Arztes, die Festsetzung eines neuen Termins und dessen neuerliche Verschiebung ist der Mutter nicht zuzurechnen, weil sie die Dauer der Erkrankung und die Terminvergabe nicht beeinflussen konnte. Da die Einhaltung der gesetzlich vorgeschriebenen Frist für eine EKP-Untersuchung nicht als medizinischer Notfall zu bezeichnen ist, ist der Mutter auch nicht vorzuwerfen, dass sie wegen des besonderen Vertrauensverhältnis zum erkrankten Arzt keinen anderen Arzt aufgesucht hat (10 ObS 75/21h).
- Schwere gesundheitliche Probleme der Mutter und der dadurch hervorgerufene Ausnahmezustand ihrer Familie wurden als ausreichend angesehen (10 ObS 140/15h).
- Nicht von den Eltern zu vertreten ist der unterbliebene vollständige Nachweis einer Untersuchung, wenn dieser auf mehrere Fehler des behandelnden Arztes und eine unrichtige Auskunft eines Mitarbeiters der Beklagten zurückzuführen ist (10 ObS 15/20h).
- Der Verlust des Nachweises auf dem Postweg ist nicht vom Leistungsbezieher zu vertreten (10 ObS 88/16p). Dasselbe gilt, wenn das Poststück an eine interne Postabteilung des Arbeitgebers übergeben wird, bei der infolge der dort standardisierten Abläufe anzunehmen ist, dass die abgegebenen Poststücke an die Österreichische Post AG weiter befördert werden (10 ObS 122/20v). Auch die Übersendung der Nachweise mit E-Mail (vgl insb § 13 Abs 2 AVG iVm mit entsprechenden Erreichbarkeitskundmachungen der Gesundheitskasse) wurde als ausreichend angesehen (10 ObS 2/21y; zur E-Mail-Verwendung siehe auch 10 ObS 140/20s, 10 ObS 32/21k; zum Telefax 10 ObS 31/21p).

Ehmer ua (129) nennen als Fallbeispiel einen KBG-beziehenden Vater, der (zuvor) die Durchführung der Schwangeren-Untersuchungen nicht beeinflussen konnte. In den EB (229 BlgNR 23. GP, 6) wurde als Beispiel die spätere Adoption des Kindes genannt.

Zu beachten ist aber, dass nach Abs 2 nF bereits bei der Antragstellung der Nachweis der ersten **sechs Untersuchungen** (vgl Rz 4) vorzulegen ist, andernfalls (von Beginn an) nur ein reduzierter KBG-Betrag zusteht.

„Beziehender Elternteil" ist jener, der – im Rahmen der jeweils gewählten Gestaltung des KBG-Bezugs – KBG aufgrund eines Antrags beansprucht (RS 0130843); es kommt nicht darauf an, wer zum Zeitpunkt der vorzunehmenden Untersuchungen KBG bezogen hat (10 ObS 26/16w).

Bei allen Leistungsarten kann der Nachweis der Untersuchungen bis spätestens zum 18. Lebensmonat des Kindes nachgebracht werden (Z 2 nF; vgl Rz 2a).

7c Bei der Nachweisfrist des Abs 3 Z 2 handelt es sich um eine **materiell-rechtliche Frist**, weil daran die materielle Rechtsfolge des teilweisen Verlusts des KBG-Anspruchs anknüpft wird. Für die Berechnung der Frist sind die allgemeinen Regeln in §§ 902 f ABGB anzuwenden, jedoch nicht § 902 Abs 2 ABGB, weil auf die Vollendung auf eine bestimmte Altersstufe (18. Lebensmonats) abgestellt wird, bei dem der Tag der Geburt mitzurechnen ist; ein Lebensmonat endet an dem Tag, der dem nach seiner Zahl dem Geburtstag entsprechenden Tag vorangeht. Dem steht auch nicht das EuFrÜb (BGBl 1983/254) entgegen (vgl 10 ObS 160/20g; RS 0132835). § 903 Satz 3 ABGB (*fällt der letzte Tag auf einen Sonntag oder Feiertag, tritt an dessen Stelle der nächstfolgende Werktag*) kann – mangels einer entgegenstehenden Bestimmung – aber angewendet werden (10 ObS 184/21p).

Wichtig: Zur Wahrung der materiell-rechtliche Frist muss der Nachweis spätestens am letzten Tag der Frist eingelangt sein; eine rechtzeitige Postaufgabe reicht nicht aus (10 ObS 160/20g; RS 0122645).

IV. Untersuchungen in einem anderen Staat

7d Wohnt ein Anspruchswerber in einem anderen MS, stellt sich die Frage der Möglichkeit der Erfüllung der Anspruchsvoraussetzungen nach § 7 Abs 2 durch Absolvierung der Untersuchungen im Wohnortstaat. Zu 10 ObS 136/19a hat der OGH die Bestimmung des § 1 Abs 1 MuKiPassV auf einen in einem anderen MS wohnhaften Anspruchswerber als mittelbar diskriminierend iSd Art 4 VO 883/2004 angesehen, weil, obwohl die darin normierten Voraussetzungen zwar unterschiedslos gelten, sie von inländischen AN leichter zu erfüllen seien als von Wander-AN. Sollte in dem anderen MS ein vergleichbares System von Untersuchungen während der Schwangerschaft und der Geburt bestehen, schadet – entsprechend der von Art 5 lit b VO 883/2004 geforderten Tatbestandsgleichstellung – die Befolgung dieser Untersuchungen nicht; eine vollkommene Identität des Untersuchungssystems ist nach der Rsp des EuGH (C-523/13, *Rs Larcher*) nicht erforderlich. Dass Untersuchungen teilweise von Hebammen durchgeführt werden, steht einer Vergleichbarkeit auch nicht entgegen (10 ObS 42/21f).

Ohne Bestehen eines gleichartigen Systems wäre zu prüfen, ob die Möglichkeit bestanden hätte, die Untersuchungen in Ö durchführen zu lassen (OLG Wien 9 Rs 100/19w), was aber nur dann zumutbar wäre, wenn die Untersuchungen in Ö als Sachleistungen der KV in Anspruch genommen werden könnten. Sollte diese Möglichkeit nicht bestehen, wäre wegen einer Diskriminierung (in Bezug auf die Ausübung der Freizügigkeit) vom Erfordernis der Durchführung oder des Nachweises der Untersuchungen für die Auszahlung der ungekürzten KBG-Leistung abzusehen (vgl *Sonntag*, Aktuelle Probleme des KBG und des FamZeitb, ZAS 2022, 51 [57 f]). Kriterien wie Entfernung zum Wohnort, anfallende Reisekosten, Vertrauensverhältnis zum behandelnden Arzt oder Sprachbarriere könnten ebenfalls diskriminierungsrechtlich relevant sein (*Kain*, DRdA 2024, 3 [7]).

Zu grenzüberschreitenden gemeinschaftsrechtlichen Sachverhalten, insb zu den Antikumulierungsregeln der VO 883/2004 und zur Frage der Vergleichbarkeit von gleichartigen Leistungen, s näher § 2 Rz 53 ff und § 6 Rz 4 ff.

V. Konsequenzen

Im Fall einer Nichtdurchführung einer Untersuchung, ebenso wie eines nicht **8** rechtzeitigen Nachweises der vorgeschriebenen Untersuchungen gebührt nur ein reduzierter KBG-Betrag. Eine **Rückforderung** des aufgrund einer nachträglichen Reduktion nach § 24a Abs 4 nF reduzierten KBG zu Unrecht ausbezahlten Betrags ist nach § 31 Abs 2 erster Satz zulässig und mit je 1.300 € begrenzt (vgl § 3 Abs 4). Da dieser Rückforderungstatbestand unabhängig von einem Verschulden besteht, kommt es nicht darauf an, ob der Mutter in Bezug auf die Nichterbringung des Nachweises ein Vorwurf zu machen ist (RS 0130214; 10 ObS 157/14 g; vgl auch § 31 Rz 10). Zur Rückforderung vom Partner des beziehenden Elternteils vgl § 31 Abs 3b.

Sonstige Beratungen

§ 7a. Im Zusammenhang mit der Geburt eines Kindes können mittels Verordnung gemäß § 7 Abs 1 weitere Beratungsleistungen für Schwangerschaft, Geburt und Elternschaft (zB Eltern-, Gesundheits- oder Ernährungsberatung) vorgesehen werden.

[BGBl I 2023/82; tritt gem § 50 Abs 38 mit 31.12.2025 außer Kraft]

Ab 2024 sollen alle Eltern weitere Beratungsleistungen für Schwangerschaft, **1** Geburt und Elternschaft in Anspruch nehmen können. Die näheren Ausführungen zu diesen Beratungsleistungen werden in der künftigen **EKP-Verordnung** erfolgen.

Da diese Regelungen ab 2026 in das neu geschaffene eEKP-Gesetz aufgenommen werden, werden die Inhalte im KBGG ab 2026 entfallen.

Gesamtbetrag der maßgeblichen Einkünfte

§ 8. (1) **Maßgebliche Einkünfte sind die Einkünfte gemäß § 2 Abs. 3 Z 1 bis 4 des Einkommensteuergesetzes 1988 (EStG 1988), BGBl. Nr. 400. Der Gesamtbetrag der maßgeblichen Einkünfte ist wie folgt zu ermitteln:**

1. **Soweit im Gesamtbetrag der maßgeblichen Einkünfte solche aus nichtselbständiger Arbeit (§ 25 EStG 1988) enthalten sind, ist von jenen Einkünften auszugehen, die während der Kalendermonate mit Anspruch auf Auszahlung des Kinderbetreuungsgeldes (Anspruchszeitraum) erzielt werden und gemäß § 19 EStG 1988 diesem Anspruchszeitraum zuzuordnen sind. Sonstige Bezüge im Sinne des § 67 EStG 1988 bleiben außer Ansatz. Der danach ermittelte Betrag ist um 30 % zu erhöhen und sodann auf einen Jahresbetrag umzurechnen. Besteht der Anspruch auf Auszahlung des Kinderbetreuungsgeldes für den ganzen Kalendermonat, so zählt dieser Kalendermonat zum Anspruchszeitraum, andernfalls ist dieser Kalendermonat nicht in den Anspruchszeitraum einzubeziehen. Leistungen aus der Arbeitslosenversicherung gelten als Einkünfte aus nichtselbständiger Arbeit, abweichend vom vorletzten Satz ist der ermittelte Betrag um 15 % zu erhöhen. Dem Wochengeld gleichartige Leistungen bleiben außer Ansatz. Die auf Grund von völkerrechtlichen Verträgen steuerbefreiten Einkünfte sowie die einem Abgeordneten zum Europäischen Parlament oder seinem Hinterbliebenen nach Artikel 9 des Abgeordnetenstatuts des Europäischen Parlaments gebührenden Bezüge sind bei der Ermittlung des Gesamtbetrages der maßgeblichen Einkünfte wie steuerpflichtige Einkünfte zu behandeln.**
2. **Andere maßgebliche Einkünfte (§§ 21 bis 23 EStG 1988) sind mit jenem Betrag zu berücksichtigen, der in die Ermittlung des Einkommens für das betreffende Kalenderjahr eingeht. Einkünfte aus Betätigungen, die die Grundlage für Pflichtbeiträge in der gesetzlichen Sozialversicherung darstellen, sind um 30 % zu erhöhen. Wird bis zum Ablauf des zweiten auf das betreffende Kalenderjahr folgenden Kalenderjahres dem Krankenversicherungsträger nachgewiesen, in welchem Ausmaß Einkünfte vor Beginn oder nach Ende des Anspruchszeitraumes (Z 1) angefallen sind, sind nur jene Einkünfte zu berücksichtigen, die während des Anspruchszeitraumes angefallen sind. Im Falle eines derartigen Nachweises, der den steuerrechtlichen Bestimmungen zu entsprechen hat, sind die während des Anspruchszeitraumes angefallenen Einkünfte auf einen Jahresbetrag umzurechnen. Z 1 vierter Satz ist anzuwenden.**

(2) Wird auf den Anspruch auf Kinderbetreuungsgeld oder auf den Anspruch auf Beihilfe zum pauschalen Kinderbetreuungsgeld verzichtet (§ 2 Abs. 5 und § 9 Abs. 4), so bleiben die während der Dauer des Verzichtes erzielten Einkünfte bei der Ermittlung des Gesamtbetrages der maßgeblichen Einkünfte gemäß Abs. 1 außer Ansatz.

[BGBl I 2016/53]

Übersicht

I. Grundsatz und Bestimmung im Überblick

1 Gemäß § 2 Abs 1 Z 3 hat ein Elternteil Anspruch auf Kinderbetreuungsgeld für sein Kind, sofern der **maßgebliche Gesamtbetrag** der Einkünfte des Elternteils im Kalenderjahr den Grenzbetrag („Zuverdienstgrenze") nicht übersteigt. Die Zielsetzung des KBGG besteht nämlich darin, das Kinderbetreuungsgeld nur jenen Eltern zu gewähren, die bereit sind, die Berufstätigkeit im Hinblick auf die Kinderbetreuung einzuschränken (so etwa 10 ObS 75/22k). Die „Zuverdienstgrenze" ist daher als Maßstab für die Bereitschaft zur Einschränkung der Berufstätigkeit zugunsten der Betreuungsleistung bzw – anders betrachtet – für die Bereitschaft (und Möglichkeit) zur Kinderbetreuung zu sehen (VfGH G 128/08 ua; 10 ObS 51/12s; 10 Ob S 59/18a). § 8 regelt, welche Einkünfte als maßgebliche Einkünfte heranzuziehen sind und wie diese zu ermitteln sind (statt vieler 10 ObS 27/14i). Für die Ermittlung der maßgeblichen Einkünfte ist zwischen den Einkünften aus nichtselbständiger Tätigkeit (geregelt in § 8 Abs 1 Z 1) und den betrieblichen Einkünften (geregelt in § 8 Abs 1 Z 2) zu unterscheiden.

II. Definition der maßgeblichen Einkünfte

2 § 8 definiert den Inhalt der „maßgeblichen Einkünfte" durch einen grundsätzlichen Verweis auf die im EStG angeführten Einkunftsarten. Maßgebliche Einkünfte sind demnach die Einkünfte gemäß § 2 Abs 3 Z 1 bis 4 EStG. Durch den in § 8 Abs 1 1. Satz angeordneten Verweis erfolgt eine Bindung an das Einkommensteuerrecht. Diese **Bindung** beschränkt sich auf die Ermittlung der Einkünfte, erstreckt sich aber nicht auf deren **Beachtlichkeit** (ständige Rspr, 10 ObS 122/18s; 10 ObS 31/13t). Für die Beachtlichkeit der Ein-

künfte im Einzelnen ist nicht das steuerliche Ergebnis von Bedeutung, sondern die Anordnungen in § 8 (10 ObS 27/13p). Trotz der grundsätzlichen Bezugnahme auf die steuerlichen Einkünfte kann es nämlich wegen der unterschiedlichen Ziele der Sozialversicherungsgesetze und der Steuergesetze zwischen dem Einkommen im Sinne des EStG 1988 und dem Erwerbseinkommen im Sinne der Sozialversicherungsgesetze zu durchaus anderen Ergebnissen als bei den Abgabenbehörden kommen (10 Ob S 1/16v; 10 ObS 27/13p; 10 ObS 51/12s mwN). Letztlich ist es somit Aufgabe der Gerichte zu klären, welche Einkünfte und Abzüge bei der Ermittlung der Höhe des Erwerbseinkommens im Sinne der Sozialversicherungsgesetze zu berücksichtigen sind (10 ObS 136/12s; 10 ObS 51/12s). Die Einordnung von Einkünften oder Ausgaben durch die Abgabenbehörden bindet daher die Gerichte nicht (10 ObS 136/12s; 10 ObS 51/12s mwN). Es besteht daher auch keine Bindung der Gerichte an den Einkommensteuerbescheid (10 Ob S 1/16v).

3 Durch diesen Verweis kommt es nicht zur Übernahme des steuerlichen Einkommens, sondern zur Übernahme der Summe der betrieblichen Einkünfte (iSv §§ 21 bis 23 EStG) sowie der Einkünfte aus nichtselbstständiger Arbeit iSv § 25 EStG. Im Detail zählen zu den **maßgeblichen Einkünften**

- Einkünfte aus Land- und Forstwirtschaft (§ 21 EStG),
- Einkünfte aus selbständiger Arbeit (§ 22 EStG),
- Einkünfte aus Gewerbebetrieb (§ 23 EStG) und
- Einkünfte aus nichtselbstständiger Arbeit (§ 25 EStG).

Einkünfte gem §§ 27, 28 und 29 EStG sind nicht erfasst und erhöhen daher nicht die maßgeblichen Einkünfte zur Ermittlung der Zuverdienstgrenze. Auch Einkünfte aus einer (Kapital-)Beteiligung als Kommanditist erhöhen, ungeachtet der steuerrechtlichen Qualifikation als betriebliche Einkünfte (vgl § 23 Z EStG), nicht die maßgeblichen Einkünfte für die Zuverdienstgrenze, zumal diese Einkünfte nicht für eine Erwerbstätigkeit bezogen werden (10 ObS 59/18a; *Steiger*, Gewinnanteile einer Kommanditistin stellen kein relevantes Erwerbseinkommen für die Zuverdienstgrenze zum KBG dar, taxlex 2019, 221).

4 In die Summe der maßgeblichen Einkünfte gehen die um die Betriebsausgaben und Werbungskosten bereits gekürzten Einkünfte ein. Verlustabzugsverbote des EStG schlagen nach dem Durchführungserlass zum KBGG (ErlDurch Rz 2.2, zitiert nach *Ehmer ua* 356) insofern durch, als Verluste, die vom Abzug nach einer Bestimmung des EStG ausgenommen sind (vgl dazu zB § 2 Abs 2a EStG) auch für die Ermittlung der **Zuverdienstgrenze** nicht abzugsfähig sind. Erst in den (Folge-)Kalenderjahren, in denen diese Verluste steuerlich (nachträglich) abzogen werden können, sind diese für die Ermittlung der Zuverdienstgrenze zu berücksichtigen. Auch wenn diese Sichtweise durch den Wortlaut gedeckt ist, ist fraglich, ob diese mit der Zielsetzung der Zuverdienstgrenze in Einklang zu bringen ist. Wendet man diese Sichtweise

konsequent an, dann hat dies auch für andere Verrechnungsverbote, wie zB § 23a EStG idF StRfG 2015/2016 (BGBl I 2015/118 ab 01.01.2016) zu gelten.

Nicht näher geregelt ist, wie mit Erhöhungen der steuerlichen Einkünfte aufgrund von **steuerlichen Verteilungsvorschriften** umzugehen ist (vgl zB § 37 Abs 2 EStG). Aus der Sicht der Zielsetzung des § 8 sind diese steuerlichen Verteilungsvorschriften für die Ermittlung der maßgeblichen Einkünfte iSd § 8 unbeachtlich. **5**

Da § 8 ausdrücklich auf die „Summe der maßgeblichen Einkünfte" und nicht auf das „Einkommen" verweist, bleiben Ausgaben, die nicht der *Einkünfte*ermittlung, sondern der *Einkommens*ermittlung dienen, außer Betracht; **Abzüge** zur Einkommensermittlung sind insb (ausf 10 ObS 147/09d; so auch jüngst 10 Ob S 69/18x): **6**

- Sonderausgaben gem § 18 EStG,
- außergewöhnlichen Belastungen gem § 34 EStG,
- Freibeträge gem §§ 104 (mit dem StRefG 2015/2016 ab 2016 gestrichen), 105 und 106a EStG.

Nach Ansicht des VfGH (G 128/08 ua), ist der Heranziehung des steuerrechtlichen Einkommensbegriffs für Zwecke der Bemessung familienfördernder Leistungen aus verwaltungsökonomischen Überlegungen nicht entgegenzutreten (ausf zur Verfassungskonformität des § 8 vgl *Weißenböck* in *Holzmann-Windhofer/Weißenböck* 146 f). Eine alternative, vom Steuerrecht losgelöste Ermittlung des „tatsächlichen Einkommens" allein für Zwecke des KBGG wäre nur mit einem unverhältnismäßig hohen administrativen Ermittlungsaufwand im Einzelfall zu verwirklichen. **7**

Steuerbefreite Einkünfte (vgl dazu §§ 3, 26, 68 EStG) sind mit Ausnahme der in § 8 ausdrücklich angeführten Einkünfte bei der Ermittlung der Zuverdienstgrenze nicht zu berücksichtigen. Unter die Ausnahme der steuerbefreiten Einkünfte sind auch jene Einkünfte einzuordnen, die unter die im EStG geregelte Freigrenzen fallen (ErlDurch Rz 2.2, zitiert nach *Ehmer ua* 356). Zu den steuerbefreiten aber dennoch zu berücksichtigenden Einkünften zählen Leistungen aus in- und ausländischen Arbeitslosenversicherungen (EB 1110 BlgNR 25. GP, 8 f, zB Arbeitslosengeld, Notstandshilfe, Weiterbildungsgeld, Bildungsteilzeitgeld) sowie nach dem Doppelbesteuerungsabkommen befreite ausländische Einkünfte und die einem Abgeordneten zum Europäischen Parlament gebührenden Bezüge. Auch wenn nicht ausdrücklich erwähnt, ergibt sich, dass nicht nur aufgrund von **Doppelbesteuerungsabkommen** befreite ausländische Einkünfte zu berücksichtigen sind, sondern auch jene ausländischen Einkünfte, die aufgrund von anderen Maßnahmen, wie zB § 48 BAO, von der österreichischen Steuerpflicht befreit sind. Ebenso sind ausgenommen die sonstigen Einkünfte gem § 67 EStG (vgl im Detail dazu unten unter Rz 14 f). **8**

III. Ermittlung der maßgeblichen Einkünfte im Überblick

9 Ausgangsbasis für die Ermittlung der maßgeblichen Einkünften ist nach dem Verweis auf § 2 Abs 1 Z 3 EStG der Gesamtbetrag der steuerpflichtigen Einkünfte. Zur Ermittlung der maßgeblichen Einkünfte unterscheidet Abs 1 zwischen Einkünften aus nichtselbstständiger Arbeit gem § 25 EStG und den betrieblichen Einkünften gem §§ 21 bis 23 EStG. Die zeitliche Zuordnung richtet sich ebenfalls nach den Vorschriften des EStG. Für die Ermittlung der maßgebenden Einkünfte iSd §§ 21 bis 23 EStG (betrieblichen Einkünfte) erfolgt die Zurechnung entweder nach den Regeln des Betriebsvermögensvergleiches gem §§ 4 Abs 1 oder 5 Abs 1 EStG, es gilt dann der für dieses Kalenderjahr ermittelte Gewinn, oder nach dem Zufluss-/Abfluss-Prinzip gem § 19 EStG. Bei den Einkünften aus nichtselbständiger Arbeit (§ 25 EStG) ist ausschließlich das **Zufluss-/Abfluss-Prinzip** gem § 19 EStG anzuwenden (10 ObS 124/15f). Nach dem grundlegenden Konzept sollen die Sozialversicherungsbeiträge „Durchlaufposten" sein, womit vereinfacht ermittelte Bruttobezüge Grundlage für die maßgeblichen Einkünfte sind. Dazu wird zunächst von der Lohnsteuerbemessungsgrundlage, somit von Einkünften nach Abzug der Sozialversicherungsbeiträge, ausgegangen und anschließend davon 30 % (bzw 15 %) zur pauschalierten Berücksichtigung ua der Sozialversicherungsbeiträge hinzugerechnet.

IV. Ermittlung der maßgeblichen Einkünfte aus nichtselbständiger Arbeit

10 § 8 Abs 1 Z 1 verweist auf § 25 EStG. Diese Bestimmung erfasst als Einkünfte aus nichtselbständiger Arbeit grundsätzlich alle Bezüge und Vorteile aus einem bestehenden oder früheren Dienstverhältnis, aus inländischen Pensionskassen und betrieblichen Kollektivversicherungen, sowie aus Pensionen aus gesetzlichen Sozialversicherungen.

11 Unter den Begriff des Zuverdienstes fallen alle steuerpflichtigen Einkünfte und Einkunftsteile. **Steuerfreie Einkünfte** und Einkunftsteile zählen hingegen nicht zum Zuverdienst. **Sonstige Bezüge** iSd § 67 EStG 1988 bleiben ebenfalls außer Ansatz.

12 Auch für die Ermittlung der Einkünfte aus nichtselbständiger Arbeit ist grundsätzlich auf die Höhe der Einkünfte gem § 25 EStG lt rechtskräftigem Steuerbescheid abzustellen, selbst wenn die Versicherungsträger und Gerichte nicht daran gebunden sind (vgl dazu oben Rz 2). Dies gilt selbst dann, wenn diese Einkünfte durch Schätzung auf Basis der Lebenserhaltungskosten ermittelt wurden (10 ObS 27/13p).

13 § 8 Abs 1 Z 1 bestimmt zur Regelung der Ermittlung des Gesamtbetrags der Einkünfte, dass auf die während der Kalendermonate mit Anspruch auf Auszahlung des Kinderbetreuungsgeldes (Anspruchszeitraum) zugeflossenen

Einkünfte abzustellen ist („Zuverdienst"). Für die zeitliche Zuordnung der Einkünfte ist auf das einkommensteuerliche Zuflussprinzip (gem § 19 Abs 1 EStG) abzustellen (vgl 10 ObS 1/16v; 10 ObS 34/13t; 10 ObS 51/12s; zur Anwendung der Zuflussfiktionen gem § 19 Abs 1 Z 1 bis 3 s nachstehend Rz 17). Unerheblich ist, ob Einkünfte in einem Kalendermonat des **Anspruchszeitraums** anfallen. Fließen die Einkünfte nur in einem oder jedenfalls nicht in jedem Kalendermonat des Anspruchszeitraumes zu, so zählen auch das Kalendermonat oder die Kalendermonate ohne Einkünftezufluss zum Anspruchszeitraum. Seit der Novelle BGBl I 117/2013 zählt ein Kalendermonat nur dann zum Anspruchszeitraum, wenn der Anspruch auf Auszahlung des Kinderbetreuungsgeldes für den ganzen Kalendermonat besteht, andernfalls ist dieser Kalendermonat nicht in den Anspruchszeitraum einzubeziehen.

A. Ausnahme der sonstigen Bezüge gem § 67 EStG

Nach der ausdrücklichen Regelung bleiben **sonstige Bezüge** nach § 67 EStG 14
außer Ansatz. Unter § 67 EStG 1988 fallen sonstige, insbesondere einmalige Bezüge (zum Beispiel 13. und 14. Monatsbezug, Treueprämien, Tantiemen, Gratifikationen, Bilanzremunerationen, Jubiläumsgelder, Gewinnbeteiligungen, Leistungsprämien), die der Arbeitnehmer neben dem laufenden Arbeitslohn von demselben Arbeitgeber erhält. Nach dem VwGH liegt das Wesen der sonstigen Bezüge iSd § 67 EStG 1988 darin, dass sie der Arbeitgeber neben, also zusätzlich zum laufenden Bezug bezahlt, wobei dies aus äußeren Merkmalen ersichtlich sein muss (VwGH 86/14/0027; VwGH 91/13/0081). „Neben" dem laufenden Arbeitslohn ist dabei nicht zeitlich, sondern kausal zu verstehen. Bei der Abgrenzung des sonstigen Bezugs vom laufenden Bezug ist auf die Bindung mit dem Lohnzahlungszeitraum abzustellen. Laufende Bezüge sind solche, die für regelmäßige Lohnzahlungszeiträume (idR einen Monat) flüssig gemacht werden; sonstige Bezüge sind dagegen Lohnteile, die zwar vom selben Arbeitgeber aufgrund des selben Dienstverhältnisses, aber neben dem bzw zusätzlich zum laufenden Lohn gezahlt werden. Weitere Kennzeichen sind ua, dass die Bezüge nicht für den üblichen Lohnzahlungszeitraum (idR ein Monat) gezahlt werden dürfen, Leistungen aus mehreren Lohnzahlungszeiträumen abgedeckt werden und sich die tatsächliche Auszahlung von den laufenden Bezügen unterscheiden.

Für die Einordnung von geldwerten Vorteilen als „sonstige Bezüge" iSd § 67 15
EStG kommt es nicht auf die Form der Auszahlung des geldwerten Vorteils an. **Einmalzahlungen** des Arbeitgebers als Fahrtkostenzuschuss (es handelt sich um Zuschüsse des Arbeitgebers zu den der Arbeitnehmerin für die Fahrten von ihrem Wohnort zur Arbeitsstätte und zurück auflaufenden Kosten) sind daher trotz der Leistung als Einmalzahlung nicht als sonstige Bezüge iSd § 8 Abs 1 Z 1 KBGG zu qualifizieren, wenn diese nicht vom Tatbestand des § 67 EStG erfasst sind (vgl dazu 10 ObS 136/12s).

B. Methode der Ermittlung

16 Die Zuverdienstgrenze ist für jedes Kalenderjahr gesondert zu ermitteln. Auszugehen ist von jenen Einkünften, die während der Kalendermonate mit Anspruch auf Auszahlung des Kinderbetreuungsgelds (Anspruchsmonate) zugeflossen sind. Die Summe der in den Anspruchsmonaten zugeflossenen nichtselbständigen Einkünfte ist durch die Anzahl der Anspruchsmonate (zur Ermittlung der Anspruchsmonate seit BGBl I 117/2013 vgl vorstehend Rz 13) zu dividieren und anschließend durch die Multiplikation mit dem Faktor 12 auf das Kalenderjahr hochzurechnen (RS0124063). Werbungskosten sind abzuziehen und das Ergebnis um 30 % zu erhöhen (bei Leistungen aus der Arbeitslosenversicherung sind nicht 30 %, sondern 15 % zuzuschlagen; nach den EB 620 BlgNR 21. GP ist im Hinblick darauf, dass es weder beim Arbeitslosengeld noch bei der Notstandshilfe einen 13. und 14. Monatsbezug gibt, noch steuerwirksame Werbungskosten, Sonderausgaben uä abgezogen werden können, eine Erhöhung um nur 15 % gerechtfertigt). Die Ausnahmeregelung, dass Einkünfte, die aus einer Betätigung bezogen werden, die vor Beginn des Anspruchszeitraums beendet wird, nicht einzurechnen sind (vgl dazu nachfolgend Rz 24), bezieht sich nach § 8 Abs 1 Z 2 KBGG lediglich auf die Zuverdienstgrenze bei Einkünften nach §§ 21 bis 23 EStG (10 ObS 124/15f).

17 Für die zeitliche Zuordnung der Einkünfte aus nichtselbständiger Tätigkeit ist grundsätzlich auf das Zuflussprinzip (§ 19 EStG) abzustellen (statt vieler RS0124063; 10 ObS 124/15f; 10 ObS 27/14i; zur gegebenen Sachlichkeit des Abstellens auf das Zuflussprinzip vgl VfGH G 128/08 ua). Einnahmen sind daher jenem Kalenderjahr zuzurechnen, in dem sie zugeflossen sind (10 ObS 27/14i; 10 ObS 136/12s ua). Das sind alle Einkünfte, die während des Anspruchszeitraums steuerlich anfallen, also diesem Zeitraum steuerlich zugeordnet werden, und zwar unabhängig davon, ob sie in Ausnahmefällen nicht mit einer Tätigkeit verbunden sind (zB bei Veräußerungsgewinnen), oder ob diese Tätigkeit in Einzelfällen sogar zu einem anderen Zeitpunkt ausgeübt worden ist (EB 2336 BlgNR 24. GP 1). Das Wort „erzielt" ist somit im steuerrechtlichen Sinn zu verstehen und mit „steuerlich angefallen" gleichzusetzen, ohne dass es darauf ankommt, wann die Einkünfte „erarbeitet" wurden oder fällig waren (10 ObS 52/21a). Für einen Zufluss iSd Bestimmung kommt es daher auf die Erlangung der rechtlichen und wirtschaftlichen Verfügungsmacht an, die durch tatsächliche Zahlung und bei Überweisung des Arbeitslohns auf das Arbeitnehmer-Konto bei Gutschrift auf dem Konto erfolgt (10 ObS 136/12s ua). Der Zeitpunkt des Entstehens des Anspruchs ist nicht relevant (10 ObS 136/12s). Dies gilt auch für eine im Anspruchszeitraum bezogene Nachzahlung eines Bruttobetrags für laufende Bezüge aus dem Vorjahr (10 ObS 27/14i; 10 ObS 124/15f; 10 ObS 31/20m, zum Zufluss von Provisionen für den Vermittlungserfolg einer Angestellten

eines Versicherungsunternehmens im Anspruchszeitraum; 10 ObS 52/21a). Die in § 8 Abs 1 Z 2 für Einkünfte aus selbständiger Tätigkeit vorgesehene Möglichkeit einer Abgrenzung, in welchem Ausmaß Einkünfte vor Beginn oder nach Ende des Anspruchszeitraums angefallen sind, ist eine das sonst geltende Zuflussprinzip durchbrechende Ausnahmeregelung (10 ObS 144/19b; 10 ObS 31/20m), die in § 8 Abs 1 Z 1 KBGG für Einkünfte aus nicht selbständiger Tätigkeit nicht vorgesehen ist (10 ObS 31/20m; 10 ObS 52/21a). Die Bestimmung des § 19 Abs 2 EStG, die den steuerlichen Zufluss kurzer Zeit vor oder nach dem Kalenderjahresende regelmäßig zufließender Einnahmen sowie Ausgaben regelt, ist nach der Rsp des OGH für § 8 ebenfalls anzuwenden (s 10 ObS 52/21a; 10 ObS 136/09m [als „kurze Zeit" werden 10 Tage angenommen] und 10 ObS 62/17s iZm § 19 Abs 1 Z 3 EStG für Bezüge für das Vorjahr, die nach dem 15. Jänner bis zum 15. Februar ausgezahlt werden; anders hingegen noch die Vorauflage Rz 17 im Hinblick auf 10 ObS 27/14i). Entscheidend ist der tatsächliche Zufluss und nicht der Zeitpunkt des Entstehens des Anspruches oder der Fälligkeit (10 ObS 124/15f).

Bezüglich der **Höhe der maßgeblichen Einkünfte** aus nichtselbständiger **18**
Arbeit ist von einer Art Bruttoeinkommen auszugehen, das nicht den tatsächlichen Bruttoeinkünften entspricht. Die gemäß § 2 Abs 2 EStG 1988 während der Anspruchsmonate zugeflossenen Einkünfte sind um 30 % (bei Arbeitslosengeld oder Notstandshilfe um 15 %) zu erhöhen. Da die Freigrenze für den Anspruch auf Kinderbetreuungsgeld und auf Zuschuss zum Kinderbetreuungsgeld mit einem Jahresbetrag festgelegt ist, bedarf es auch einer entsprechenden Anpassung, wenn der Anspruch auf Kinderbetreuungsgeld bzw Zuschuss nicht das volle Kalenderjahr gegeben ist. Diese Anpassung erfolgt durch die Umrechnung der während des Anspruchszeitraums erzielten Einkünfte auf einen fiktiven Jahresbetrag (RS0124063). Die Summe der während der Anspruchsmonate zugeflossenen Einkünfte, erhöht um 30 % (bzw Leistungen aus in- und ausländischen Arbeitslosenversicherungen um 15 %), ist durch die Anzahl dieser Anspruchsmonate zu teilen und mit dem Faktor 12 zu multiplizieren (10 ObS 136/12s).

Die – steuerlich abzugsfähigen – **Sozialversicherungsbeiträge** sind für die **19**
Ermittlung der maßgeblichen Einkünfte dem steuerlichen Ergebnis wieder hinzuzuschlagen (vgl zur Ausnahme für den Fall, dass im Anspruchszeitraum keine Einkünfte bezogen werden § 24a Rz 13a). Diese Hinzurechnung der steuerlich abzugsfähigen Sozialversicherungsbeiträge steht vor dem Hintergrund der unterschiedlichen Berücksichtigung dieser Zahlungen sowie dem uneinheitlichen österreichischen Sozialversicherungssystem und dient einer Gleichbehandlung der Beziehung von Kinderbetreuungsgeld unabhängig von der erzielten Einkunftsart der Anspruchsberichtigten. Dafür wird ein pauschaler Zuschlag iHv 15 % vorgenommen (10 ObS 97/13 g; die weiteren 15 % entfallen auf die Sonderzahlungen).

20 Bei dem Zuschlag von 30 % der während der **Zuverdienstmonate** bezogenen Einkünfte aus nichtselbständiger Arbeit handelt es sich um einen pauschalen Ansatz (EB 620 BlgNR 21. GP, 62 f). Es wird der bei den Einkünften berücksichtigte Abzug von steuerfreien Einkünften (§§ 3, 26, 68 EStG), von Pflichtbeiträgen aller Art sowie die gesetzliche Ausklammerung der sonstigen Bezüge iSd § 67 EStG pauschal zugeschlagen (10 ObS 97/13 g; 10 ObS 136/12s). Diese pauschale Erhöhung um 30 % vermeidet eine aufwendige Ermittlung und Kontrolle dieser Zahlungen und Beträge im Einzelfall.

V. Ermittlung der maßgeblichen Einkünfte aus den betrieblichen Einkünften

21 Auch bei den betrieblichen Einkünften ist entsprechend den Einkünften aus nichtselbständiger Arbeit grundsätzlich der Gesamtbetrag der steuerpflichtigen Einkünfte iSd § 2 Abs 2 EStG maßgeblich. Für die **Ermittlung** der relevanten Einkünfte sind „grundsätzlich" die steuerlichen Einkünfte des Gesamtjahres anzusetzen, eine weitere Aufteilung hat zu unterbleiben. Diese Vereinfachung steht nach den EB (620 BlgNR 21. GP, 63) vor dem Hintergrund, dass bei den „anderen" Einkünften eine zeitliche Zuordnung vielfach nicht möglich ist. Überdies sind Gestaltungen, wie sie für den Bereich der Lohneinkünfte typisch sind (Herabsetzung der Arbeitszeit, Wechsel in ein anderes Dienstverhältnis), kaum gegeben. Deswegen ist es gerechtfertigt, grundsätzlich die Einkünfte des gesamten Jahres anzusetzen.

22 Nach § 2 Abs 4 Z 1 EStG 1988 sind Einkünfte aus Land- und Forstwirtschaft (§ 21 EStG 1988), selbständiger Arbeit (§ 22 EStG 1988) und Gewerbebetrieb (§ 23 EStG 1988) der nach den §§ 4 bis 14 EStG zu ermittelnde Gewinn. Für die sich aus den Einkunftsarten der §§ 21 bis 23 EStG ergebenden Einkünfte iSd § 2 Abs 2 EStG sind grundsätzlich nicht nur die in den Anspruchsmonaten, sondern die im gesamten Kalenderjahr zufließenden Einkünfte maßgeblich (10 ObS 27/13p).

23 Bei der Beurteilung des **Gesamtbetrags der Einkünfte** iSd § 8 KBGG geht der Gesetzgeber somit grundsätzlich von den steuerpflichtigen Einkünften iSd EStG 1988 aus und knüpft damit an jenen Einkünftebegriff an, der für Zwecke der Erhebung der Einkommensteuer als maßgeblich angesehen wird. Auch bei dieser **Einkunftsart** ist – gleich den Einkünften aus nichtselbständiger Arbeit – grundsätzlich der Gesamtbetrag der steuerpflichtigen Einkünfte iSd § 2 Abs 2 EStG 1988 maßgeblich (10 ObS 104/10 g).

24 Bei den **betrieblichen Einkünften** sind jene Einkünfte nicht einzurechnen, die aus einer Betätigung bezogen werden, die vor Beginn des Anspruchszeitraums beendet oder nach Ende des Anspruchszeitraums begonnen werden.

25 Aufgrund des – trotz des angeordneten Verweises – bestehenden Vorranges des § 8 Abs 1 gegenüber den Bestimmungen des EStG erhöhen nicht sämtliche betriebliche Einkünfte iSd EStG die maßgeblichen Einkünfte. Im Anspruchs-

zeitraum erzielte **Veräußerungsgewinne** (10 ObS 51/12s) oder Erhöhungen der steuerlichen Bemessungsgrundlage im Anspruchszeitraum aufgrund von steuerlichen Verteilungsvorschriften (10 ObS 34/13t iZm Verteilungsvorschriften zur Progressionsermäßigung gem § 37 Abs 9 EStG) gehen zwar in die Summe der Einkünfte aber nicht in die maßgeblichen Einkünfte iSd § 8 Abs 1 ein. Dies gilt aber auch dann, wenn die Zuverdienstgrenze im Anspruchszeitraum nur durch die Anwendung steuerlicher Verteilungsvorschriften zur Progressionsermäßigung nicht überschritten wird; auch in diesem Fall widerspräche eine Verteilung der Zielsetzung des KBGG und ist daher für die Anwendung des § 8 Abs 1 unbeachtlich (10 ObS 34/13t). Entscheidend ist, dass die Vermögensmehrungen dem Anspruchsberechtigten „real zur Verfügung stehen". Dies ist zB dann nicht der Fall, wenn diese Vermögensmehrungen zwar steuerlich als Gewinn gelten aber, wie zB ein steuerlicher Sanierungsgewinn aufgrund eines Schuldennachlasses oder eines Zuschusses, diese Vermögensmehrung aber nicht an den Anspruchsberechtigten, sondern an seinen Schuldner unmittelbar fließt und daher nicht zu den maßgeblichen Einkünften zählen (vgl dazu auch 10 ObS 1/16v). Diese Sichtweise ist auch durch die Zielsetzung des Kinderbetreuungsgeldes gerechtfertigt, wonach dieses nur jenen Elternteilen gewährt werden soll, die im Hinblick auf die Kinderbetreuung ihre Berufstätigkeit einschränken (vgl 10 ObS 1/16v; OLG Wien, 7 Rs 62/15 m).

Aufgrund der nicht bestehenden Bindung bei der Ermittlung der relevanten **26**
Einkünfte an die Ermittlung der Abgabenbehörden sind auch jene Einkünfte als Einkünfte iSd KBGG heranzuziehen, die im Ausland erzielt wurden, selbst wenn diese aufgrund der Bestimmungen eines Doppelbesteuerungsabkommens in Österreich nicht besteuert werden dürfen (10 ObS 51/12s; 10 ObS 173/10d). Es sind daher bei der Beurteilung eines möglichen **Überschreitens der Zuverdienstgrenze** Erwerbseinkünfte unabhängig davon, ob sie allein im Inland und/oder im Ausland erzielt wurden, einzubeziehen (10 ObS 51/12s).

Wird bis zum Ablauf des zweiten auf das betreffende Kalenderjahr folgende **27**
Kalenderjahr nachgewiesen, in welchem Ausmaß Einkünfte vor Beginn oder nach Ende des Anspruchszeitraums iSd Abs 1 Z 1 angefallen sind, sind nur jene Einkünfte zu berücksichtigen, die während des Anspruchszeitraums angefallen sind. Diese Regelung dient einer Gleichbehandlung mit den Beziehern von Lohneinkünften und soll auch dem selbständig Tätigen ermöglichen, eine zeitliche Zuordnung der auf den Anspruchszeitraum entfallenden Einkünfte zu treffen. Voraussetzung dafür ist ein konkreter „**Zuordnungsnachweis**" (so etwa 10 ObS 93/21f; ausf zu dieser Regelung *Weißenböck* in *Holzmann-Windhofer/Weißenböck* 156 f). Im Bereich der betrieblichen Einkünfte wird vom Vorliegen eines solchen Nachweises dann ausgegangen, wenn ein rechnerischer Zwischenabschluss („Rumpfwirtschaftsjahr") erstellt wird (10 ObS 4/19i). In weiterer Folge werden die auf den Anspruchszeitraum entfallenden Einkünfte gleich den nichtselbständigen Einkünften auf einen

Jahresbetrag hochgerechnet (10 ObS 51/12s mwN; 10 ObS 71/08a). § 8 verlangt nicht zwingend, zunächst die Summe der Einkünfte des Kalenderjahres festzustellen, um im Anschluss die Einkünfte vor Beginn oder Ende des Anspruchszeitraumes herauszurechnen; es ist ebenso möglich, die Zuordnung der Einkünfte zum Anspruchszeitraum sofort zu treffen. Entscheidend ist, dass alle im Anspruchszeitraum entstanden Einkünfte umfassend festgestellt werden und sich gegenüber den übrigen Einkünften des Kalenderjahrs abgrenzen lassen (OLG Wien 7 Rs 67/13s).

28 Diese Bestimmung über den **Zuordnungsnachweis** wirft insbesondere dann Fragen auf, wenn Einkünfte zu Tätigkeiten, die vor oder nach dem Anspruchszeitraum erbracht werden, im Anspruchszeitraum iSd steuerlichen Vorschriften zufließen, oder bei der Gewinnermittlung durch Betriebsvermögensvergleich vereinfacht ermittelt (zB die Halbjahresregelung zur Ermittlung der Absetzung für Abnutzung iSd § 7 Abs 2 EStG) oder am Geschäftsjahresende für das Geschäftsjahr im Rahmen der Erstellung des Jahresabschlusses bilanziert werden (zB Rückstellungen). Aus der Zielsetzung folgt, dass Einkünfte dann für die Ermittlung der maßgeblichen Einkünfte außer Betracht bleiben, wenn diese auf vor oder nach dem Anspruchszeitraum erbrachte betriebliche Tätigkeiten entfallen, selbst, wenn der Zufluss im Anspruchszeitraum erfolgt (vgl auch 10 ObS 144/19b; OLG Wien 7 Rs 30/11z). Der OGH stellte jüngst nochmals klar, dass für die Ermittlung der Zuverdienstgrenze nur jene Einkünfte maßgeblich sind, die aus einer während der Anspruchszeitraums ausgeübten Tätigkeit stammen (10 ObS 96/22y, mwN). Ein Abstellen allein auf den Zufluss und/oder auf die Rechnung führt in diesem Zusammenhang zu nicht sachgerechten Ergebnissen, weil dies keinen Aufschluss darüber gibt, ob und in welchem Umfang im Anspruchszeitraum eine Erwerbstätigkeit ausgeübt wurde (10 ObS 96/22y, 10 ObS 144/19b). Entscheidend ist stets die ausgeübte Tätigkeit und kann auch der Vereinfachungsgedanke ein Abstellen auf Rechnungen und/oder auf den Zufluss nicht rechtfertigen (10 ObS 96/22y). Intention des KBGG ist es, infolge der Kinderbetreuung erfolgte Verdienstausfälle auszugleichen, jedoch sollen nicht betreuende Elternteile in ihrer (abgrenzbaren) Erwerbstätigkeit vor den Zeiten der tatsächlichen Kinderbetreuung eingeschränkt werden (OLG Wien 7 Rs 159/11w).

28a Bei der Zweijahresfrist des § 8 Abs 1 Z 2 3. Satz zur Erbringung des Zuordnungsnachweises handelt es sich um eine **materiell-rechtliche Frist**, die der Wiedereinsetzung nicht zugänglich ist (VwGH Ra 2018/03/0085). Die **Versäumung** der Zweijahresfrist ist irrelevant, wenn die Zuverdienstgrenze objektiv nicht überschritten wurde. Der Zuordnungsnachweis kann auch noch im Rückforderungsverfahren erbracht werden (10 ObS 146/17v uva). Die Novelle BGBl I 2019/75 verlängert für Geburten von 1.1.2012 bis 28.2.2017 die Frist zur Vorlage der Abgrenzungsnachweise bis Ende 2025 (§ 50 Abs 24) und richtet zum Ausgleich für rechtskräftig auferlegte Rückzahlungen wegen Nichtvorlage der Abgrenzungsnachweise einen Jungfamilienfonds ein. Die KVT haben für diese erfasste Gruppe im laufenden Prüfverfahren den Elternteil individuell auf die Möglichkeit zur Vorlage des Abgrenzungsnachweises hinzuweisen. Trotz eines derartigen Hinweises kann auch diese Gruppe den Zuordnungsnachweis noch im Sozialgerichtsverfahren erbringen (10 ObS 119/21d). Nach Ablauf des 31.12.2025 besteht für diese Gruppe nicht mehr die Möglichkeit des Nachbringens im Sozialgerichtsverfahren. Zur Rücknahme der Zuordnungserklärung im Sozialgerichtsverfahren vgl § 31 Rz 13b.

Die Berücksichtigung der **Absetzung für Abnutzung** von Wirtschaftsgütern **29** wirft dann Fragen auf, wenn im Kalenderjahr des Anspruchs eine Neuanschaffung erfolgt oder der Anspruchszeitraum im Kalenderjahr weniger als 12 Monate beträgt. Es stellt sich die Frage, ob die steuerrechtliche verankerte AfA-Halbjahresreglung (vgl § 7 Abs 2 EStG) zur Anwendung gelangt oder auf die Monate der tatsächlichen Nutzung abzustellen ist. Die Anwendung der steuerrechtlich verankerten AfA-Halbjahresreglung führt dazu, dass unabhängig vom zeitlichen Umfang der tatsächlichen Nutzung im Anspruchszeitraum die Absetzung für das ganze Jahr abgesetzt werden kann, wenn der Anspruchszeitraum mehr als 6 Monate beträgt oder für das halbe Jahr angesetzt werden kann, selbst wenn der Anspruchszeitraum weniger als 6 Monate beträgt. Da das KBGG ausdrücklich mit der Bezugnahme auf den Anspruchszeitraum einen eigenen Gewinnermittlungszeitraum normiert, kommt es auf die Anzahl der Monate der Nutzung im Anspruchszeitraum an. Die steuerliche AfA-Halbjahresregelung (vgl § 7 Abs 2 EStG) gelangt nicht zur Anwendung. Ausgehend von der betriebsgewöhnlichen Nutzungsdauer ist die monatliche Absetzung für Abnutzung zu ermitteln und diese mit der Anzahl der Monate der Nutzung im Anspruchszeitraum zu multiplizieren. Dieser Betrag, die Absetzung für Abnutzung im Anspruchszeitraum, geht als Aufwand in die auf den Anspruchszeitraum entfallenden Einkünfte ein, die anschließend auf das Kalenderjahr hochzurechnen sind. Diese Rechnung führt dann zu einem mit dem steuerlichen Betrag für die Abschreibung für Abnutzung übereinstimmenden Betrag, wenn das Wirtschaftsgut während des gesamten Kalenderjahres zum Betriebsvermögen des Anspruchsberechtigen zählt, weswegen eine gesonderte Rechnung im vorstehenden Sinne für diese Wirtschaftsgüter nicht erforderlich ist.

Auch für den aus der **Dotierung einer Rückstellung** resultierenden Auf- **30** wand gilt, dass dafür auf den auf den Anspruchszeitraum entfallenden Aufwand abzustellen ist. Liegt die wirtschaftliche Verursachung der Rückstellung außerhalb des Anspruchszeitraumes, dann bleibt der daraus resultierende Aufwand für den Zuordnungsnachweis außer Betracht. Nur dann und soweit die Rückstellung im Anspruchszeitraum verursacht wurde, ist dieser Aufwand für den Zuordnungsnachweis als auf den Anspruchszeitraum entfallender Aufwand zu berücksichtigen und vermindert die auf den Anspruchszeitraum entfallende und auf das Jahre hochzurechnende Einkünfte.

31 Auch bei den anderen Einkünften erfolgt eine Bereinigung der Einkünfte um abgezogene Pflichtbeiträge. Es kommt seit der Novelle durch das BGBl I 2009/116 nicht auf die gezahlten sondern im Kalenderjahr vorgeschriebenen **Sozialversicherungsbeiträge** an (10 ObS 31/10x).

32 Die – steuerlich abzugsfähigen und gezahlten – Sozialversicherungsbeiträge sind für die Ermittlung der maßgeblichen Einkünfte dem steuerlichen Ergebnis wieder hinzuzuschlagen. Diese Hinzurechnung der steuerlich abzugsfähigen Sozialversicherungsbeiträge steht vor dem Hintergrund der unterschiedlichen Berücksichtigung dieser Zahlungen sowie dem uneinheitlichen österreichischen Sozialversicherungssystem und dient einer Gleichbehandlung der Beziehung von Kinderbetreuungsgeld unabhängig von der erzielten Einkunftsart der Anspruchsberechtigten (10 ObS 97/13 g).

Einschleifregelung

§ 8a. (1) Übersteigt der Gesamtbetrag der maßgeblichen Einkünfte gemäß § 8 den Grenzbetrag nach § 2 Abs. 1 Z 3 bzw. § 24 Abs. 1 Z 3, so verringert sich das für das betreffende Kalenderjahr gebührende Kinderbetreuungsgeld um den übersteigenden Betrag.

(2) Übersteigt der Gesamtbetrag der maßgeblichen Einkünfte gemäß § 8 den Grenzbetrag nach § 9 Abs. 3 oder § 12, so verringert sich die für das betreffende Kalenderjahr gebührende Beihilfe zum pauschalen Kinderbetreuungsgeld um die Summe der übersteigenden Beträge, sofern beide Grenzbeträge jeweils um nicht mehr als 15 % überstiegen werden. Bei einer Überschreitung auch nur eines Grenzbetrages von mehr als 15 %, ist die gesamte in dem Kalenderjahr bezogene Beihilfe zurückzuzahlen.

[BGBl I 2009/116]

1 § 8a (eingeführt durch das BGBl I 2007/76) sieht eine **Einschleifregelung** für den Fall vor, dass die maßgeblichen Einkünfte die **Zuverdienstgrenze** überschreiten. Abs 1 betrifft das pauschale und das ea KBG. Die Regelung des Abs 1 wurde vom VfGH als mit dem Gleichheitssatz vereinbar erachtet (G 75/2018, G 187/2018). Abs 2 enthält die Regelung für die Beihilfe zum pauschalen KBG nach § 9. Nur bei der **Beihilfe** ist für die Anwendung dieser Einschleifregelung gem Abs 2 zu unterscheiden, ob es nur zu einer **geringfügigen Überschreitung** kommt oder nicht. Nach der ausdrücklichen Regelung ist dann von einem geringfügigen Überschreiten auszugehen, wenn die Überschreitung nicht mehr als 15 % beträgt. Handelt es sich um eine idS geringfügige Überschreitung, gelangt die Einschleifregelung zur Anwendung. Ist wegen der Höhe der Überschreitung über 15 % nicht mehr von einer geringfügigen Überschreitung auszugehen, dann ist die gesamte in dem betreffenden Kalenderjahr bezogene Beihilfe zurückzuzahlen.

2 Im Falle einer **Beihilfe** für Paare wird die Einschleifregelung nur dann angewendet, wenn beide Elternteile (bzw ein Elternteil und dessen Partner) ihren jeweiligen **Grenzbetrag** um nicht mehr als 15 % überschreiten. Überschreitet auch nur einer seinen Grenzbetrag, wird die gesamte bezogene Beihilfe zurückgefordert. Überschreiten beide Elternteile (bzw ein Elternteil und dessen Partner) nur geringfügig den jeweiligen Grenzbetrag (zB einer um 200 € und der andere um 300 €), so werden zur Anwendung der Einschleifregelung beide Überschreitungsbeträge zusammengezählt (im Bsp wären das 500 €, die zurückgefordert werden). Eine Unterschreitung eines Elternteiles (bzw des Partners) hat keine Auswirkungen auf die Rückforderung aufgrund einer Überschreitung des anderen Elternteiles (bzw Partners) (vgl dazu 340 BlgNR 24. GP, 13).

Individueller Grenzbetrag

§ 8b. **(1) Der individuelle Grenzbetrag beträgt 60 % des Gesamtbetrages der maßgeblichen Einkünfte. Maßgebliche Einkünfte sind die Einkünfte gemäß § 2 Abs. 3 Z 1 bis 4 des EStG 1988. Der Gesamtbetrag der maßgeblichen Einkünfte nach dieser Bestimmung ist wie folgt zu ermitteln:**

1. **Soweit im Gesamtbetrag der maßgeblichen Einkünfte solche aus nichtselbständiger Arbeit (§ 25 EStG 1988) enthalten sind, ist von jenen Einkünften auszugehen, die für das letzte Kalenderjahr vor der Geburt des Kindes, in dem kein Kinderbetreuungsgeld bezogen wurde, maximal jedoch in dem für das der Geburt drittvorangegangenen Kalenderjahr (relevanter Zeitraum), in dem zum Zeitpunkt der Antragstellung geltenden Einkommensteuerbescheid für das betreffende Kalenderjahr ausgewiesen sind. Liegt zum Zeitpunkt der Antragstellung noch kein Einkommensteuerbescheid für das betreffende Kalenderjahr vor, so ist der erste erlassene Einkommensteuerbescheid für das betreffende Kalenderjahr heranzuziehen. Sonstige Bezüge im Sinne des § 67 EStG 1988 bleiben außer Ansatz. Der danach ermittelte Betrag ist um 30 % zu erhöhen. Leistungen aus der Arbeitslosenversicherung gelten als Einkünfte aus nichtselbständiger Arbeit, abweichend vom letzten Satz ist der ermittelte Betrag um 15 % zu erhöhen. Dem Wochengeld gleichartige Leistungen bleiben außer Ansatz. Die auf Grund von völkerrechtlichen Verträgen steuerbefreiten Einkünfte sowie die einem Abgeordneten zum Europäischen Parlament oder seinem Hinterbliebenen nach Artikel 9 des Abgeordnetenstatuts des Europäischen Parlaments gebührenden Bezüge sind bei der Ermittlung des individuellen Grenzbetrages wie steuerpflichtige Einkünfte zu behandeln.**
2. **Andere maßgebliche Einkünfte (§§ 21 bis 23 EStG 1988) sind mit jenem Betrag zu berücksichtigen, der in die Ermittlung des Einkommens für den relevanten Zeitraum (Z 1) eingeht und der im zum Zeitpunkt der Antragstellung geltenden Einkommensteuerbescheid für das be-**

treffende Kalenderjahr ausgewiesen ist. Z 1 zweiter Satz ist anzuwenden. Einkünfte aus Betätigungen, die Grundlage für Pflichtbeiträge in der gesetzlichen Sozialversicherung darstellen, sind um 30 % zu erhöhen.

(2) Spätere Abänderungen und Aufhebungen des nach Z 1 und 2 relevanten Einkommensteuerbescheides (insbesondere nach den §§ 276 Absatz 1, 293 bis 303 Bundesabgabenordnung (BAO), BGBl. Nr. 194/1961) wirken sich bei der Überprüfung der Einhaltung des Grenzbetrages nur dann aus, sofern dies bis spätestens zum Ende des Leistungsbezuges ausdrücklich verlangt wird oder eine von Amts wegen eingeleitete Überprüfung ergibt, dass die Abänderung und Aufhebung des Bescheides nicht auf ein überwiegendes Verschulden der Abgabenbehörde zurückzuführen ist. Liegt binnen drei Jahren ab Bezugsbeginn kein Einkommensteuerbescheid vor, ist der Grenzbetrag von 18.000 € maßgeblich.

[BGBl I 2022/174]

Übersicht

I. Überblick

1 Die **individuelle Zuverdienstgrenze** soll Eltern, die vor der Geburt höhere Einkünfte erzielt haben, während des Bezuges von Kinderbetreuungsgeld auch einen höheren Zuverdienst ermöglichen. Die individuelle Zuverdienstgrenze tritt an die Stelle der für diese Eltern niedrigeren **einheitlichen Zuverdienstgrenze** von 18.000 € pro Kalenderjahr. Jeder Elternteil hat seine eigene, individuelle Zuverdienstgrenze (340 BlgNR 24. GP, 13 f).

2 Die individuelle Zuverdienstgrenze (über 18.000 €) soll den Eltern während des Bezuges einer Pauschalvariante einen Zuverdienst von etwa 60 % ihrer **Letzteinkünfte** (18.000 €) ermöglichen. Es ist jedoch nicht Sinn und Zweck, dass Eltern 60 % von Einkünften, die viele Jahre zurückliegen, dazuverdienen können (1522 BlgNR 24. GP, 5).

3 § 8b sieht die Regelung des individuellen **Grenzbetrages** vor. Dieser beträgt 60 % des Gesamtbetrages der maßgeblichen Einkünfte. Im Grundsatz folgt die Ermittlung der individuellen Zuverdienstgrenze der Ermittlung des laufenden Zuverdienstes gem § 8. Auch für die Regelung des individuellen Grenzbetrages verweist der Gesetzgeber auf die Bestimmungen des EStG, wenn es heißt, dass die maßgeblichen Einkünfte die Einkünfte gem § 2 Abs 3 Z 1 bis 4 EStG sind, wobei nun auf Einkunftszeiträume vor Geburt des Kindes abzustellen ist.

4 Für die Bindung der Sozialversicherungsträger und Gerichte an die Entscheidung der Finanzbehörden vgl dazu § 8 KBGG Rz 2.

5 Auch diese Bestimmung unterscheidet für die Regelung der maßgeblichen Einkünfte zwischen den Einkünften aus nichtselbständiger Arbeit gem § 25 EStG in Z 1 und den anderen maßgeblichen Einkünften (§§ 21 bis 23 EStG 1988) in Z 2.

II. Berechnung der maßgeblichen Einkünfte bei nichtselbständiger Arbeit

6 Zum Inhalt der Einkünfte aus nichtselbständiger Arbeit gem § 25 EStG vgl § 8 KBGG Rz 10 ff.

7 Für Einkünfte aus nichtselbständiger Arbeit kommt es auf die Einkünfte an, die in dem Einkommensteuerbescheid für das letzte Kalenderjahr vor der Geburt des Kindes, in dem kein Kinderbetreuungsgeld bezogen wurde, maximal jedoch in dem für das der Geburt drittvergangene Kalenderjahr ausgewiesen sind. Dabei ist auf jenen Einkommensteuerbescheid abzustellen, der im Zeitpunkt der Antragstellung vorlag. Liegt zum Zeitpunkt der Antragstellung noch kein Einkommensteuerbescheid für das betreffende Kalenderjahr vor, so ist der erste erlassene Einkommensteuerbescheid für das betreffende Kalenderjahr heranzuziehen.

8 Auch für die Berechnung der für den **individuellen Grenzbetrag** maßgeblichen Einkünfte bleiben die sonstigen Bezüge iSd § 67 EStG außer Ansatz und ist der danach ermittelte Betrag um 30 % zu erhöhen. Für das Arbeitslosengeld und die Notstandshilfe sowie die Erhöhung in diesem Fall um 15 % wird auf die Kommentierung zu § 8 Rz 16 verwiesen.

9 Auch für die maßgeblichen Einkünfte iSd § 8b gilt, dass dem Wochengeld gleichartige Leistungen außer Ansatz bleiben, aber die nach **Doppelbesteuerungsabkommen** steuerbefreiten Einkünfte sowie die einen Abgeordneten zum Europäischen Parlament oder seinen Hinterbliebenen nach Art 9 des Abgeordnetenstatuts des Europäischen Parlaments gebührenden Bezüge wie steuerpflichtige Einkünfte zu behandeln sind. Die **Ermittlung** der anderen maßgeblichen Einkünfte erfolgt sinngemäß nach den Vorschriften, die für die Ermittlung der Einkünfte aus nichtselbständiger Arbeit gelten. Demnach ist jener Betrag zu berücksichtigen, der in die Ermittlung des Einkommens für den relevanten Zeitraum (Z 1) eingeht und der zum Zeitpunkt der Antragstellung im geltenden Einkommensteuerbescheid für das betreffende Kalenderjahr ausgewiesen ist. Liegt zum Zeitpunkt der Antragstellung noch kein Einkommensteuerbescheid für das betreffende Kalenderjahr vor, so ist der erste erlassene Einkommensteuerbescheid für das betreffende Kalenderjahr heranzuziehen.

10 Auch für die Ermittlung der maßgeblichen Einkünfte für den individuellen Grenzbetrag gilt, dass Einkünfte aus Betätigungen, die Grundlage für Pflicht-

beiträge in der gesetzlichen Sozialversicherung darstellen, um 30 % zu erhöhen sind (vgl § 8 Rz 19).

III. Nachträgliche Abänderungen

11 Die für das Abgabeverfahren anzuwendende Bundesabgabenordnung (BAO) sieht in den Bestimmungen der §§ 276 Abs 1 sowie 293 bis 303 Vorschriften betreffend die nachträgliche Abänderung von Steuerbescheiden vor. Kommt es nach diesen Bestimmungen zu einer späteren **Abänderung oder Aufhebung des Einkommensteuerbescheides**, so wirken sich diese bei der Prüfung des Einhaltungsgrenzbetrages nur dann aus, wenn dies bis spätestens zum Ende des Leistungsbezuges ausdrücklich verlangt wird oder eine von Amts wegen eingeleitete Überprüfung ergibt, dass die Abänderung und Aufhebung des Bescheides nicht auf ein überwiegendes Verschulden der Abgabenbehörde zurückzuführen ist.

12 Nach dem letzten Satz des Abs 2 ist für den Fall, dass binnen drei Jahren ab Bezugsbeginn kein Einkommensteuerbescheid vorliegt, der Grenzbetrag iHv 18.000 € maßgeblich.

Abschnitt 3
Beihilfe zum pauschalen Kinderbetreuungsgeld

Anspruch auf Beihilfe

§ 9. (1) Anspruch auf Beihilfe zum pauschalen Kinderbetreuungsgeld haben

1. **alleinstehende Elternteile (§ 11),**
2. **verheiratete Mütter oder verheiratete Väter nach Maßgabe des § 12,**
3. **nicht alleinstehende Mütter oder Väter nach Maßgabe des § 13 und**
4. **Frauen oder Männer, die allein oder gemeinsam mit dem anderen Elternteil ein Kind, welches das dritte Lebensjahr noch nicht vollendet hat, an Kindes Statt angenommen oder in Pflege genommen haben, nach Maßgabe der §§ 11, 12 oder 13.**

(2) Voraussetzung für den Anspruch auf Beihilfe zum pauschalen Kinderbetreuungsgeld für ein Kind ist, dass für dieses Kind ein Anspruch auf Auszahlung des pauschalen Kinderbetreuungsgeldes besteht. Während Verlängerungszeiten nach § 5c Abs. 1 und 2 gebührt keine Beihilfe zum pauschalen Kinderbetreuungsgeld. § 4 Abs. 2 gilt sinngemäß auch für die Beihilfe.

(3) Ausgeschlossen von der Beihilfe sind Personen, deren Gesamtbetrag der maßgeblichen Einkünfte (§ 8) den Grenzbetrag von 8 100 Euro übersteigt.

(4) Auf den Anspruch auf Beihilfe kann verzichtet werden, wodurch sich der Anspruchszeitraum (§ 8) um den Zeitraum des Verzichtes verkürzt. § 2 Abs. 5 und § 4a Abs. 2 gelten sinngemäß.

[BGBl I 2023/183]

Diese Bestimmung entspricht weitgehend der Bestimmung des § 15 KGG. 1

Für Geburten ab dem 1.1.2010 wurde die frühere Regelung des Zuschuss zum KBG mit Kreditfunktion in eine echte **Beihilfe** umgewandelt (und daher auch umbenannt). Sie ist **nicht** mehr **zurückzuzahlen** und zudem soll sie nur mehr wirklich einkommensschwachen Eltern zur Verfügung gestellt werden (EB 340 BlgNR 24. GP, 15).

Für Geburten ab dem 1.3.2017 (BGBl I 2016/53) wurden mit der Umstellung auf Tage (KBG-Konto) entsprechende Anpassungen vorgenommen.

Anspruchsvoraussetzung ist ein **Anspruch auf Auszahlung** des KBG nach 2
dem KBG-Konto (gilt nicht für das ea KBG!). Fällt die Anspruchsberechtigung nach § 2 weg, entfällt der Anspruch auf Auszahlung und somit auch jener auf die Beihilfe.

Da die Beihilfe an die Auszahlung des KBG gekoppelt ist, liegt eine Besonderheit darin, dass sich die Reduzierung des KBG wegen eines fehlenden Nachweises der MuKiPass-Untersuchungen (s § 7) auf die Beihilfe nicht auswirkt. Jedoch besteht keine Berechtigung auf die Beihilfe in Zeiten, in denen das KBG ruht (§ 6).

Als Annexleistung wird sie auch vom sachlichen Anwendungsbereich der VO 883/2004 erfasst. Sie ist bei Vorliegen der in § 9 genannten Voraussetzungen ohne jegliche auf die persönliche Bedürftigkeit abstellende Ermessensausübung im Einzelfall zu gewähren (10 ObS 63/20t).

3 Mit BGBl I 2016/53 wurde nicht nur die **Zuverdienstgrenze** beim ea KBG auf 6.800 € erhöht, sondern auch bei der Beihilfe zum KBG. Grund dafür war, unselbständig erwerbstätigen Eltern neben dem Leistungsbezug weiterhin eine geringfügige Beschäftigung im Sinne des § 5 Abs 2 ASVG zu ermöglichen (EB 2336 BlgNR 24. GP, 2). Für die Ermittlung dieses Betrags vgl näher § 8 Rz 10 ff und in Bezug auf die Einschleifregelung s § 8a Rz 1.

Beachte, dass der Grenzbetrag nur auf das **Eigeneinkommen** des Beihilfebeziehers abstellt. Bei Ehegatten ist die Freigrenze von 16.200 € des (nichtbeziehenden) Ehegatten zusätzlich zu berücksichtigen (§ 12).

Mit dem 1.1.2020 wurde das Eigeneinkommen auf 7.300 € angehoben (BGBl I 2019/75), mit 1.1.2022 auf 7.600 € (BGBl I 2021/221), mit 1.1.2023 auf 7.800 € (BGBl I 2022/225), mit 1.1.2024 auf 8.100 € (BGBl I 2023/183).

4 Die **Mindestbezugsdauer** beträgt 61 Tage (vgl § 3 Abs 5 nF), die **Höchstdauer** insgesamt (von beiden Elternteilen gemeinsam) 365 Tage (§ 14 nF). Abs 4 sieht zudem noch die Möglichkeit eines (zeitlichen) **Verzichts** vor, der jedoch die (Höchst-)Bezugsdauer nicht verlängert.

Anspruchsberechtigt sind

- der alleinstehende Elternteil (§ 11)
- verheiratete Mütter oder Väter (§ 12)
- nicht alleinstehende Mütter oder Väter (§ 13)

Höhe Beihilfe

§ 10. Die Beihilfe beträgt 6,06 € täglich.

[BGBl I 2009/116]

Alleinstehende

§ 11. **(1) Alleinstehende Elternteile im Sinne dieses Bundesgesetzes sind Mütter oder Väter, die ledig, geschieden oder verwitwet sind und nicht unter § 13 fallen. Ferner gelten Mütter und Väter als alleinstehend, wenn der getrenntlebende Ehegatte erwiesenermaßen für den Unterhalt des Kindes nicht sorgt.**

(2) Alleinstehende Elternteile haben nur Anspruch auf Beihilfe zum Kinderbetreuungsgeld, wenn sie eine Urkunde vorlegen, aus der der andere Elternteil hervorgeht. In Ermangelung einer derartigen Urkunde haben sie eine entsprechende Erklärung abzugeben. Weiters haben alleinstehende Elternteile eine Erklärung abzugeben, aus der hervorgeht, dass sie nicht unter § 13 fallen.

[BGBl I 2009/116]

Abs 1 enthält die Legaldefinition für den in § 9 Abs 1 Z 1 angeführten Begriff „**alleinstehende Elternteil**". Zu den einzelnen möglichen Personengruppen (Ledige, Geschiedene, Verwitwete, Verheiratete, deren Ehepartner erwiesenermaßen für den Unterhalt des Kindes nicht sorgt [zB Verlassen des gemeinsamen Haushalts oder Bestreitung der Vaterschaft]) s näher *Ehmer ua* 157 f. 1

Beachte auch die Unterscheidung zu § 13 (der auf die gemeinsame Wohnsitzmeldung oder die Verpflichtung zur **gemeinsamen Wohnsitzmeldung** nach dem MeldeG 1991 abstellt [vgl auch § 2 Rz 30 ff]) und die Notwendigkeit der Abgabe einer **Erklärung**, dass der Elternteil tatsächlich alleinstehend ist.

Anspruchsvoraussetzung ist nach Abs 2 auch, dass eine Urkunde vorgelegt wird, aus der der andere Elternteil hervorgeht. In Ermangelung einer solchen Urkunde ist eine entsprechende Erklärung abzugeben. 2

Ehegatten

§ 12. Verheiratete Mütter bzw. Väter erhalten eine Beihilfe, sofern der Gesamtbetrag der maßgeblichen Einkünfte (§ 8) ihres Ehegatten nicht mehr als 18 000 € (Freigrenze) beträgt.

[BGBl I 2022/225]

Bei Ehegatten beträgt die Freigrenze **18.000 €** des (nichtbeziehenden) Ehegatten. Zur Ermittlung des Gesamtbetrages der maßgeblichen Einkünfte s näher § 8 Rz 9 ff. 1

Das Eigeneinkommen des beziehenden Elternteils bis zu **8.100 €** (§ 9 Abs 3 nF; BGBl I 2023/183) wird dabei nicht mitberücksichtigt.

Nicht Alleinstehende

§ 13. (1) Eine Beihilfe erhalten nicht alleinstehende Mütter bzw. Väter, das sind Mütter bzw. Väter, die ledig, geschieden oder verwitwet sind und mit dem Vater bzw. der Mutter des Kindes nach den Vorschriften des Meldegesetzes 1991 an derselben Adresse angemeldet sind oder anzumelden waren.

(2) Weiters gelten als nicht alleinstehend Mütter bzw. Väter, die in nicht ehelicher Lebensgemeinschaft mit einer anderen Person als der Kindesmutter oder dem Kindesvater leben.

(3) Hinsichtlich der Einkünfte gilt § 12 entsprechend.

[BGBl I 2009/116]

1 Als Alleinstehend wird angesehen (vgl § 11)

- Ledige
- Geschiedene
- Verwitwete
- Verheiratete, deren Ehepartner erwiesenermaßen für den Unterhalt des Kindes nicht sorgt.

Nach § 13 sind sie dann nicht alleinstehend, wenn sie mit dem Vater bzw der Mutter des Kindes nach den Vorschriften des MeldeG 1991 an derselben Adresse angemeldet sind oder anzumelden wären.

2 Nach stRsp des VwGH hängt die Verpflichtung, sich als Vater eines Kindes an der gleichen Adresse wie die Kindesmutter anzumelden, nach den Vorschriften des MeldeG 1991 davon ab, ob der Betreffende in einer Wohnung Unterkunft genommen hat. Eine **Unterkunftnahme** liegt dann vor, wenn von einer Unterkunft widmungsgemäß Gebrauch gemacht wird, dh dass eine Person diese tatsächlich zum Wohnen oder Schlafen, dh zur Befriedigung eines, wenn auch nur vorübergehenden Wohnbedürfnisses, wozu auch das „sich Darinaufhalten", seine Sachen zu verwahren und hievon andere grundsätzlich auszuschließen gehört, benützt (VwGH 96/08/0119).

3 Aus den Eintragungen im Zentralen Melderegister kann nicht zwingend gefolgert werden, dass eine Person bereits deshalb (immer noch) an jener Adresse wohnhaft ist, an der sie gemeldet ist; vielmehr kann die Unrichtigkeit der im Zentralen Melderegister enthaltenen Daten dargelegt werden (VwGH Ro 2014/22/0023; vgl auch 2010/21/0007).

Nach der Jud des VwGH hängt die Rechtsfrage des Hauptwohnsitzes an dem materiell-rechtlichen Kriterium **„Mittelpunkt seiner Lebensbeziehungen"**. Bei der Beurteilung dieses Tatbestandsmerkmals kommt es auf eine Gesamtschau an, bei welcher vor allem die ausdrücklich in § 1 Abs 8 MeldeG festgeschriebenen Bestimmungskriterien maßgeblich sind: Aufenthaltsdauer, Lage des Arbeitsplatzes und der Ausbildungsstätte, Wohnsitz der übrigen, insbesondere der minderjährigen Familienangehörigen und der Ort, an dem sie ihrer Erwerbstätigkeit nachgehen, ausgebildet werden oder die Schule und den Kindergarten besuchen, Funktionen in öffentlichen und privaten Körperschaften (VwGH 2011/01/0261).

In der bloßen regelmäßigen Nächtigung kann grds keine der Befriedigung des Wohnbedürfnisses dienende Unterkunftnahme iSd Meldevorschriften erblickt werden (VwGH 91/19/0195; 92/01/0557, 0779). Hingegen kann in einer **regelmäßigen Übernachtung** und dem **gemeinsamen Verbringen der Wochenenden** – wenn überdies gemeinsame Kinder und keine anderweitigen Bindungen privater Natur vorhanden sind – ein starkes Indiz für das Vorliegen einer Unterkunftnahme iSd MeldeG 1991 liegen (vgl auch VwGH 96/08/0119: die regelmäßige Übernachtung und das gemeinsame Verbringen der Wochenenden reichen alleine nicht aus). In einem solchen Fall läge es dann bei der Mutter, über Aufforderung der Behörde die besonderen Umstände nachvollziehbar darzulegen, aus denen sich eine Entkräftung dieser Indizwirkung ergibt, widrigenfalls der Behörde nicht entgegengetreten werden könnte, wenn sie in einem solchen Fall davon ausgeht, dass eine Unterkunftnahme iSd MeldeG 1991 vorliegt (VwGH 94/08/0166). **4**

Für die Frage der Unterkunftaufgabe ist nicht der Rechtstitel, der der Unterkunftaufgabe zu Grunde liegt, sondern die bloße Herstellung eines faktischen Zustandes maßgebend. Demnach ist die Aufgabe der Unterkunft mit dem Zeitpunkt gleichzusetzen, in dem die faktische Beziehung zwischen der Person und der Unterkunft, wenn auch nur vorübergehend, gänzlich gelöst wird (VwGH 2011/01/0206). **5**

Diese Judikatur lässt das KBGG unbeachtet, wenn es in § 2 Abs 2 Z 2 und Abs 6 beim „gemeinsamen Haushalt" ausschließlich auf die Hauptwohnsitzmeldung abstellt. Obwohl die verfassungsrechtlichen Bedenken des OGH (10 ObS 144/15x) vom VfGH (G 121/2016) nicht geteilt wurden, hat der Gesetzgeber mit § 2 Abs 6 nF für Bezugszeiträume ab 1.1.2017 eine Nachfristregelung bei der verspäteten Meldung geschaffen. Weiters wurde eine Sonderregelung für schwerkranke Kinder eingeführt, wobei diesbezüglich nur auf einen Krankenhausaufenthalt abgestellt wurde. In diesem Zusammenhang ist die Kritik von *Burger-Ehrnhofer* (ASoK 2016, 412 [416]) in Bezug auf eine Nichtberücksichtigung von Rehabilitations-, Hospiz- oder Palliativeinrichtungen und in Bezug auf den Widerspruch einer täglichen vierstündigen Betreuung zur Anstaltspflege jedenfalls nachvollziehbar (vgl ASoK 2016, 416 mit Hinweis auf die Stellungnahmen von NÖ GKK und ÖGB im Begutachtungsverfahren). Es bleibt abzuwarten, ob dies in der Praxis eine Rolle spielt und einer legistischen Präzisierung bedarf. **6**

Dauer

§ 14. Die Beihilfe gebührt längstens für 365 Tage ab erstmaliger Antragstellung und nur solange Anspruch auf pauschales Kinderbetreuungsgeld besteht. Steht diese Leistung nur für einzelne Tage eines Monats zu, gebührt die Beihilfe nur anteilig. Bezugsunterbrechungen, Verzicht auf die

Beihilfe oder ein abwechselnder Bezug der Elternteile bewirken keine Verlängerung der Bezugsdauer, weiters kann die Beihilfe jeweils nur in Blöcken von mindestens 61 Tagen beansprucht werden.

[BGBl I 2016/53]

1 Die **Mindestbezugsdauer** beträgt 61 Tage (vgl § 3 Abs 5 nF), die **Höchstdauer** insgesamt (von beiden Elternteilen gemeinsam) 365 Tage (§ 14 nF).

Zu beachten ist, dass Anspruchsvoraussetzung ein **Anspruch** auf **Auszahlung** des KBG auf Basis des KBG-Kontos ist. Fällt die Anspruchsberechtigung nach § 2 weg, entfällt der Anspruch auf Auszahlung und somit auch jener auf die **Beihilfe**.

2 Wird auf das KBG gem § 2 Abs 5 nF verzichtet (s näher § 2 Rz 85 ff), so endet gem § 9 Abs 2 nF der Anspruch und damit auch jener auf die Beihilfe (vgl zur aF *Ehmer ua*, 166).

Ein Verzicht oder eine Unterbrechung des Bezugs verlängern aber nicht die Bezugsdauer der Beihilfe.

Erklärung

§ 15. Der zuständige Krankenversicherungsträger hat den Partner des Elternteiles (§§ 12, 13) von der Gewährung der Beihilfe zum Kinderbetreuungsgeld an einen Elternteil samt Hinweis auf die Freigrenze (§ 12, § 13 Abs. 3) und Hinweis auf die mögliche Rückforderung im Falle der Überschreitung der Freigrenze (§ 31 Abs. 3) zu verständigen.

[BGBl I 2009/116]

1 Für Ehegatten und nicht Alleinstehende sieht § 15 eine **Verständigungspflicht** des zuständigen KVT an den Partner des beziehenden Elternteils über die Gewährung der Beihilfe samt Hinweis auf die Freigrenze und der Möglichkeit der Rückforderung im Fall der Überschreitung der Freigrenze vor.

2 Zweck der Regelung ist es, Überraschungen zu vermeiden, zumal der Rückforderungstatbestand des § 31 Abs 3 2. Satz (vgl § 31 Rz 16) verschuldensunabhängig ist.

§§ 16–23. *aufgehoben*

Abschnitt 5
Kinderbetreuungsgeld als Ersatz des Erwerbseinkommens

Anspruchsberechtigung

§ 24. (1) Anspruch auf Kinderbetreuungsgeld nach diesem Abschnitt hat ein Elternteil (Adoptivelternteil, Pflegeelternteil) für sein Kind (Adoptivkind, Pflegekind), sofern

1. die Anspruchsvoraussetzungen nach § 2 Abs. 1 Z 1, 2, 4 und 5 erfüllt sind,
2. dieser Elternteil in den letzten 182 Kalendertagen unmittelbar vor der Geburt des Kindes, für das Kinderbetreuungsgeld bezogen werden soll, durchgehend erwerbstätig gemäß Abs. 2 war sowie in diesem Zeitraum keine Leistungen aus der Arbeitslosenversicherung erhalten hat, wobei sich Unterbrechungen von insgesamt nicht mehr als 14 Kalendertagen nicht anspruchsschädigend auswirken, und
3. der Gesamtbetrag der maßgeblichen Einkünfte (§ 8 Abs. 1) dieses Elternteiles im Kalenderjahr den absoluten Grenzbetrag von 8 100 Euro nicht übersteigt und dieser Elternteil während des Bezuges keine Leistungen aus der Arbeitslosenversicherung erhält.

(2) Unter Erwerbstätigkeit im Sinne dieses Bundesgesetzes versteht man die tatsächliche Ausübung einer in Österreich sozialversicherungspflichtigen (kranken- und pensionsversicherungspflichtigen) Erwerbstätigkeit. Als der Ausübung einer sozialversicherungspflichtigen Erwerbstätigkeit gleichgestellt gelten Zeiten der vorübergehenden Unterbrechung dieser zuvor mindestens 182 Kalendertage andauernden Erwerbstätigkeit während eines Beschäftigungsverbotes nach dem Mutterschutzgesetz 1979 (MSchG), BGBl. Nr. 221, oder gleichartigen anderen österreichischen Rechtsvorschriften, sowie Zeiten der vorübergehenden Unterbrechung dieser zuvor mindestens 182 Tage andauernden Erwerbstätigkeit zum Zwecke der Kindererziehung während Inanspruchnahme einer Karenz nach dem MSchG oder Väter-Karenzgesetz (VKG), BGBl. Nr. 651/1989, oder gleichartigen anderen österreichischen Rechtsvorschriften, bis maximal zum Ablauf des zweiten Lebensjahres eines Kindes.

(3) Nur bei Erfüllung der nationalen Gleichstellungserfordernisse des Abs. 2 zweiter Satz liegt eine gleichgestellte Situation im Sinne des Art. 68 iVm Art. 1 lit. a der Verordnung (EG) Nr. 883/2004 zur Koordinierung der Systeme der sozialen Sicherheit, ABl. Nr. L 166 vom 30.04.2004 S. 1, zuletzt geändert durch die Verordnung (EU) Nr. 1372/2013, ABl. Nr. L 346 vom 20.12.2013 S. 27, vor, wobei diese der Ausübung einer Erwerbstätigkeit gleichgestellte Situation für alle Eltern spätestens mit Ablauf des zweiten Lebensjahres eines Kindes endet. Eine Scheinkarenz löst keine österreichische Zuständigkeit aus, dasselbe gilt für Zeiten, in denen man-

gels Erfüllung der gesetzlichen Voraussetzungen kein gesetzlicher Anspruch auf die österreichische Karenz besteht, etwa bei gleichzeitiger Inanspruchnahme einer in- oder ausländischen Karenzzeit durch den anderen Elternteil.

[BGBl I 2023/183]

Übersicht

I. Überblick

1 Durch das ea KBG soll jenen Eltern, die vor der Geburt über ein relativ hohes Erwerbseinkommen verfügt haben, die Möglichkeit gegeben werden, trotz kurzzeitigem Rückzug aus dem Erwerbsleben den bisherigen Lebensstandard aufrechtzuerhalten (340 BlgNR 24. GP, 16).

2 Die für das **pauschale KBG** geltenden materiellen und verfahrensrechtl **Bestimmungen** sind gem § 24e Abs 1 Satz 1 mit Ausnahme der Regelungen über den Zuschlag bei Mehrlingsgeburten und die Anspruchsdauer auch auf das ea KBG anzuwenden. Daher müssen auch für das ea KBG die Anspruchsvoraussetzungen nach § 2 Abs 1 Z 1, 2, 4 und 5 erfüllt sein (§ 24 Abs 1 Z 1).

3 Der Bezug von ea KBG schließt einen Bezug von pauschalem KBG und umgekehrt aus (§ 1 letzter Satz).

4 Die **Höhe** des ea KBG regelt § 24a, die **Anspruchsdauer** § 24b.

5 Bei Nichtdurchführung bzw Nichtnachweis der **Eltern-Kind-Pass-Untersuchungen** kommt es zu einer Kürzung des ea KBG (§ 24a Abs 4 iVm § 24c).

6 Ein **Umstieg** auf das pauschale KBG ist nur unter der Voraussetzung des § 26a möglich (§ 24e Satz 2).

7 Das ea KBG mindert – anders als das pauschale KBG (§ 42) – den **Unterhaltsanspruch** des beziehenden Elternteils (§ 24e letzter Satz).

Das ea KBG unterliegt nicht dem Pfändungsverbot des § 43 Abs 1 bzw des § 290 Abs 1 Z 10 EO. 8

§ 24d Abs 2 sieht bei Ablehnung des Antrags auf ea KBG durch den KVT eine **vorläufige Leistung** in Höhe von 33 € täglich für die Dauer des Sozialgerichtsverfahrens vor. 9

Zur Bedeutung und Problematik des **Beschäftigungsbegriffs** des Abs 2 und der Neuregelung des Abs 3 iZm der unionsrechtlichen Koordinierung vgl ausf § 2 Rz 51, 61, 62a, 62b. 9a

II. Erwerbstätigkeit vor Geburt (Abs 1 Z 2 und Abs 2)

A. Definition

Das G fordert eine **tatsächliche Ausübung** der Erwerbstätigkeit. Dies ist bei Auflösung des Dienstverhältnisses oder Abmeldung des Gewerbes nicht der Fall (340 BlgNR 24. GP, 16 f). Der Verzicht auf die Ausübung der Rechtsanwaltschaft und die damit verbundene Streichung aus der Liste der RAK ist der Abmeldung des Gewerbes gleichzuhalten (10 ObS 42/13v, 10 ObS 49/13y). Die Inanspruchnahme eines **Sabbaticals** nach § 78e BDG vor der Geburt des Kindes ist nicht anspruchsschädlich (10 ObS 129/20y), ebenso wenig eine **Dienstfreistellung** von ca vier Wochen vor Beginn des Mutterschutzes. Dabei schadet auch die einvernehmliche Auflösung des Dienstverhältnisses während des Beschäftigungsverbots nach der Geburt nicht, weil das KBGG keine (weitere) Anspruchsvoraussetzung für den Bezug von ea KBG dahin aufstellt, dass die im Beobachtungszeitraum ausgeübte Erwerbstätigkeit nach dem Ende des Beschäftigungsverbots (oder einer allfälligen Karenz) beim selben oder einem anderen AG fortgeführt bzw wiederaufgenommen werden muss (10 ObS 5/21i). Eine **Pflegekarenz** nach § 75c Abs 1 Z 2 BDG stellt keine Ausübung einer Erwerbstätigkeit dar (10 ObS 22/23t). 10

Auf Erwerbsabsicht oder Lohnsteuerabzug kommt es nicht an. Abzustellen ist darauf, ob eine Erwerbstätigkeit ausgeübt wurde, die der **SV-Pflicht** unterlag, ob also aufgrund dieser Tätigkeit (vom Versicherten bzw dem DG) SV-Beiträge geleistet wurden. Diese Voraussetzung ist bei den Beitragszeiten nach § 8 Abs 1 Z 2 lit a bis g ASVG nicht gegeben (10 ObS 57/12y). 11

Bei einer selbständigen Personenbetreuerin in der 24-Stunden-Pflege liegt die Anspruchsvoraussetzung vor, wenn sie in den letzten 182 Tagen vor Beginn des vorzeitigen Beschäftigungsverbots bei durchgehender Pflichtversicherung nach dem GSVG 22 Tage faktisch im Einsatz, zwei Monate krank war und in der restlichen Zeit von der Vermittlungsagentur keine Aufträge zugewiesen bekam. Andernfalls würde der Anspruch **selbständig Erwerbstätiger** auf Kinderbetreuungsgeld von deren **Auftragslage** abhängen (OLG Wien, 9 Rs 14/21a). Es sind aber jedenfalls Handlungen in einer entsprechenden Intensität erforderlich, die den Willen zur Ausübung einer Erwerbstätigkeit erkennbar zum Ausdruck bringen, im Falle einer Personen- 11a betreuerin wäre das ein nachhaltiges Bemühen, neue Kunden zu akquirieren (10 ObS 64/23v).

12 Zeiten eines **Krankenstands** ohne arbeitsrechtl Entgeltfortzahlung stellen keine Zeiten einer SVpflichtigen Erwerbstätigkeit dar (10 ObS 5/14d); ebenso wenig Zeiten einer **Selbstversicherung**, **freiwilligen Weiterversicherung** und **Mitversicherung** (340 BlgNR 24. GP, 16) und Zeiten des Bezugs einer **Kündigungsentschädigung** (10 ObS 32/19g) bzw **Urlaubsersatzleistung** (10 ObS 164/17s).

13 Der **Ort** der Ausübung der Erwerbstätigkeit ist so lange irrelevant, als die SV-Pflicht in Österreich bestehen bleibt (Entsendung) und die anderen Anspruchsvoraussetzungen (zB § 2 Abs 1 Z 4) erfüllt sind (EB 340 BlgNR 24. GP, 16). Zur unionsrechtl Beurteilung vgl unten Rz 33 ff.

B. Dauer

14 Bei der Berechnung des Zeitraums von 182 Tagen ist der **erste Tag** des **Dienstverhältnisses miteinzubeziehen** (ausf 10 ObS 49/15a mwN).

15 Auch eine **geringfügige Unterschreitung** der normierten Dauer der Erwerbstätigkeit stellt ein Anspruchshindernis dar. Nur geringfügige Unterbrechungen von bis zu 14 Tagen sind zulässig, um Härtefälle zu vermeiden (10 ObS 76/13v).

16 Keine Unterbrechung der tatsächl Ausübung der Erwerbstätigkeit stellen Zeiten des **Urlaubs** oder der **Krankheit** dar, sofern die SV-Pflicht aufrechtbleibt (340 BlgNR 24. GP, 16; vgl schon oben Rz 12). Beträgt die Entgeltfortzahlung weniger als 50 %, sind die betreffenden Zeiten als Unterbrechungstage zu werten (*Stadler*, DRdA 2021/32).

17 Bei der Ausnahmeregelung der kurzfristigen **Unterbrechung** hatte der Gesetzgeber Sachverhalte vor Augen, die sich **während** des für die Erfüllung des Erwerbstätigkeitserfordernisses maßgebenden **Zeitraums** ereignen. Das Nichtbestehen einer SVpflichtigen Erwerbstätigkeit zu Beginn des Zeitraums von 182 Tagen ist ebenso wenig anspruchsschädlich (10 ObS 137/19y in Abkehr von 10 ObS 5/14d) wie ein wenige Tage dauernder Krankengeldbezug am Ende dieses Zeitraums (10 ObS 92/15z, 10 ObS 110/15x; vgl dazu auch *Faber*, DRdA 2022, 18 [24]).

18 Diese Anspruchsvoraussetzung ist **sachlich begründet**, bezweckt doch diese Leistung als teilw Ersatz für den Entfall des früheren Einkommens, jenen Elternteilen, die vor der Geburt über ein relativ hohes Erwerbseinkommen verfügt haben, die Möglichkeit zu geben, trotz kurzzeitigem Rückzug aus dem Erwerbsleben den bisherigen Lebensstandard zu erhalten (RS 0127744).

C. Kein Bezug von Leistungen der Arbeitslosenversicherung

19 Vor der Geburt arbeitslose Eltern gehören nicht zur Zielgruppe des ea KBG. Die Ausübung einer geringen Erwerbstätigkeit neben dem Bezug von Leis-

tungen aus der AlV ändert nichts am Status der Arbeitslosigkeit (EB 1522 BlgNR 24. GP, 5). Auch ein Leistungsbezug von nicht mehr als 14 Tagen wirkt anspruchsausschließend (10 Obs 107/20p). Ein anspruchsschädlicher Leistungsbezug liegt aber nicht vor, wenn ein entsprechender **Antrag** gar **nicht gestellt** wurde, die Leistung nur faktisch ausbezahlt und letztlich vom AMS zurückgefordert wurde (OLG Wien, 9 Rs 31/15t).

Bei Eltern, bei denen ein Beschäftigungsverbot nicht in Betracht kommt, **beginnt** der sechsmonatige **Beobachtungszeitraum** mit der **Geburt** des Kindes, während bei leiblichen Müttern, für die ein Beschäftigungsverbot gilt, der Beobachtungszeitraum mit Beginn des **Beschäftigungsverbots** beginnt (vgl unten Rz 24 f). Abs 1 Z 2 ordnet für beide Gruppen von Eltern an, dass in diesem Zeitraum keine AlV-Leistungen bezogen werden dürfen. Dies ist so zu verstehen, dass der für den jeweiligen Elternteil in Betracht kommende sechsmonatige Zeitraum entweder ab Geburt oder ab Beginn des Beschäftigungsverbots als Beobachtungszeitraum auch für den Nichtbezug von Leistungen aus der AlV heranzuziehen ist (10 ObS 103/14s). 20

Die negative Anspruchsvoraussetzung des Nichtbezugs einer Leistung aus der AlV schließt die Anspruchsberechtigung auch dann aus, wenn eine **Mehrfachversicherung** (aufgrund eines zweiten Dienstverhältnisses) besteht (10 ObS 103/14s obiter). 21

Auch das **Weiterbildungsgeld** nach § 26 AlVG ist eine Leistung der AlV (10 ObS 103/14s), nicht aber das **Bildungsteilzeitgeld** nach § 26a AlVG (10 ObS 153/15w) und eine **Beihilfe** zur **Deckung** des **Lebensunterhalts** nach § 25 Abs 1 AMSG (10 ObS 89/17m). Der Bezug von **Altersteilzeitgeld** wirkt nicht ausschließend, weil es sich um eine Leistung an den AG handelt (*Schrattbauer*, JAS 2020, 244 [255]). 22

D. Gleichgestellte Zeiten

1. Mindestdauer davor liegender Erwerbstätigkeit

Die Gleichstellung der in Abs 2 genannten Zeiten kann nur durch die mind sechsmonatige durchgehend andauernde tatsächl Ausübung der SVpflichtigen Erwerbstätigkeit vor der Geburt ausgelöst werden. Damit soll eine **Missbrauchsbekämpfung** durch Verhinderung von kurzfristiger Scheinerwerbstätigkeit in Österreich erfolgen (1522 BlgNR 24. GP, 4). 23

2. Beschäftigungsverbot

Die Gleichstellungsregelung setzt voraus, dass das **Dienstverhältnis** zum Zeitpunkt der Geburt noch **aufrecht** ist (RS 0127744, 0128766). 24

Auch Zeiten des Wochengeldbezugs vor der Geburt infolge einer **Ablaufhemmung** gem § 10a MSchG fallen unter die Gleichstellungsbestimmung. Dasselbe gilt für Zeiten der dem Beschäftigungsverbot vergleichbaren Situation einer **Landwirtin**, **Selbständigen** oder Gewerbetreibenden mit nach GSVG 25 oder BSVG für diese Zeiten gewährter Betriebshilfe bzw Wochengeld (340 BlgNR 24. GP, 16), ebenso für die Unterbrechung der Tätigkeit einer Zahnärztin gem § 44 ZÄG (10 ObS 44/19x).

3. Karenz

26 Mit dieser Gleichstellungsbestimmung soll erreicht werden, dass jene Eltern, die bereits ein älteres Kind haben, und jene Eltern, die das KBG für ihr erstgeborenes Kind beziehen, denselben Zugang zu dieser Leistung haben (340 BlgNR 24. GP, 16). Zeiten einer Karenz nach Tod des Kindes sind keine gleichgestellte Zeit (10 ObS 71/23y).

27 Auch Zeiten der einer Karenz nach MSchG und VKG vergleichbaren Situation, etwa die einer **Selbstständigen** oder Gewerbetreibenden, die ihr Gewerbe anlässlich der Geburt zum Zweck der Kindererziehung ruhend meldet, fallen unter diese Regelung (340 BlgNR 24. GP, 16), ebenso die Unterbrechung der Tätigkeit einer Zahnärztin gem § 44 ZÄG (10 ObS 44/19x) .

27a Zur Scheinkarenz vgl § 2 Rz 62d.

4. Pflegekarenz

27b Eine Pflegekarenz nach § 75c Abs 1 Z 2 BDG stellt keine gleichgestellte Zeit dar (10 ObS 22/23t).

5. Präsenzdienst?

28 Zeiten des Präsenzdienstes sind nicht gleichzustellen, eine unbeabsichtigte Gesetzeslücke liegt nicht vor (10 ObS 57/12y).

III. Zuverdienstgrenze und Nichtbezug von AlV-Leistungen (Abs 1 Z 3)

29 Die Regelung soll unsachl und nicht gewollte Ergebnisse verhindern, zB dass die Summe des Einkommensersatzes plus des Zuverdienstes über den zu ersetzenden Einkünften liegt (340 BlgNR 24. GP, 17).

30 Für die Berechnung der Zuverdienstgrenze sind Einkünfte aus Vermietung und Verpachtung, aus Kapitalvermögen sowie sonstige Einkünfte nach EStG nicht einzubeziehen, da diese keine Einkünfte aus Erwerbstätigkeit darstellen und auch bei Ermittlung der 80-%-Ersatzrate (vgl § 24a Abs 1) nicht ersetzt werden (340 BlgNR 24. GP, 17).

31 Die Zuverdienstgrenze entspricht der SVrechtlichen **Geringfügigkeitsgrenze** (vgl § 5 Abs 2 ASVG; EB 340 BlgNR 24. GP, 17).

32 Bei Überschreitung der Zuverdienstgrenze verringert sich gem § 8a das für das betreffende Kalenderjahr gebührende KBG nur um den übersteigenden Betrag **(Einschleifregelung)**.

32a Die Versäumung der Zweijahresfrist des § 8 Abs 1 Z 2 3. Satz zur Erbringung des **Zuordnungsnachweises** (§ 8 Rz 27) ist irrelevant, wenn die Zuverdienstgrenze objektiv nicht überschritten wurde (10 ObS 15/19g mwN). Zum Rückersatzverfahren und zum Übergangsrecht für Geburten bis 28.2.2017 s § 31 Rz 13a.

IV. Unionsrecht

33 Auch das ea KBG ist eine Familienleistung iSd der VO 883/2004 (10 ObS 148/14h). Ist Österreich nach dem Koordinierungsrecht der VO 883/2004 bspw als Beschäftigungsstaat vorrangig oder als Wohnortstaat nachrangig zuständig (vgl § 2 Rz 49ff), so ist eine Erwerbstätigkeit in einem anderen MS angesichts der **Sachverhaltsgleichstellung** des Art 5 der VO der inl Erwerbstätigkeit gleichgestellt (vgl idS auch EuGH C-257/10, Rs *Bergström* zur VO 1408/71, die noch keine explizite Sachverhaltsgleichstellung vorsah). Insoweit ist Abs 2 unionsrechtswidrig (10 ObS 148/14h; vgl auch *Felten* in Zwischenstaatl SV-Recht, Art 60 VO 987/2009 Rz 3). Die ausl Zeiten sind unabhängig davon zu berücksichtigen, ob auch inl Zeiten vorliegen (10 ObS 148/14h). Die Sachverhaltsgleichstellung kommt jedoch nicht zur Anwendung, wenn Ö nicht zuständiger Staat ist (10 ObS 120/19y; vgl § 2 Rz 65). Zur Berücksichtigung ausl Einkommens bei der Höhe des ea KBG vgl § 24a Rz 19 ff.

34 Auch bei Prüfung der negativen Anspruchsvoraussetzungen des Abs 1 Z 2 und 3 (Nichtbezug von AlV-Leistungen, Einhaltung der Zuverdienstgrenze) sind Leistungen und Einkünfte aus einem anderen MS gem Art 5 der VO 883/2004 zu berücksichtigen.

Höhe

§ 24a. **(1) Das Kinderbetreuungsgeld beträgt täglich**

1. **für eine Wochengeldbezieherin 80 % des auf den Kalendertag entfallenden Wochengeldes nach österreichischen Rechtsvorschriften, welches anlässlich der Geburt jenes Kindes, für welches Kinderbetreuungsgeld beantragt wird, gebührt,**
2. **für eine Beamtin 80 % des auf den Kalendertag entfallenden fiktiv zu berechnenden Wochengeldes, welches anlässlich der Geburt jenes Kindes, für welches Kinderbetreuungsgeld beantragt wird, einer Vertragsbediensteten an ihrer Stelle gebühren würde,**
3. **für einen Vater, sofern nicht Z 4 gilt, 80 % des auf den Kalendertag entfallenden fiktiv zu berechnenden Wochengeldes, welches anlässlich der Geburt jenes Kindes, für welches Kinderbetreuungsgeld beantragt wird, einer Frau an seiner Stelle gebühren würde,**
4. **für einen Beamten 80 % des auf den Kalendertag entfallenden fiktiv zu berechnenden Wochengeldes, welches anlässlich der Geburt jenes Kindes, für welches Kinderbetreuungsgeld beantragt wird, einer Vertragsbediensteten an seiner Stelle gebühren würde oder**

5. sofern Z 1 bis 4 nicht anwendbar sind:

$$\frac{\text{Summe der maßgeblichen Einkünfte} \times 0{,}62 + 4000}{365}$$

Die Berechnung des fiktiven Wochengeldes nach Z 3 und 4 erfolgt mit der Maßgabe, dass auf den Zeitraum vor den letzten acht Wochen vor Geburt des Kindes und nicht auf den Eintritt des Versicherungsfalles der Mutterschaft abzustellen ist.

(1a) Sonderwochengeld gemäß § 163 ASVG ist kein Wochengeld im Sinne des Abs. 1 und bleibt bei der Berechnung der Höhe des Kinderbetreuungsgeldes als Ersatz des Erwerbseinkommens außer Ansatz.

(2) Das Kinderbetreuungsgeld nach Abs. 1 beträgt in jedem Fall mindestens den Tagsatz nach Abs. 1 Z 5, höchstens jedoch 66 € täglich.

(2a) Mit Wirksamkeit ab 1. Jänner eines jeden Jahres, erstmals mit 1. Jänner 2023, ist der Höchstbetrag (Abs. 2) mit dem Anpassungsfaktor des § 108f ASVG zu vervielfachen. Der Vervielfachung ist der Betrag zugrunde zu legen, der am 31. Dezember des vorangegangenen Jahres in Geltung steht. Der vervielfachte Betrag ist kaufmännisch auf zwei Dezimalstellen zu runden.

(3) Maßgebliche Einkünfte sind jene Einkünfte gemäß § 2 Abs. 3 Z 1 bis 3 des EStG 1988 sowie Einkünfte gemäß § 2 Abs. 3 Z 4 des EStG 1988, wenn sie auf Grund eines bestehenden Dienstverhältnisses erzielt wurden, die im zum Zeitpunkt der Antragstellung geltenden Einkommensteuerbescheid für das letzte Kalenderjahr vor der Geburt des Kindes ausgewiesen sind. Liegt zum Zeitpunkt der Antragstellung noch kein Einkommensteuerbescheid für dieses Kalenderjahr vor, ist der erste erlassene Einkommensteuerbescheid für dieses Kalenderjahr heranzuziehen. Bis zur Feststellung der tatsächlichen Höhe gebührt Kinderbetreuungsgeld vorläufig in der nach § 33 Abs. 5 festgelegten Höhe. Abweichend von § 30 erfolgt eine Berichtigung der Leistungshöhe aufgrund späterer Abänderungen und Aufhebungen dieses Einkommensteuerbescheides (insbesondere nach den §§ 276 Abs. 1, 293 bis 303 BAO), sofern die Berichtigung ausdrücklich verlangt wird oder eine von Amts wegen eingeleitete Überprüfung ergibt, dass die Abänderung und Aufhebung des Bescheides nicht auf ein überwiegendes Verschulden der Abgabenbehörde zurückzuführen ist.

(4) Werden die in § 24c vorgesehenen Eltern-Kind-Pass-Untersuchungen nicht bis zu den vorgesehen Zeitpunkten nachgewiesen, so reduziert sich der Anspruch auf Kinderbetreuungsgeld für jeden Elternteil um 1 300 Euro.

[BGBl I 2024/64]

Übersicht

I. Überblick

Die Höhe des Tagesbetrages wird je nach Fallgruppe (Abs 1 Z 1 bis 5) anhand des Wochengeldes/Monatsbezuges/Arbeitsverdienstes oder auf Basis der Einkünfte, die im letzten Kalenderjahr vor der Geburt erzielt wurden, in dem kein KBG bezogen wurde, max jedoch in dem der Geburt drittvorangegangenen Kalenderjahr (Abs 3) berechnet (340 BlgNR 24. GP, 17). 1

Die erste Fallgruppe (Z 1) erfasst **Mütter** mit Anspruch auf **Wochengeld** (Unselbständige, Selbständige, Landwirtinnen, Gewerbetreibende, Vertragsbedienstete), die zweite Fallgruppe (Z 2) umfasst **Beamtinnen**, die dritte Gruppe (Z 3) betrifft **erwerbstätige Väter** und die vierte Fallgruppe (Z 4) **männl Beamte**. 2

Die fünfte Gruppe (Z 5) ist für jene Eltern anzuwenden, die nicht in eine der Fallgruppen nach Z 1 bis 4 fallen (weil sie mangels zuletzt ausgeübter Erwerbstätigkeit keinen tatsächl oder fiktiven Anspruch auf Wochengeld haben). 3

Die **Berechnungsmethode** für die ersten **vier Fallgruppen** stellt darauf ab, dass Wochengeld nach ASVG nach dem durchschnittl Arbeitsverdienst während der letzten 13 Wochen (bzw drei Kalendermonate) vor Beginn des Beschäftigungsverbots (Mutterschutz) ermittelt wird. Beamtinnen gebührt während des Beschäftigungsverbots immer eine Gehaltsfortzahlung in voller Höhe, es wird nicht auf den Durchschnittsverdienst vor Beginn des Mutterschutzes abgestellt. Daher ist es aus Gründen der Gleichbehandlung nötig, für diese Gruppe auf eine eigene, der Berechnung des Wochengeldes nachgebildete Berechnung (Zeitraum vor Mutterschutzbeginn) zurückzugreifen (340 BlgNR 24. GP, 17). Zur Vergleichsrechnung (Günstigkeitsregelung) des Abs 2 vgl unten Rz 9. 4

5 Es bestehen keine verfassungsrechtl Bedenken dagegen, dass die Höhe des ea KBG bei Wochengeldbezieherinnen an die Höhe ihres Wochengeldbezugs anknüpft. Eine unsachliche Benachteiligung gegenüber den anderen Personengruppen des Abs 1 ist nicht erkennbar, da auch das Wochengeld nach dem ASVG nach dem durchschnittl Arbeitsverdienst während der letzten 13 Wochen vor Beginn des Beschäftigungsverbots ermittelt wird (10 ObS 92/12t).

6 Zur **Höhe** des **Wochengeldes** für Unselbständige vgl § 162 Abs 3 bis 4 ASVG und *Schober* in *Sonntag*, ASVG § 162 Rz 21ff, für Selbständige vgl § 102a Abs 5 GSVG und *Schober* in *Sonntag*, GSVG § 102a Rz 14, für Land- und Forstwirte vgl § 98 Abs 5 BSVG. Hins Vertragsbediensteter verweist § 84 Abs 1 B-KUVG auf § 162 ASVG.

7 Die **Berechnungsmethode** für die **fünfte Fallgruppe** ermöglicht trotz der unterschiedlichen Systematik der verschiedenen Einkunftsarten im Steuerrecht eine Annäherung in den Ergebnissen. Damit wird bei ausschließlichem Vorhandensein von Einkünften aus nichtselbständiger Arbeit ein KBG in Höhe von rund 80 % des früheren Nettoeinkommens (unter Berücksichtigung des 13. und 14. Monatsgehalts) ermittelt (340 BlgNR 24. GP, 18).

8 Zur **vorläufigen Leistung** im Verwaltungsverfahren bei Nichtvorliegen eines Steuerbescheids vgl § 33 Abs 5.

II. Sonderwochengeld gem § 163 ASVG

8a Mit dem BGBl I 2024/64 wurde Abs 1a eingefügt, wonach das **Sonderwochengeld** gem § 163 ASVG kein Wochengeld im Sinne des Abs 1 ist und bei der Berechnung der Höhe des Kinderbetreuungsgeldes als Ersatz des Erwerbseinkommens außer Ansatz bleibt.

8b Diese Klarstellung bei der Berechnung des einkommensabhängigen KBG wurde nach den Erläuterungen durch Einführung des Sonderwochengeldes erforderlich. Das Sonderwochengeld wird in Umsetzung der Mutterschutz-Richtlinie als eine Leistung sui generis insbesondere für jene Mütter eingeführt, die sich nach Ende des Bezuges von einkommensabhängigem KBG gegen die Wiederaufnahme der Erwerbstätigkeit mit entsprechender Pflichtversicherung entscheiden, das Dienstverhältnis aber weiterhin karenziert bleibt. Da das einkommensabhängige KBG das Ziel hat, erwerbstätigen und besserverdienenden Eltern für kurze berufliche Auszeiten einen teilweisen Einkommensersatz zu gewähren und so den raschen Wiedereinstieg zu fördern, ist es zwingend erforderlich, das Sonderwochengeld nicht als Bemessungsgrundlage für die Höhe des Kinderbetreuungsgeldes als Ersatz des Erwerbseinkommens heranzuziehen, um eine sachlich nicht gerechtfertigte schlechtere Behandlung von erwerbsorientierten Müttern zu vermeiden (EB 2553 27. GP 3).

III. Mindest- und Höchstgrenze, Reduktion (Abs 2, 2a und 4)

In den ersten vier Fallgruppen des Abs 1 erfolgt zusätzlich eine Berechnung des Tagesbetrages auf Grundlage der Berechnungsformel der fünften Fallgruppe, der für den antragstellenden Elternteil günstigere Tagesbetrag ergibt die endgültige Höhe. Mit dieser **Günstigkeitsregelung** (Vergleichsberechnung) wird auf jene möglichen Fälle eingegangen, die im heranzuziehenden Kalenderjahr höhere Einkünfte erzielt haben als vor Beginn des (fiktiven) Mutterschutzes. Damit sollen eventuelle Ungleichbehandlungen zur fünften Fallgruppe vermieden werden (340 BlgNR 24. GP, 17f). 9

Die **Höchstgrenze** ist ab 1.1.2023 jährlich mit dem Anpassungsfaktor nach § 108f ASVG zu erhöhen. Sie beträgt 2024 76,60 € (BGBl II 2023/328). 10

Der Tagesbetrag für einen Elternteil bleibt grds über die **gesamte Bezugszeit** für ein und dasselbe Kind gleich hoch, auch wenn der Elternteil durch abwechselnden Bezug (§ 5 Abs 3) zwei Bezugsteile hat. Für jeden Elternteil erfolgt eine gesonderte Berechnung seines Tagesbetrages anhand seiner früheren Einkünfte (340 BlgNR 24. GP, 18). 11

Bei Nichtdurchführung bzw Nichtnachweis der in § 7 Abs 2 vorgesehenen **Eltern-Kind-Pass-Untersuchungen** wird das KBG für jeden Elternteil um 1.300 € reduziert. Ausnahmen sind in § 24c Abs 2 geregelt. 12

IV. Maßgebliche Einkünfte (Abs 3)

Die Bestimmung des Abs 3 enthält eine Regelung der Definition sowie der Ermittlung der maßgeblichen Einkünfte zur Berechnung der Höhe des ea KBG nach Abs 1 Z 5. Wie in der Bestimmung des § 8 verweist der Gesetzgeber zur Definition der maßgeblichen Einkünfte auf die Bestimmungen des EStG und knüpft dabei an § 2 Abs 3 Z 1 bis 3 EStG für die betrieblichen Einkünfte sowie auf § 2 Abs 3 Z 4 EStG für die Einkünfte aus nichtselbständiger Arbeit an. Vgl dazu im Detail die Kommentierung zu § 8 Rz 2 ff. 13

§ 24a Abs 3 verweist auf § 8. Der Verweis ist nach jüngerer Rsp so zu lesen, dass nur dann die im betreffenden Kalenderjahr insgesamt vorgeschriebenen Beiträge zur gesetzlichen Sozialversicherung hinzuzuschlagen sind, wenn der selbständig erwerbstätige Elternteil im nicht ganzjährigen Anspruchszeitraum Einkünfte ohne Abzug der Sozialversicherungsbeiträge erzielt, die umgerechnet auf das Kalenderjahr die Geringfügigkeitsgrenze übersteigen (vgl § 8 Rz 19). Erzielt der selbständig tätige Elternteil hingegen im Anspruchszeitraum keine Einkünfte und kommt es nur durch die Hinzurechnung der Sozialversicherungsbeiträge, die aufgrund der Höhe der früheren Einkünfte im Kalenderjahr des Bezugs vorgeschrieben werden, zu einem Überschreiten der Zuverdienstgrenze, dann sind die Sozialversicherungsbeiträge nicht hinzuzurechnen. Diese Berechnungsformel auf den Bezug von einkommensabhängigem Kinderbetreuungsgeld auch in diesem Fall anzuwenden, würde nämlich 13a bedeuten, dass selbständig Erwerbstätige trotz Einstellung oder Einschränkung ihrer Tätigkeit und Reduktion der Einkünfte auf (im Extremfall) 0 € während der Betreuung des Kindes im Bezugszeitraum das bezogene Kinderbetreuungsgeld immer zurückzahlen müssten, wenn ihnen im Kalenderjahr des Bezugs Sozialversicherungsbeiträge vorgeschrieben werden, die aufgrund der Höhe der früheren Einkünfte die Zuverdienstgrenze übersteigen. Dieses Ergebnis widerspreche eindeutig der vom Gesetzgeber beabsichtigten Funktion des einkommensabhängigen Kinderbetreuungsgeldes als (zumindest teilweisem) Einkommensersatz. Dies ergibt sich aus der beabsichtigten Funktion des einkommensabhängigen Kinderbetreuungsgelds als (zumindest teilweisem) Einkommensersatz (10 ObS 11/19v; 10 ObS 85/19a).

14 Maßgebend sind dabei jene Einkünfte, die im Zeitpunkt der Antragstellung im geltenden Einkommensteuerbescheid für das letzte Kalenderjahr vor der Geburt des Kindes bezogen wurde, maximal jedoch in dem der Geburt drittvorangegangenen Kalenderjahr ausgewiesen sind. Diese Regelung ist nicht verfassungswidrig (VfGH G 230/2022). Seit der Änderung durch BGBl I 2016/53 kommt es nicht mehr darauf an, ob in diesem Jahr KBG bezogen wurde (vgl zur Rechtslage vor BGBl I 2016/53 die 1. Auflage, § 24a Rz 14).

15 Die ursprünglich in Abs 3 geregelte Erhöhung der betrieblichen Einkünfte gem § 2 Abs 3 Z 1 bis 3 EStG um 3,5 % wurde mit BGBl I 2016/53 gestrichen.

16 Liegt zum Zeitpunkt der Antragstellung noch kein Einkommensteuerbescheid für das betreffende Kalenderjahr vor, ist der erste erlassene Einkommensteuerbescheid für das betreffende Kalenderjahr heranzuziehen (vgl dazu im Detail die Kommentierung zu § 8b Rz 7).

17 Kommt es zu einer späteren Abänderung oder Aufhebung des Einkommensteuerbescheides nach den Bestimmungen der BAO, insbesondere nach §§ 276 Abs 1, 293 bis 303 BAO, hat abweichend vom § 30 eine Berichtigung der Leistungshöhe zu erfolgen, wenn dies ausdrücklich verlangt wird oder eine von Amts wegen eingeleitete Überprüfung ergibt, dass die Abänderung und Aufhebung des Bescheides nicht auf ein überwiegendes Verschulden der Abgabenbehörde zurückzuführen ist.

18 Die ursprünglich in Abs 3 letzter Satz vorgesehene Sonderregelung für Einkünfte, die nach den Bestimmungen eines Doppelbesteuerungsabkommens befreit sind, sowie für Bezüge, die einem Abgeordneten zum Europäischen Parlament oder seinen Hinterbliebenen nach Art 9 des Abgeordnetenstatuts des Europäischen Parlaments gebühren, wurde mit BGBl I 2016/53 gestrichen. Durch diese Änderung ergibt sich aber keine Änderung der Rechtslage, zumal die Berücksichtigung dieser Einkünfte bei Ermittlung des Gesamtbetrages der maßgeblichen Einkünfte bereits aus § 8 Abs 3 folgt.

V. Unionsrecht

A. Tatsächlicher Bezug ausländischen Wochengelds (Abs 1 Z 1)

Aufgrund der **Sachverhaltsgleichstellung** des Art 5 der VO 883/2004 ist der Bezug von Wochengeld in einem anderen MS dem Bezug österr Wochengelds gleichzuhalten (vgl auch 1522 BlgNR 24. GP, 5 zum Entfall des Verweises auf ausl Rechtsvorschriften durch die Novelle BGBl I 2011/139). **19**

B. Fiktives Wochengeld (Abs 1 Z 2 bis 4)

1. Vorliegen in- und ausländischer Zeiten im Beobachtungszeitraum

Zunächst ist nach Art 11 der VO 883/2004 zu bestimmen, welcher MS für den Wochengeldanspruch des Anspruchswerbers zuständig wäre, wäre er eine Vertragsbedienstete oder Frau. Die Bemessung hat dann nach den **Vorschriften** des **zuständigen Staates** zu erfolgen. **20**

Für die **Bemessung** des Wochengeldes sind **ausschließlich** die **im Inland erzielten Arbeitsverdienste** heranzuziehen. In anderen MS erworbene Versicherungszeiten sind zwar vom Grundsatz her (zB bei Anwartschaftsbildung, Verkürzung des Beobachtungszeitraums) zu berücksichtigen, soweit aber für die Geldleistung der Durchschnittsverdienst zugrunde zu legen ist, ist gem Art 21 Abs 2 bis 4 der VO 883/2004 allein auf das im leistungszuständigen Staat erzielte Einkommen abzustellen. Sollte somit der Beobachtungszeitraum teilw durch EU-Auslandszeiten abgedeckt sein, so ist der im Inland erworbene Verdienst bloß durch den verbliebenen Restzeitraum zu dividieren (*Schober* in *Sonntag*, ASVG § 162 Rz 30 mwN). **21**

Die Regelungen des Art 21 Abs 2 bis 4 der VO 883/2004 stellen **Ausnahmen** zur **Sachverhaltsgleichstellung** des Art 5 dar. Sie können sich im Fall einer letzten kurzen Beschäftigungsdauer des Migranten vor Eintritt des Risikos in einem Staat mit höherem Einkommensniveau positiv auf die Leistungshöhe auswirken, in einem Staat mit niedrigem Einkommensniveau aber auch negativ (vgl *Zaglmayer* in Zwischenstaatl SV-Recht, Art 21 Rz 4). Damit wird eine **Vereinfachung** der Berechnung von Geldleistungen bezweckt, indem der KVT nicht auch noch das in einem anderen MS erzielte Erwerbseinkommen erheben muss. Die im Beobachtungszeitraum liegenden ausl VZ bleiben damit im Ergebnis bei der Ermittlung des durchschnittl Arbeitsverdienstes als neutrale Zeiten außer Betracht (OLG Linz, DRdA 1998, 454). **22**

2. Vorliegen nur ausländischer Zeiten im Beobachtungszeitraum

In der Rs *Bergström* C-257/10 vertrat der EuGH zur VO 1408/71 die Auffassung, dass die Familienleistung nicht auf Basis des tatsächl Arbeitseinkommens im anderen MS zu berechnen ist, sondern, dass das Einkommensniveau von AN im zuständigen MS, die einen vergleichbaren Beruf ausüben, heranzuziehen ist. In der Rs *Moser* C-32/18 entschied der EuGH, dass für die Berechnung des ea KBG als Unterschiedsbetrag, wenn Ö nachrangig zuständig **23** ist, das **tatsächl Arbeitseinkommen** im **anderen MS** heranzuziehen ist. Zu steuerrechtl Fragen idZ vgl ausf *Rief* in DRdA 2016/29.

C. Maßgebliche Einkünfte (Abs 1 Z 5, Abs 3)

1. Vorliegen in- und ausländischer Zeiten im Beobachtungszeitraum

24 Die Regelungen des Art 21 Abs 2 bis 4 der VO 883/2004 (vgl oben Rz 21 f) gelten für Leistungen bei Krankheit und Mutterschaft, nicht aber für Familienleistungen. Der EuGH hatte in der Rs *Bergström* C- 257/10 nur deshalb die Parallelbestimmungen des Art 23 der VorgängerVO 1408/71 herangezogen, weil das schwedische Elterngeld nach den Bestimmungen für die KV festgesetzt wird. Beim ea KBG auf Basis bestimmter Erwerbseinkünfte ist dies nicht der Fall. Es kommen daher in dieser Konstellation nicht die Ausnahmebestimmungen des Art 21 der VO 883/2004, sondern die Grundsätze der **Sachverhaltsgleichstellung** nach Art 5 zum Tragen.

25 Die ausländischen Einkünfte, die in den Beobachtungszeitraum des Abs 3 fallen, sind daher miteinzubeziehen (vgl zu dieser Berechnungsmethode *Enzlberger* in DRdA 1998, 454, die im dortigen Fall der Wochengeldberechnung wegen der Ausnahmeregelung des Art 23 der VO 1408/71 – s oben Rz 21 f – nicht angewendet wurde).

2. Vorliegen nur ausländischer Zeiten im Beobachtungszeitraum

26 In dieser Konstellation gelten dieselben Grundsätze wie bei der Berechnung des fiktiven Wochengeldes (s oben Rz 23).

Anspruchsdauer

§ 24b. **(1) Das Kinderbetreuungsgeld als Ersatz des Erwerbseinkommens gebührt einem Elternteil längstens für 365 Tage ab Geburt des Kindes.**

(2) Der Bezug kann abwechselnd durch beide Elternteile erfolgen, wodurch sich die Anspruchsdauer über den 365. Tag ab der Geburt hinaus um die bereits in Anspruch genommenen Tage des jeweils anderen Elternteiles verlängert, maximal jedoch auf bis zu 426 Tage ab der Geburt des Kindes. Jedem Elternteil ist hierbei eine Anspruchsdauer von 61 Tagen unübertragbar vorbehalten. Pro Kind ist nur ein zweimaliger Wechsel zwischen den Elternteilen zulässig. Nicht in Anspruch genommene Tage verfallen ausnahmslos. Eine kürzere Inanspruchnahme ist möglich, erhöht aber nicht den Tagesbetrag.

(3) Für ein Kind ist ein gleichzeitiger Bezug von Kinderbetreuungsgeld als Ersatz des Erwerbseinkommens durch beide Elternteile ausgeschlossen. Abweichend davon können die Eltern aus Anlass des erstmaligen Wechsels gleichzeitig Kinderbetreuungsgeld in der Dauer von bis zu 31 Tagen in Anspruch nehmen, wodurch sich die Anspruchsdauer um diese Tage reduziert.

(4) Das Kinderbetreuungsgeld kann stets, also unabhängig von einem Wechsel, jeweils nur in Blöcken von mindestens 61 Tagen beansprucht werden. Als beansprucht gelten ausschließlich Zeiträume des tatsächlichen Bezuges der Leistung.

(5) Ist der beziehende Elternteil durch ein unvorhersehbares und unabwendbares Ereignis für eine nicht bloß verhältnismäßig kurze Zeit verhindert, das Kind im gemeinsamen Haushalt (§ 2 Abs. 6) zu betreuen, kann ein Wechsel über das in Abs. 2 angeführte Ausmaß erfolgen.

(6) In Zweifelsfällen hat das Vorrecht auf Kinderbetreuungsgeld derjenige Elternteil, der die Betreuung des Kindes, für das Kinderbetreuungsgeld bezogen wird, überwiegend durchführt.

(7) Auf den Anspruch auf Kinderbetreuungsgeld kann verzichtet werden, wodurch sich der Anspruchszeitraum (§ 8) um den Zeitraum des Verzichtes verkürzt. Ein Verzicht ist nur für ganze Kalendermonate möglich. Der Verzicht kann widerrufen werden. Ein Widerruf ist nur für ganze Kalendermonate und maximal für 182 Tage rückwirkend möglich. Zeitpunkt und Dauer müssen im Vorhinein bekanntgegeben werden.

(8) Der Anspruch auf Kinderbetreuungsgeld endet spätestens mit Ablauf jenes Tages, welcher der Geburt eines weiteren Kindes bzw. der Adoption (In-Pflege-Nahme) eines jüngeren Kindes vorangeht. Endet der Anspruch für das weitere Kind vorzeitig, lebt der Anspruch für jenes Kind, für welches davor Kinderbetreuungsgeld bezogen wurde, wieder auf.

[BGBl I 2016/53]

Die Anspruchsdauer des ea KBG entspricht jener bei der Grundvariante des § 3 Abs 1 beim pauschalen KBG. 1

Die Regelung des Abs 2 für den **abwechselnden Bezug** entspricht § 3 Abs 2, wobei der für einen Elternteil reservierte Bezugszeitraum bloß 61 Tage beträgt. Vgl § 3 Rz 5 ff. 2

Kommt es wegen einer **Frühgeburt** nach der Geburt zu einem längeren Ruhen des KBG wg Wochengeldbezugs (§ 6 Abs 1), so führt dies nicht zu einer Verlängerung der Anspruchsdauer. Diese Regelung begegnet keinen verfassungsrechtl Bedenken (10 ObS 39/13b). 3

Die Regelung des Abs 3 über die **gleichzeitige Inanspruchnahme** entspricht § 5d für das pauschale KBG. 4

Die **Mindestdauer** nach Abs 4 entspricht der Regelung des § 3 Abs 5 für das pauschale KBG, vgl § 3 Rz 10 ff. 5

6 Die **Härtefallregelung** des Abs 5 (mehr als zweimaliger Bezugswechsel) entspricht § 3 Abs 3 für die Pauschalleistung, vgl § 3 Rz 7. Eine Anwendung der Regelung des § 5c über die Härtefallverlängerung ist für Geburten ab 1.11.2023 nunmehr in § 24d Abs 3 vorgesehen (vgl § 24d Rz 10).

7 Abs 6 regelt das **Vorrecht des betreuenden Elternteils** analog § 2 Abs 3, vgl näher § 2 Rz 9 f.

8 Die **Verzichtsregelung** des Abs 7 entspricht § 2 Abs 5, vgl näher § 2 Rz 85 ff.

9 Das Anspruchsende durch **Geburt** eines **weiteren Kindes** gem Abs 8 entspricht § 3 Abs 6, vgl § 3 Rz 13.

Eltern-Kind-Pass-Untersuchungen

§ 24c. (1) Anspruch auf Kinderbetreuungsgeld in voller Höhe besteht nur, sofern

1. **die fünf Untersuchungen während der Schwangerschaft sowie die erste Untersuchung des Kindes nach der in § 7 Abs. 1 genannten Verordnung vorgenommen und bei der Beantragung des Kinderbetreuungsgeldes durch Vorlage der entsprechenden Untersuchungsbestätigungen nachgewiesen werden und**
2. **die zweite bis fünfte Untersuchung des Kindes bis zur Vollendung des 14. Lebensmonates nach der in § 7 Abs. 1 genannten Verordnung vorgenommen und spätestens bis zur Vollendung des 15. Lebensmonates des Kindes durch Vorlage der entsprechenden Untersuchungsbestätigungen nachgewiesen werden.**

(2) Ungeachtet des Abs. 1 besteht Anspruch auf Kinderbetreuungsgeld in voller Höhe, wenn

1. **die Vornahme oder der Nachweis der Untersuchungen nur aus Gründen, die nicht von den Eltern zu vertreten sind, unterbleibt oder**
2. **die jeweiligen Nachweise bis spätestens zur Vollendung des 18. Lebensmonates des Kindes nachgebracht werden.**

(3) In jenen Fällen, in denen die Nachweise erfolgreich elektronisch durch den eEKP gemäß § 6 Abs. 2 EKPG erfolgt sind, entfällt die Nachweispflicht der antragstellenden Elternteile, sofern seitens des Krankenversicherungsträgers keine gegenteilige Information ergeht.

(Tritt gem § 50 Abs 38 mit 1.1.2026 in Kraft)

[BGBl I 2023/115]

1 Die Regelung entspricht § 7 Abs 2 und 3 für das pauschale KBG. Vgl die Kommentierung zu § 7 Rz 4 f und 7.

Sonderleistungen

§ 24d. (1) Liegt der nach § 24a Abs. 1 ermittelte Tagesbetrag unter 33,88 Euro oder erfüllt der Elternteil die Anspruchsvoraussetzungen nach § 24 Abs. 1 Z 2 nicht, so gebührt bei Erfüllung sämtlicher anderer Anspruchsvoraussetzungen auf Antrag des Elternteiles ein Kinderbetreuungsgeld als Ersatz des Erwerbseinkommens in Höhe von 33,88 Euro täglich. Mit Wirksamkeit ab 1. Jänner eines jeden Jahres, erstmals mit 1. Jänner 2023, ist diese Sonderleistung mit dem Anpassungsfaktor des § 108f ASVG zu vervielfachen, dasselbe gilt für den Grenzbetrag nach Abs. 1 erster Halbsatz. Der Vervielfachung ist der Betrag zugrunde zu legen, der am 31. Dezember des vorangegangenen Jahres in Geltung steht. Der vervielfachte Betrag ist kaufmännisch auf zwei Dezimalstellen zu runden.

(2) Wurde gegen die Ablehnung des Kinderbetreuungsgeldes als Ersatz des Erwerbseinkommens mangels Erfüllung des Erfordernisses der tatsächlichen Ausübung einer sozialversicherungspflichtigen Erwerbstätigkeit Klage erhoben, so hat der Krankenversicherungsträger bei Erfüllung sämtlicher anderer Anspruchsvoraussetzungen auf Antrag des klagenden Elternteiles ein Kinderbetreuungsgeld als Ersatz des Erwerbseinkommens in Höhe von 33 Euro täglich zu gewähren. Diese Leistung ist auf das nach rechtskräftiger Beendigung des Gerichtsverfahrens allfällig zu gewährende Kinderbetreuungsgeld anzurechnen.

(3) Ist ein Elternteil aufgrund eines unabwendbaren und unvorhersehbaren Ereignisses, dessen Dauer den Wegfall des gemeinsamen Haushaltes mit dem Kind bewirkt, am Bezug des Kinderbetreuungsgeldes als Ersatz des Erwerbseinkommens für dieses Kind verhindert, so verlängert sich die Bezugsdauer des anderen Elternteiles im Zeitraum der Verhinderung auf Antrag um die Anzahl der Verhinderungstage, maximal aber um 61 Tage. Das Kinderbetreuungsgeld als Ersatz des Erwerbseinkommens entspricht im Verlängerungszeitraum der Höhe der Sonderleistung gemäß Abs. 1. § 5c Abs. 1 ist sinngemäß anzuwenden.

[BGBl I 2023/115]

Übersicht

I. Vorspann

Zur Verweisungsnorm des Abs 1 Satz 1 vgl § 24 Rz 2. 1

Zu Abs 1 vorletzter Satz vgl § 24 Rz 7.

Zu Abs 1 letzter Satz vgl § 24 Rz 3.

II. Sonderleistung auf Antrag (Abs 1)

2 Stellt sich nach der Antragstellung auf ea KBG heraus, dass die Voraussetzung des § 24 Abs 1 Z 2 nicht erfüllt ist, hat der Leistungswerber die Möglichkeit, das Fehlen der Zusatzerfordernisse anzuerkennen und die Sonderleistung des ea KBG (jährliche Valorisierung ab 1.1.2024 mit dem Anpassungsfaktor nach § 108f ASVG) zu beantragen. Der Betrag nach Abs 1 beträgt 2024 39,33 € (BGBl II 2023/328).

Der vor BGBl I 2016/53 vorgesehene Umstieg auf die Pauschalvariante 12+2 ist nunmehr nicht mehr möglich.

3 Diese Möglichkeit besteht auch dann, wenn sich herausstellt, dass eine Berechnung nach den maßgeblichen Einkünften (§ 24 Abs 1 Z 5) eine Höhe des KBG unter dem in Abs 1 genannten Betrag ergibt.

4 Dieses KBG wird als Einkommensersatzvariante ausbezahlt, sodass alle darin anknüpfenden Regelungen wie zB die geringere Zuverdienstgrenze (§ 24 Abs 1 Z 3) und der fehlende Mehrlingszuschlag (§ 24e Satz 1) gelten.

5, 6 *(entfallen)*

III. Vorläufige Leistung während des Sozialgerichtsverfahrens (Abs 2)

7 Durch die Novelle BGBl I 2013/117 wurde die Möglichkeit geschaffen, während des Gerichtsverfahrens über eine Klage gegen einen den Antrag auf ea KBG abweisenden Bescheid KBG zu erhalten. Dieses KBG wird als Einkommensersatzvariante ausbezahlt, sodass alle darin anknüpfenden Regelungen wie zB die geringere Zuverdienstgrenze (§ 24 Abs 1 Z 3) und der fehlende Mehrlingszuschlag (§ 24e Satz 1) gelten (2336 BlgNR 24. GP, 2).

7a Auch Verfahren, in denen strittig ist, ob der Anspruchswerber eine Leistung aus der Arbeitslosenversicherung erhält (§ 24 Abs 1 Z 2), fällt unter diese Bestimmung (10 ObS 102/17y zur Fassung vor der Novelle BGBl I 2016/53). Dies gilt mE auch für die novellierte Fassung trotz des Entfalls des Hinweises auf § 24 Abs 1 Z 2, zumal die Materialien keinen Hinweis auf eine Einschränkung gegenüber der früheren Fassung enthalten (1110 BlgNR 25. GP, 11).

8 Obsiegt die klagende Partei im Gerichtsverfahren mit Zuerkennung eines höheren Tagsatzes, so hat eine **Nachzahlung** zu erfolgen (2336 BlgNR 24. GP, 2).

9 Die vorläufige Leistung nach Abs 2 weist Parallelen zur vorläufigen Leistung nach § 71 Abs 2 ASGG auf.

IV. Härtefälleverlängerung (Abs 3)

Durch BGBl I 2023/115 wurde für Geburten ab 1.11.2023 die Härtefälleregelung des § 5c Abs 1 auch wieder – wie vor der Novelle I 2016/53 – auf das ea KBG ausgedehnt. 10

Anzuwendende Bestimmungen

§ 24e. § 1, § 2 Abs. 6 bis 8, § 4, § 4a, § 5b, § 6, § 7 Abs. 1, ***§ 7a [tritt gem § 50 Abs 38 mit 1.1.2026 in Kraft]*****, § 8, § 8a Abs. 1 sowie Abschnitte 5a bis 12 sind neben dem pauschalen Kinderbetreuungsgeld als Konto auch auf das Kinderbetreuungsgeld als Ersatz des Erwerbseinkommens anzuwenden. Ein Umstieg von Kinderbetreuungsgeld als Ersatz des Erwerbseinkommens auf das pauschale Kinderbetreuungsgeld als Konto oder umgekehrt ist ausgenommen im Fall des § 26a dritter Satz nicht möglich. Abweichend von § 42 gilt das Kinderbetreuungsgeld nach diesem Abschnitt als Einkommen des beziehenden Elternteiles und mindert dessen Unterhaltsansprüche.**

[BGBl I 2023/82]

Zur Verweisungsnorm des Satz 1 vgl § 24 Rz 2 und § 24b Rz 6. 1

Zu Satz 2 vgl § 24 Rz 3.

Zu Satz 3 vgl § 24 Rz 7.

Abschnitt 5a
Zuständigkeit und Verfahren

Zuständigkeit

§ 25. **(1) In Angelegenheiten des Kinderbetreuungsgeldes sowie der Beihilfe zu dieser Leistung ist jener gesetzliche Krankenversicherungsträger zuständig, dessen Zuständigkeit sich aus § 28 für die Durchführung der Krankenversicherung ergibt.**

(2) Die Krankenversicherungsträger sowie die Österreichische Gesundheitskasse in ihrer Funktion als Kompetenzzentrum und Verbindungsstelle (Abs. 3) haben die ihnen nach diesem Bundesgesetz übertragenen Aufgaben im übertragenen Wirkungsbereich nach den Weisungen des Bundeskanzlers zu vollziehen.

(3) Für die finanzielle Abwicklung und die Koordinierung der Krankenversicherungsträger in Angelegenheiten der Leistungen nach diesem Bundesgesetz wird die Österreichische Gesundheitskasse als Kompetenzzentrum unter Bedachtnahme auf Abs. 4 und als Verbindungsstelle im Sinne der Verordnung (EG) Nr. 987/2009 des Europäischen Parlaments und des Rates zur Festlegung der Modalitäten für die Durchführung der Verordnung (EG) Nr. 883/2004 über die Koordinierung der Systeme der sozialen Sicherheit eingerichtet. Der Österreichischen Gesundheitskasse obliegt auch die Auszahlung dieser Leistungen. Die Durchführung des Verfahrens obliegt dem nach Abs. 1 zuständigen Krankenversicherungsträger.

(4) Der Dachverband der Sozialversicherungsträger hat den Betrieb eines entsprechenden Datennetzes bis längstens 1. Oktober 2001 sicherzustellen.

[BGBl I 2018/100]

1 Abs 1 verweist hins der Zuständigkeit in Angelegenheiten des KBG auf jenen KVT, der gem § 28 Abs 1 für die Durchführung der KV der Leistungsbezieher zuständig ist. Vgl näher § 28 Rz 2 f.

2 Die KVT haben die Vollziehung des KBG gem Abs 2 im **übertragenen Wirkungsbereich** durchzuführen. Sie werden im Auftrag und auf Rechnung des Bundes tätig und haben einen gesetzlichen Anspruch auf Ersatz ihrer Aufwendungen (*Ehmer ua*, 197; vgl auch §§ 38 f).

3 Aufgaben der als **Kompetenzzentrum** nach Abs 3 eingerichteten ÖGK sind ua die Erstellung von EDV-Programmen, die Durchführung der automationsunterstützten Datenverarbeitung, die Erstellung von statistischen Nachweisen und Monatsabrechnungen, die Kommunikation mit dem FLAF und den jeweiligen VT sowie die Auszahlung der Leistungen. Bei der Auszahlung wird die ÖGK nur als Gehilfin des jeweils nach Abs 1 zuständigen KVT tätig, dem die Durchführung des Verfahrens obliegt (*Ehmer ua*, 198).

Die ÖGK ist nach Abs 3 gleichzeitig **Verbindungsstelle** iSd Art 1 Abs 2 lit b der DurchführungsVO 987/2009. 4

Verfahren

§ 25a. Soweit dieses Bundesgesetz nichts anderes bestimmt, sind die für Leistungssachen in der Krankenversicherung geltenden verfahrensrechtlichen Bestimmungen des ASVG, GSVG, BSVG und Beamten-Kranken- und Unfallversicherungsgesetzes (B-KUVG), BGBl. Nr. 200/1967, anzuwenden.

[BGBl I 2016/53]

Die Norm verweist auf die für **Leistungssachen** in der **KV** geltenden **verfahrensrechtl Bestimmungen** der SV-Gesetze, soweit das KBGG nichts anderes bestimmt (etwa in den §§ 26 f). Dabei handelt es sich um die §§ 358 ff ASVG, auf die auch das GSVG (§ 194), das BSVG (§ 182) und das B-KUVG (§ 129) verweisen. 1

Hervorzuheben sind davon die Regelungen der §§ 359 (Kosten), 360 (Rechts- und Verwaltungshilfe), 360b (Anwendung des AVG), 361 Abs 2 (Antragstellung durch mündige Minderjährige), 361 Abs 3 (Beibringung von Unterlagen), 361 Abs 4 (Weiterleitung des Antrages an den zuständigen Entscheidungsträger) und 362a (Feststellung des Sachverhalts). Zur Frage der Anwendbarkeit des § 368 (Frist für die Bescheiderteilung) vgl § 27 Rz 3. Regelungen über materielle Anspruchsvoraussetzungen, etwa die Anspruchsberechtigung von Angehörigen (§ 56 B-KUVG), sind von der Verweisung nicht erfasst (10 ObS 111/23f). 2

§ 360b ASVG zählt jene Bestimmungen des AVG auf, die nicht anzuwenden sind (zum Grund für die Nichtanwendung vgl *Derntl* in *Sonntag*, ASVG § 360b Rz 3 mwN, zu den einzelnen nicht anwendbaren Bestimmungen vgl ausf *Kneihs* in SV-Komm, § 360b Rz 2 ff). 3

Als praktisch relevant für das KBG-Verfahren sind folgende Bestimmungen des **AVG** hervorzuheben: §§ 9 bis 11 über die Rechts- und Prozessfähigkeit und die rechtl Vertretung der Parteien, § 13 über die Art von Anbringen, § 18 Abs 1 bis 4 über Erledigungen, §§ 21 f über die Zustellung, §§ 32 f über verfahrensrechtl Fristen, § 38 über Vorfragen, § 58 über Inhalt und Form der Bescheide und §§ 69 f über die Wiederaufnahme (zu den Bestimmungen im Detail vgl *Kneihs* aaO, Rz 11 ff). 4

Geltendmachung und Prüfung des Anspruches

§ 26. **(1) Für die Geltendmachung des Anspruches ist ein bundeseinheitliches Antragsformular zu verwenden. Der Krankenversicherungsträger hat dem Antragsteller oder seinem Vertreter auf deren Verlangen das Einlangen des Antrages zu bestätigen.**

(2) Wird der Bezug einer Leistung nach diesem Bundesgesetz unterbrochen oder ruht der Anspruch und ist das Ende des Unterbrechungs- oder Ruhenszeitraumes ungewiss, so ist der Fortbezug der Leistung durch Wiedermeldung geltend zu machen. § 4 Abs. 2 gilt auch für die Wiedermeldung. Nach einer vorzeitigen Beendigung (§ 4a Abs. 2) ist für einen weiteren Bezug ein neuer Antrag zu stellen, eine bloße Wiedermeldung reicht nicht aus.

[BGBl I 2016/53]

1 Der für die Einbringung und Erledigung des Antrages **zuständige VT** ergibt sich aus § 25 Abs 1 iVm § 28 Abs 1.

2 § 361 Abs 2 ASVG iVm § 25a KBGG regelt die Einbringung des Antrages durch den **gesetzlichen Vertreter** und durch **mündige Minderjährige**. Bei entsprechender Geschäftsfähigkeit kann auch eine durch einen einstweiligen Sachwalter für Vertretung vor Behörden vertretene Leistungswerberin ohne Genehmigung durch den Sachwalter den Antrag iSd § 26a wirksam ändern (ausf 10 ObS 25/16y).

3 § 361 Abs 4 ASVG iVm § 25a KBGG sieht eine **Weiterleitung** des Antrages bei Einbringung bei einer **unzuständigen Behörde** mit **fristwahrender Wirkung** vor (vgl zur Weiterleitungspflicht auch § 6 AVG iVm § 360b ASVG und § 25a KBGG).

4 Gem § 361 Abs 3 ASVG iVm § 25a KBGG sind von der Partei alle erforderlichen Urkunden und Unterlagen beizubringen. Dies sind (vgl https://www.gesundheitskasse.at/cdscontent/?contentid=10007.879630&portal=oegkportal Geburtsurkunde für das Kind, Nachweis über den Bezug der Familienbeihilfe, Wochengeldbestätigung, Meldebestätigungen, Nachweis der Eltern-Kind-Pass-Untersuchungen, Anmeldebescheinigungen bzw Aufenthaltstitel über den rechtmäßigen Aufenthalt in Ö von Antragstellern und Kindern (vgl § 2 Rz 67 f), Asylbescheide von Antragstellern und Kindern (vgl § 2 Rz 75).

5 Zur Stellung eines **Eventualantrages** vgl § 27 Rz 10.

6 *Ehmer ua* (209) vertreten die Ansicht, im Falle der **verspäteten Antragstellung** nach § 4 Abs 2 komme ein Antrag auf **Wiedereinsetzung** in den vorigen Stand gem § 71 AVG iVm § 360b ASVG iVm § 25a KBGG in Betracht. Diese Auffassung ist aus folgenden Gründen unrichtig:

7 Die Wiedereinsetzung nach § 71 AVG ist nur gegen die Versäumung einer verfahrensrechtl Frist zulässig, nicht hingegen gegen die Versäumung einer **materiellrechtl Frist**, also einer Frist, vor deren Ablauf ein materiellrechtlicher Anspruch – bei sonstigem Verlust des diesem zugrunde liegenden Rechts selbst (nicht nur der behördl Durchsetzungsmöglichkeiten) – geltend gemacht werden muss bzw nach deren Ablauf ein bestimmter materiellrechtl

Anspruch erlischt (vgl *Hengstschläger/Leeb*, AVG § 72 Rz 12 f mwN und Rz 18 mit Bsp aus der Rsp). Ist eine Rechtshandlung auf den Eintritt materieller Rechtswirkungen gerichtet, liegt eine materiellrechtl Frist vor (vgl *Hengstschläger/Leeb*, aaO § 32 Rz 3 mwN und weiteren Bsp aus der Rsp). Für das Verfahren in Leistungssachen haben die §§ 71 f AVG kaum praktische Bedeutung (*Fink*, Die sukzessive Zuständigkeit im Verfahren in Sozialrechtssachen, 643 mwN).

Die Zweijahresfrist des § 86 Abs 4 ASVG für die Erstattung einer Unfallmeldung und die Dreimonatsfrist für die Weitergewährung der Hinterbliebenenpension gem § 258 Abs 2 ASVG sind materiellrechtl Fristen (RS 0083740). Der OGH leitet dies auch aus der Regelung des § 361 Abs 4 ASVG ab (ausf 10 ObS 87/93).

Ausgehend von diesen Grundsätzen ist die Antragsfrist des § 4 Abs 2 eine materiellrechtl Frist, weil es bei deren Versäumung zum Anspruchsverlust für den davor liegenden Zeitraum kommt (10 ObS 125/19h zu § 3 Abs 3 FamZeitbG). Sie ist daher nicht restituierbar. Auch die (rückgerechnete) Frist des § 5a Abs 2 für die Bekanntgabe der Änderung der Anspruchsdauer ist eine materiellrechtl Frist (10 ObS 90/20p), ebenso jene für den Nachweis der Eltern-Kind-Pass-Untersuchungen nach § 7 Abs 2 Z 2 und § 24c Abs 2 Z 2 (10 ObS 160/20g).

Hingegen kommt für die **Versäumung** der **Klagefrist** nach § 67 Abs 1 Z 1 ASGG **8**
(vgl § 27 Rz 5) die Wiedereinsetzung gem §§ 2 ASGG, 146 ZPO in Betracht.

Abs 2 regelt zum einen die **Geltendmachung** des **Fortbezugs** nach Ruhen **9**
(§ 6) bzw Unterbrechung wg Wegfalls einer Leistungsvoraussetzung nach § 2, bspw Verlust der FBH oder Auflösung des gemeinsamen Haushalts (vgl *Ehmer* ua, 210). Für die Rechtzeitigkeit der Wiedermeldung gilt § 4 Abs 2. Nach einer vorzeitigen Bezugsbeendigung gem § 4a Abs 2 bedarf es für einen neuen Bezug eines neuen Antrags, der nach der zitierten Gesetzesstelle erst nach Ablauf einer Frist von mind einem Kalendermonat gestellt werden darf.

Wahl der Leistungsart

§ 26a. Die Wahl der Leistungsart Abschnitt 2 oder Abschnitt 5) ist bei der erstmaligen Antragstellung zu treffen. Diese Entscheidung bindet neben dem antragstellenden Elternteil auch den anderen Elternteil. Eine spätere Änderung dieser getroffenen Entscheidung ist nicht möglich, es sei denn, der antragstellende Elternteil gibt dem zuständigen Krankenversicherungsträger die, einmal mögliche, Änderung binnen 14 Kalendertagen ab der erstmaligen Antragstellung bekannt.

[BGBl I 2016/53]

1 Die Regelung wurde durch die Novelle BGBl I 2007/76 eingefügt, mit der die Kurzleistungen der damaligen §§ 5a und 5b als weitere Leistungsarten eingeführt wurden. Der **Zweck** liegt darin, ein Hin- und Herschwanken zw verschiedenen Varianten, je nachdem wie es momentan für den Betroffenen günstig sei („Rosinentheorie"), hintanzuhalten; sie ist verfassungsrechtlich unbedenklich (10 ObS 38/10a ua). Den Leistungswerbern ist durchaus zuzumuten, sich im Vorfeld über die Varianten zu informieren und die auch gewollte Leistungsart auf dem Antragsformular anzukreuzen (10 ObS 79/14 m). Nach Einführung des Kontosystems durch BGBl I 2016/53 bezieht sich die Regelung nur mehr auf die Wahl zwischen dem Pauschalsystem des Kontos und dem Einkommensersatzsystem (1110 BlgNR 25. GP, 12; vgl auch § 24e Satz 2).

2 Die Norm idF vor der Novelle BGBl I 2013/117 war in **teleologischer Reduktion** ihres Wortlauts dahingehend zu verstehen, dass damit nur eine erstmalige Antragstellung, die auch zu einer entsprechenden **Erledigung** nach § 27 und der damit verbundenen Festlegung einer bestimmten Leistungsart **geführt** hat, gemeint ist. Liegt noch keine Erledigung (Mitteilung oder Bescheid nach § 27) vor, so kann der **Antrag** gem § 13 Abs 7 AVG iVm § 360b ASVG iVm § 25a KBGG wirksam **zurückgezogen** und gleichzeitig ein neuer, geänderter Antrag eingebracht werden (RS 0128677). Daran hat sich mE auch nach der Novelle BGBl I 2013/117 (vgl Rz 5) nichts geändert: Wird der Antrag vor Erledigung zurückgezogen, liegt keine erstmalige Antragstellung vor und die 14-tägige Änderungsfrist beginnt auch nicht zu laufen. Auch aus der Entscheidung 10 ObS 114/16m ergibt sich mE nichts Gegenteiliges, dort war der ursprüngliche Antrag nicht zurückgezogen worden.

3 Die Bindung gilt auch bei einem **Fortbezug** nach einer Unterbrechung (vgl *Ehmer ua*, 212).

4 Die **Bindung** des **anderen Elternteils** bezieht sich nicht auf das Verhältnis zw leiblichen Eltern und Adoptiv- bzw Pflegeeltern, sondern nur auf den zweiten leiblichen Elternteil, den zweiten Adoptiv- bzw Pflegeelternteil (vgl EB 229 BlgNR 23. GP, 5 und *Ehmer ua*, 212).

5 Die Novelle BGBl I 2013/117 brachte zur Vermeidung von Härtefällen die Möglichkeit einer **Antragskorrektur** binnen 14 Tagen ab der erstmaligen Antragstellung. Auch gegen die Neufassung der Regelung bestehen keine verfassungsgrechtl Bedenken (10 ObS 76/15x). Die Frist für die Antragskorrektur begint ab der erstmaligen Antragstellung und nicht ab Erhalt der Mitteilung nach § 27 Abs 1 (10 ObS 114/16m). Zur Antragsänderung durch eine von einem einstweiligen Sachwalter vertretene Leistungswerberin vgl § 26 Rz 2.

6 Zur Frage des Wechsels der Leistungsart in der **Klage** gegenüber dem Verwaltungsverfahren vgl § 27 Rz 5.

Entscheidung

§ 27. (1) Besteht Anspruch auf eine Leistung nach diesem Bundesgesetz, so ist dem Antragsteller eine Mitteilung auszustellen, aus der insbesondere Beginn, voraussichtliches Ende und Höhe des Leistungsanspruches hervorgehen. Die Mitteilung hat eine Aufschlüsselung der Leistungen zu enthalten.

(2) Der Mitteilung über den Anspruch auf Kinderbetreuungsgeld ist eine von der Bundesministerin für Familien und Jugend zu erstellende Information, aus der insbesondere Rechte und Pflichten der Bezugsberechtigten hervorgehen, anzuschließen.

(3) Ein Bescheid ist auszustellen,

1. **wenn ein Anspruch auf eine Leistung gar nicht oder nur teilweise anerkannt wird oder**
2. **bei Rückforderung einer Leistung gemäß § 31 oder**
3. **bei Widerruf oder rückwirkender Berichtigung einer Leistung gemäß § 30 Abs. 2, wenn die Bescheiderstellung ausdrücklich verlangt wird.**

(4) Abweichend von § 67 Abs. 1 Z 2 Arbeits- und Sozialgerichtsgesetz (ASGG), BGBl. Nr. 104/1985, liegt eine Säumnis des Krankenversicherungsträgers nur dann vor, wenn die Sache entscheidungsreif ist, also insbesondere wesentliche Vorfragen rechtskräftig geklärt sind und Mitwirkungspflichten erfüllt wurden.

[BGBl I 2016/53]

Übersicht

I. Fälle der Bescheidpflicht

1 Für den Fall der vollständigen Stattgebung eines Leistungsantrags sieht Abs 1 – ebenso wie die Vorgängerbestimmung des § 36 KGG – bloß die Ausstellung einer formlosen Mitteilung vor. Eine (unbedingte) Bescheidpflicht besteht gem Abs 3 nur bei für den Antragsteller oder Leistungsbezieher zumind teilw **negativen Entscheidungen**. Daher besteht Bescheidpflicht bei Anrechnung einer in- oder ausländischen Leistung nach § 6 (10 ObS 112/18w). Die Regelung der bedingten Bescheidpflicht hins Leistungen der KV in § 367 Abs 1 Z 2 ASVG ist nicht anzuwenden, weil § 27 insoweit anderes iSd § 25a bestimmt.

2 In ausdehnender Interpretation ist auch bei einer **Einstellung** bzw Neubemessung gem § 30 Abs 1 **ohne** gleichzeitige **Rückforderung** von einer Verpflichtung zur Bescheiderlassung auszugehen (*Ehmer ua*, 215).

II. Entscheidungsfrist

3 § 27 enthält keine Regelung, binnen welcher Frist über einen Leistungsantrag nach § 26 zu entscheiden ist. § 368 Abs 1 ASVG (auf den § 25a verweist), der für Anträge auf Leistungen der KV eine zweiwöchige Entscheidungsfrist vorsieht, ist nicht anwendbar, weil er auch nicht für die gem § 367 Abs 1 ASVG vorerst zu ergehende formlose Verständigung über Leistungsanträge in der KV und auch nicht für die Bescheiderlassung bei (teilw) Ablehnung des Antrages auf KBG gilt, sondern nur für den Zeitpunkt ab Verlangen der Ausstellung eines Bescheids nach § 367 Abs 1 Z 2 ASVG , zumal der KVT zu diesem Zeitpunkt den Fall voraussetzungsgemäß bereits kennt, sodass die Frist nicht zu knapp bemessen ist (*Kneihs* in SV-Komm, § 368 Rz 4). Aus den SV-Gesetzen ist somit keine Entscheidungsfrist abzuleiten, eine solche ergibt sich aber aus den Bestimmungen des ASGG über die Säumnisklage (vgl unten Rz 8 ff).

III. Bescheidklage

4 Streitigkeiten über Ansprüche auf KBG und die Beihilfe zum pauschalen KBG sind gem § 65 Abs 1 Z 8 ASGG **Sozialrechtssachen**.

5 Eine Bescheidklage setzt nach § 67 Abs 1 Z 1 ASGG die Erlassung eines Bescheids durch den VT voraus. Die **Klagefrist** beträgt gem § 67 Abs 2 ASGG vier Wochen ab Zustellung des Bescheids. Hat der KVT über eine andere **Leistungsart** entschieden als in der Klage begehrt wird, ist der Rechtsweg nicht zulässig (10 ObS 53/17t).

6 Durch die Erhebung der Klage tritt der Bescheid im Umfang des Klagebegehrens außer Kraft (§ 71 Abs 1 ASGG), hins des stattgebendes Teils des Bescheids sieht § 71 Abs 2 ASGG eine **Anerkenntnisfiktion** vor. Zum **Klagebegehren** vgl § 82 ASGG, zur **Klagseinbringung** vgl §§ 83 f ASGG.

7 Bei einem Begehren auf Zahlung von KBG liegen die Voraussetzungen für ein **Grundurteil** iSd § 89 Abs 2 ASGG nicht vor, sodass darüber in Form eines exekutionsfähigen Leistungsurteils zu entscheiden ist (10 ObS 19/10g). Ist beim ea KBG nur die Frage der Erfüllung der Anspruchsvoraussetzungen des § 24 Abs 1 strittig, nicht jedoch der Berechnung der Höhe nach § 24a, ist zu erwägen, ein Grundurteil – ebenso wie bei der Ausgleichszulage, wenn nur die Frage des Inlandsaufenthaltes strittig ist (RS 0109264) – zuzulassen. Dies gilt mE aber nicht, wenn die internationale Zuständigkeit und die Höhe der Leistung (ausl Erwerbseinkommen beim ea KBG, Anrechnung ausl Leistungen bei nachrangiger Zuständigkeit) strittig sind (in 10 ObS 148/14h wurde die Zulässigkeit der Erlassung eines Grundurteils vom OGH nicht geprüft); vgl näher *Neumayr* in ZellKomm[3], § 89 ASGG Rz 4 mwN).

IV. Säumnisklage

§ 67 Abs 1 Z 2 ASGG ermöglicht eine Säumnisklage bei Nichterlassung des Bescheids – in Angelegenheiten der KV (§ 25a) – binnen drei Monaten (die EB 1110 BglNR 25. GP, 13 gehen hingegen von einer sechsmonatigen Entscheidungsfrist aus) nach dem Eingang des Antrages auf Zuerkennung der Leistung. Das KBG ist zwar keine Leistung „aus der KV" iSd § 67 Abs 1 Z 2 ASGG, der Verweis des § 25a auf die für Leistungssachen der KV geltenden verfahrensrechtl Bestimmungen der SV-Gesetze kann jedoch auch als Verweis auf die verfahrensrechtl Regelung des § 67 Abs 1 Z 2 ASGG gedeutet werden. Die Regelung über die Säumnisklage setzt voraus, dass der VT zur Erlassung eines Bescheids verpflichtet ist (RS 0083900). Besteht daher für den VT in einer bestimmten Angelegenheit überhaupt keine Bescheidpflicht – also weder bei positiver noch bei negativer Entscheidung –, so kommt eine Säumnisklage nicht in Betracht (vgl 10 ObS 68/09 m). 8

Beim Antrag auf KBG stellt sich die Rechtslage anders dar. Bei (teilw) negativer Entscheidung besteht gem Abs 3 Z 1 **unbedingte Bescheidpflicht** (Rz 1). Erlässt der KVT daher binnen drei Monaten weder eine Mitteilung noch einen (teilw) ablehnenden Bescheid, so ist die Säumnisklage zulässig (vgl *Fink*, Sukzessive Zuständigkeit, 340, zum Antrag auf Sonderunterstützung nach dem SUG iVm § 47 AlVG, der eine § 27 KBGG entsprechende Regelung enthält). Auch die Rsp geht von der Zulässigkeit einer Säumnisklage in Streitigkeiten nach dem KBGG aus (implicite 10 ObS 42/13v, 10 ObS 49/13y und 10 ObS 180/13p). Auch der Gesetzgeber geht aufgrund der Einfügung des Abs 4 (Rz 9a) von dieser Rechtslage aus. 9

Der durch BGBl I 2016/53 eingefügte Abs 4 schränkt den Säumnisfall auf das Vorliegen von **Entscheidungsreife** nach rechtskräftiger Klärung wesentl Vorfragen und Erfüllung der Mitwirkungspflichten (vgl §§ 29 und 32) ein. Mag die Regelung aus Sicht der KVT verständlich erscheinen (vgl die Überlegungen der EB 1110 BlgNR 25. GP, 13), so ist sie zumindest aus rechtssystematischen Gründen bedenklich: Es gelten nun verschiedene Säumnisbegriffe im sozialgerichtl Verfahren, im Übrigen wäre ihre Einordnung im ASGG konsequenter gewesen. Eine Verfahrensbeschleunigung wird dadurch nicht erreicht, weil bei Einbringung einer Säumnisklage das Gericht zunächst – bloß zur Prüfung der Prozessvoraussetzung (!) – uU ein aufwändiges Beweisverfahren zur Frage durchführen muss, ob der Leistungswerber im Verwaltungsverfahren seine Mitwirkungspflicht verletzt hat. Schließlich ist zu fragen, ob die Privilegierung der für das KBG zust Entscheidungsträger beim Säumnisbegriff ggüber allen anderen Sozialrechtssachen unter dem Aspekt des verfassungsrechtl Gleichheitssatzes sachlich gerechtfertigt ist. Vgl zu dieser Problematik auch *Sonntag*, ASok 2017, 2 (8 f). 9a

Mit der Entscheidung über die Gewährung (oder Nichtgewährung) eines allfälligen **vorläufigen Unterschiedsbetrags** (§ 2 Rz 61b) darf nicht so lange ab 9b gewartet werden kann, bis der prioritär zuständige Träger über die vergleichbare Familienleistung und deren Höhe endgültig (§ 2 Rz 64a) entschieden hat (10 ObS 42/19b).

10 Ein **Eventualantrag** ist im Verwaltungsverfahren zulässig. Eine Erledigung des Eventualantrages ist erst zulässig und geboten, wenn der Bescheid, mit welchem dem Primärantrag nicht stattgegeben wird, in Rechtskraft erwachsen ist. Vor rechtskräftiger Erledigung des Primärantrages – dazu zählt auch ein sozialgerichtl Verfahren – kann eine Säumnis des KVT betreffend den Eventualantrag daher nicht vorliegen (10 ObS 180/13p mwN).

11 **Nicht zulässig** ist das Begehren auf Feststellung, der KVT habe einen Bescheid zu erlassen bzw sei mit dessen Erlassung säumig (10 Obs 136/18z).

Abschnitt 6
Krankenversicherung

Krankenversicherung der Leistungsbezieher

§ 28. (1) Die Bezieher von Kinderbetreuungsgeld sind in der gesetzlichen Krankenversicherung teilversichert, sofern nicht eine Leistungszugehörigkeit zu einer Krankenfürsorgeeinrichtung im Sinne des § 2 Abs. 1 Z 2 B-KUVG besteht. Zur Durchführung der Krankenversicherung sind in folgender Reihenfolge zuständig:

1. jener Krankenversicherungsträger, der dem Kinderbetreuungsgeldbezieher Wochengeld oder Betriebshilfe leistet oder geleistet hat;
2. jener Krankenversicherungsträger, bei dem der Kinderbetreuungsgeldbezieher versichert ist oder zuletzt versichert war;
3. sonst die Österreichische Gesundheitskasse.

Als versichert im Sinne der Z 2 gelten auch Angehörige, für die Anspruch auf Leistungen der Krankenversicherung besteht oder bestanden hat oder die selbst anspruchsberechtigt sind oder selbst anspruchsberechtigt waren.

(2) Unterliegt ein Kinderbetreuungsgeldbezieher der Krankenversicherung nach zwei oder mehreren Bundesgesetzen, so ist jener Krankenversicherungsträger zuständig, bei dem der Antrag auf Kinderbetreuungsgeld gestellt wird.

(3) Ist die Zuständigkeit eines Krankenversicherungsträgers begründet, dann besteht sie so lange, als Kinderbetreuungsgeld bezogen wird.

[BGBl I 2018/100]

Übersicht

I. Krankenversicherung und KBG-Bezug

1 Die Norm sieht eine Ex-lege-Versicherung der Leistungsbezieher vor (vgl korrespondierend § 8 Abs 1 Z 1 lit f ASVG und die Parallelbestimmungen in den anderen SV-Gesetzen), ohne dass es einer Antragstellung bedürfte (*Ehmer ua*, 218). Ausgenommen sind nur die Angehörigen einer Krankenfürsorgeeinrichtung nach § 2 Abs 1 Z 2 B-KUVG, weil diesen im Erkrankungsfall auch wd des KBG-Bezugs eine soziale Absicherung zusteht (*Ehmer ua*, 219).

2 Abs 1 legt den **zuständigen KVT** fest. Nur bei mehrfacher KV (vgl § 128 ASVG) besteht gem Abs 2 ein Wahlrecht des Antragstellers. Die Zuständigkeit bleibt gem Abs 3 wd des gesamten Bezugszeitraums aufrecht, es sei denn, es findet ein Bezugswechsel nach § 5 statt.

3 Die zuständigen KVT ergeben sich aus den §§ 23 und 26 ASVG, 15 GSVG, 13 BSVG und 9 B-KUVG.

4 Eine **Versicherung** iSd Abs 1 Z 2 kann sich aus einer Vollversicherung nach § 4 ASVG, einer Teilversicherung nach §§ 7 Z 1 oder 8 Abs 1 Z 1 ASVG oder 40 AlVG, einer Mitversicherung nach § 123 ASVG und den einschlägigen Parallelbestimmungen ergeben.

5 Die Versicherung **beginnt** mit dem Tag, ab dem das KBG gebührt bzw mit Beginn des Ruhens (§ 10 Abs 6a ASVG und Parallelbestimmungen), sie **endet** mit Ablauf des Kalendertages, für den letztmalig KBG gebührt (§ 12 Abs 5a ASVG und Parallelbestimmungen).

6 Die Leistungsbezieher sind gem § 138 Abs 2 lit g vom Anspruch auf **Krankengeld** ausgeschlossen, nicht jedoch von jenem auf **Wochengeld** (§ 162 Abs 3a Z 2 ASVG).

II. Unfallversicherung und KBG-Bezug

7 Tätigkeiten bei der Inanspruchnahme von Leistungen nach dem KBG stehen gem § 176 Abs 1 Z 8 ASVG unter Unfallversicherungsschutz. Geschützt sind die persönl Vorsprache bei der Behörde zwecks Antragstellung oder Beibringung von Unterlagen samt Wegen (§ 176 Abs 5 ASVG), nicht aber zur Einholung von Informationen und Beratung (10 ObS 37/10d).

III. Pensionsversicherung und Kindererziehung

8 Seit 1.1.2005 stellen für seit 1.1.1955 geborene Personen Kindererziehungszeiten gem § 8 Abs 1 Z 2 lit g ASVG und Parallelbestimmungen Beitragszeiten der Pflichtversicherung dar. Der KBG-Bezug ist dafür keine Voraussetzung. Davor liegende Zeiten stellen gem § 227a ASVG und Parallelbestimmungen Ersatzzeiten dar. Seit 1.1.2002 konnten für die sog „ewige" Anwartschaft nach § 236 Abs 4 ASVG gem § 236 Abs 4a auch Beitragsmonate für Kindererziehungszeiten im Ausmaß von max 24 Monaten erworben werden (vgl näher, insb zum Übergangsrecht, *Sonntag* in *Sonntag*, ASVG § 227a Rz 1 f mwN). Für den Erwerb von Ersatzzeiten stellt der KBG-Bezug keine Voraussetzung dar, er spielt nur bei der Zuordnungsvermutung des § 227a Abs 5 Z 1 ASVG eine Rolle. Lediglich § 236 Abs 4a Z 1 ASVG stellt auf den Anspruch auf KBG ab.

IV. Unionsrecht

A. Krankenversicherung

9 Auch die Krankenversicherung der Leistungsbezieher stellt als Annexleistung wohl eine **Familienleistung** iSd VO 883/2004 dar (vgl *Felten* in Zwischenstaatl SV-Recht, Art 67 Rz 2 mwN aus der Rsp des EuGH).

Ausgehend davon sind die **Prioritäts- und Antikumulierungsregeln** des Art 68 der VO 883/2004 (vgl § 2 Rz 53 ff) auch auf die Annexleistung anzuwenden. Ist der Leistungsbezieher im vorrangig zuständigen MS krankenversichert, muss der nachrangige MS den Bezieher nicht krankenversichern. Besteht hingegen im vorrangig zuständigen MS keine KV der Leistungsbezieher, muss der nachrangige Staat mit der KV einspringen, selbst wenn gar kein inl KBG bezahlt wird, weil die Leistung im vorrangigen Staat höher ist (vgl zu dieser Problematik näher *Spiegel*, Familienleistungen aus der Sicht des europäischen Gemeinschaftsrechts, in *Mazal* (Hrsg), Die Familie im Sozialrecht, 97 [140 ff]). 10

B. Pensionsversicherung

Das Erfordernis der **Erziehung** im **Inland** in § 8 Abs 1 Z 2 lit g ASVG ist zur Vermeidung einer Diskriminierung so zu verstehen, dass auch eine Erziehung in einem anderen MS unschädlich ist (10 ObS 35/11 m mwN), soweit Ö für diesen Zeitraum überhaupt der zuständige Staat ist (vgl ausf *Sonntag* in *Sonntag*, ASVG § 227a Rz 8 ff mwN). 11

Abschnitt 7
Allgemeine Bestimmungen

Mitteilungspflichten

§ 29. Der Leistungsbezieher hat jede für das Fortbestehen und das Ausmaß des Anspruches bedeutsame Änderung ohne Verzug, spätestens jedoch zwei Wochen nach dem Eintritt des Ereignisses, dem zuständigen Krankenversicherungsträger anzuzeigen.

[BGBl I 2001/103]

1 Ähnlich den Regelungen der §§ 40 ASVG und 10 BPGG sieht auch das KBGG Mitteilungspflichten der Leistungsbezieher vor. Meldepflichtig sind alle Änderungen der maßgeblichen Tatsachen zur Beurteilung des Leistungsanspruchs (vgl insb § 2) und der Leistungshöhe. Auch Umstände, die ein Ruhen des Anspruchs gem § 6 bewirken, fallen unter die Mitteilungspflicht (vgl *Ehmer ua*, 222).

2 Meldepflichtige Änderungen sind etwa folgende Umstände: Verlust des Anspruchs auf Familienbeihilfe, Aufgabe des gemeinsamen Haushaltes, Verlegung des Wohnsitzes ins Ausland, Änderungen des Familienstandes und des Wohnsitzes, Auslandsaufenthalte, Tod eines Angehörigen. Auch Einkommensänderungen, die eine offensichtliche Überschreitung der Zuverdienstgrenze zB des § 8 bewirken, sind meldepflichtig (vgl *Ehmer ua*, 222 f mwN).

3 Die schuldhafte Verletzung der Mitteilungspflichten führt zur **Rückforderung** der entsprechenden Bezugsteile wegen Verschweigens maßgebender Tatsachen gem § 31 Abs 1 (vgl näher § 31 Rz 2) und zum **Kostenersatz** gem § 32 Abs 3.

Berichtigung

§ 30. (1) **Wenn eine der Voraussetzungen für den Anspruch auf eine Leistung nach diesem Bundesgesetz wegfällt, ist die Leistung einzustellen; wenn sich eine für das Ausmaß des Leistungsanspruches maßgebende Voraussetzung ändert, ist die Leistung neu zu bemessen.**

(2) Wenn sich die Zuerkennung oder die Bemessung einer Leistung nach diesem Bundesgesetz nachträglich als gesetzlich nicht begründet herausstellt, ist die Zuerkennung zu widerrufen oder die Bemessung rückwirkend zu berichtigen.

[BGBl I 2001/103]

1 Abs 1 stellt auf eine **nachträgliche Änderung** des Vorliegens der Anspruchsvoraussetzungen ab und entspricht damit den Regelungen der §§ 99, 296 Abs 3 ASVG und 9 Abs 4 BPGG.

Anders als das ASVG (vgl § 101 ASVG) sieht Abs 2 die Möglichkeit eines Widerrufs bzw einer Herabsetzung der zuerkannten Leistung **zu Lasten** der Leistungsbezieher ohne Änderung des Sachverhalts vor. Zeitl Bezugspunkt der Formulierung in Abs 2 ist die Zuerkennung der Leistung, was zu einer Rückwirkung führt (vgl VwGH 96/08/0258 zum gleichlautenden § 24 Abs 2 AlVG). 2

Das Vorliegen der Voraussetzungen für eine Entscheidung nach § 30 sagt nichts über die **Rückforderbarkeit** eines allfälligen Überbezugs aus; dies ist Gegenstand des § 31. 3

Zur Frage der **Bescheidpflicht** für Entscheidungen nach § 30 vgl näher § 27 Rz 2. 4

Rückforderung

§ 31. (1) Bei Einstellung, Herabsetzung, Widerruf oder Berichtigung einer Leistung ist der Leistungsbezieher zum Ersatz des unberechtigt Empfangenen zu verpflichten, wenn er den Bezug durch unrichtige Angaben oder durch Verschweigung von Tatsachen herbeigeführt hat oder wenn er erkennen musste, dass die Leistung nicht oder nicht in dieser Höhe gebührte.

(2) Die Verpflichtung zum Ersatz der empfangenen Leistung besteht auch dann, wenn hervorkommt, dass eine oder mehrere Anspruchsvoraussetzungen bereits zum Zeitpunkt der Antragstellung nicht vorgelegen oder nachträglich weggefallen sind, oder die zur Ermittlung des Gesamtbetrages der maßgeblichen Einkünfte (§§ 8, 8b) erforderliche Mitwirkung trotz Aufforderung innerhalb angemessener Frist verweigert wird. Der Empfänger einer Leistung nach diesem Bundesgesetz ist auch dann zum Ersatz des unberechtigt Empfangenen zu verpflichten, wenn sich ohne dessen Verschulden auf Grund des von der Abgabenbehörde an die Österreichische Gesundheitskasse übermittelten Gesamtbetrages der maßgeblichen Einkünfte ergibt, dass die Leistung nicht oder nicht in diesem Umfang gebührt hat.

(3) Wenn eine dritte Person eine Anzeige unterlassen oder falsche Angaben gemacht und hiedurch einen unberechtigten Bezug verursacht oder ermöglicht hat, kann sie zum Ersatz verpflichtet werden.

(3a) Wird der Tod des Kindes nicht rechtzeitig gemeldet und ist daraus ein unrechtmäßiger Bezug einer Leistung nach diesem Bundesgesetz entstanden, so ist von Amts wegen von der Rückforderung abzusehen, sofern die Meldung binnen 31 Tagen ab dem Tod des Kindes erfolgt. Wird durch den Tod des beziehenden Elternteiles oder des Kindes die Mindestbezugsdauer nicht erfüllt, ist von Amts wegen von der Rückforderung abzusehen.

(3b) Der Partner kann bis zur Hälfte zum Ersatz unberechtigt bezogener Leistungen nach diesem Bundesgesetz verpflichtet werden, soweit der unberechtigte Bezug während aufrechter Wirtschaftsgemeinschaft mit dem beziehenden Elternteil erfolgte. Hat der Partner den unberechtigten Bezug jedoch ermöglicht oder sogar verursacht, kann er zum vollen Ersatz der unberechtigt bezogenen Leistungen verpflichtet werden. Hat der Partner den unberechtigten Bezug der Beihilfe zum pauschalen Kinderbetreuungsgeld verursacht, kann er zum Ersatz der Leistung verpflichtet werden. § 31 Abs. 2 gilt sinngemäß auch für den Partner.

(3c) Rückforderungen nach dem FamZeitbG werden auf die diesem Elternteil nach diesem Bundesgesetz zu erbringenden Leistungen voll, dem anderen Elternteil bis zur Hälfte aufgerechnet, sie vermindern den Leistungsanspruch nach diesem Bundesgesetz entsprechend.

(4) Rückforderungen, die gemäß den Abs. 1 bis 3 vorgeschrieben wurden, können auf die zu erbringenden Leistungen bis zur Hälfte derselben aufgerechnet werden; sie vermindern den Leistungsanspruch entsprechend. Zum Zwecke der Forderungssicherung kann eine vorläufige Aufrechnung bis zur Hälfte der zu erbringenden Leistungen erfolgen. Der Krankenversicherungsträger kann unter Berücksichtigung der Familien-, Einkommens- und Vermögensverhältnisse des Empfängers

1. die Erstattung des zu Unrecht gezahlten Betrages in Teilbeträgen (Ratenzahlungen) zulassen,
2. die rechtskräftige Rückforderung stunden,
3. auf die rechtskräftige Rückforderung ganz oder teilweise verzichten.

Dabei sind die §§ 72 bis 74 des Bundeshaushaltsgesetzes 2013 (BHG 2013), BGBl. I Nr. 139/2009, anzuwenden, sofern in diesem Bundesgesetz keine abweichenden Regelungen vorgesehen sind. Abweichend von § 89 Abs. 4 ASGG obliegt den Gerichten in Angelegenheiten der Leistungen nach diesem Bundesgesetz nicht das Recht, die Erstattung des zu Unrecht gezahlten Betrages in Teilbeträgen anzuordnen und auch nicht das Recht, die Rückersatzpflicht zum Teil oder zur Gänze entfallen zu lassen, sondern ist dies ausschließlich dem Krankenversicherungsträger im nachgeschalteten Verwaltungsverfahren vorbehalten..

(5) Ratenzahlungen sind zu gewähren, wenn auf Grund der wirtschaftlichen Verhältnisse des Schuldners die Hereinbringung der rechtskräftigen Forderung in einem Betrag nicht möglich ist. Die Höhe der Raten ist unter Berücksichtigung der wirtschaftlichen Verhältnisse des Schuldners festzusetzen.

(6) Werden Ratenzahlungen bewilligt oder Rückforderungen gestundet, so dürfen keine Zinsen ausbedungen werden.

(7) Die Ausstellung von Bescheiden über Rückforderungen von Leistungen nach diesem Bundesgesetz ist nur binnen 7 Jahren, gerechnet ab Ablauf des Kalenderjahres, in welchem diese Leistungen zu Unrecht bezogen wurden, zulässig. Ein Bescheid über eine Rückforderung tritt nach Ablauf von 3 Jahren ab dem Eintritt der Rechtskraft außer Kraft, wenn er bis zu diesem Zeitpunkt nicht vollzogen wurde; § 68 Abs. 2 ASVG zweiter und dritter Satz gelten sinngemäß. Das Recht auf Berichtigung (§ 30) der vorläufigen Auszahlung gemäß § 33 Abs. 5 mangels Vorliegen eines erlassenen Einkommensteuerbescheides für das betreffende Kalenderjahr sowie das Recht auf Berichtigung aufgrund Abänderungen und Aufhebungen des Einkommensteuerbescheides nach § 24a Abs. 2 verjähren nach Ablauf von 3 Jahren ab Bezugsbeginn.

[BGBl I 2023/115]

Übersicht

I. Subjektive Rückforderungstatbestände

A. Unrichtige Angaben (Abs 1 1. Fall)

1 Anders als § 107 Abs 1 ASVG fordert das KBGG nicht bewusst unrichtige Angaben. Objektiv unrichtige Angaben begründen jedoch keine Rückforderungspflicht Der Begriff „unwahr“ (aus der Fassung vor BGBl I 2016/53) deutet vielmehr auf eine subjektive Komponente hin (VwGH 96/08/0352 zu § 25 Abs 1 AlVG). Erforderlich ist **bedingter Vorsatz** (VwGH 2000/08/0091 ua). Die unrichtigen Angaben müssen für den Leistungsanspruch **kausal** gewesen sein (vgl *Atria* in *Sonntag*, ASVG § 107 Rz 18).

B. Verschweigung von Tatsachen (Abs 1 2. Fall)

2 Dieser Tatbestand sanktioniert die Verschweigung relevanter Umstände bei der Antragstellung ebenso wie die Verletzung von Mitteilungspflichten gem § 29. Anders als § 107 Abs 1 ASVG wird auch bei diesem Tatbestand keine Wissentlichkeit gefordert. Der Begriff „Verschweigen“ deutet auf eine subjektive Komponente hin (VwGH 96/08/0352 zu § 25 Abs 1 AlVG). Erforderlich ist **bedingter Vorsatz** (VwGH 2000/08/0091 ua). Unterlässt es der Leistungsbezieher, sich mit der gebotenen Sorgfalt das erforderliche Wissen zu verschaffen, fällt ihm diese Unterlassung zur Last (VwGH 86/08/0069 zu § 25 Abs 1 AlVG). Auf die in der Sphäre des Meldepflichtigen liegenden Gründe, aus denen die Meldung unterblieben ist, kommt es nicht an (VwGH 2001/08/0112).

C. Erkennenmüssen des unberechtigten Bezugs (Abs 1 3. Fall)

3 Für die Anwendung dieses Tatbestands reicht **Fahrlässigkeit** (VwGH 2000/08/0091 ua zu § 25 Abs 1 AlVG). Dieser Rückforderungstatbestand ist ident mit jenem des § 107 Abs 1 4. Fall ASVG, sodass auf die dazu ergangene Rsp rekurriert werden kann:

Danach ist zu prüfen, ob der Leistungsempfänger den nicht (in dieser Höhe) gebührenden Leistungsbezug **„erkennen musste“**, dh ob dem Empfänger – unter Voraussetzung gewöhnlicher (durchschnittlicher) geistiger Fähigkeiten – bei einer ihm nach den Umständen des Einzelfalles zumutbaren Aufmerksamkeit **auffallen hätte müssen**, dass die Leistung **nicht oder nicht in dieser Höhe** gebührte; der Tatbestand umfasst sowohl den Fall, dass die Gewährungsentscheidung materiell unrichtig ist und diese Unrichtigkeit dem Empfänger auffallen hätte müssen, als auch den weiteren Fall, dass sich die vom Empfänger erkannte Unrechtmäßigkeit erst nach der Gewährungsentscheidung eingestellt hat, etwa bei einer tatsächlichen Überzahlung oder bei Eintritt eines Ruhensgrundes. Bei Gewährung einer laufenden Leistung wird es daher genügen, wenn der Empfänger **die Möglichkeit ernstlich in Betracht ziehen musste**, dass ihm die Leistung zu Unrecht gewährt wird (RS 0084334; RS 0109340).

D. Verletzung der Mitwirkungspflicht bei der Einkunftsermittlung (Abs 2 2. Fall)

Grundsätzlich werden gem § 37 Abs 4 den KVT von den Abgabenbehörden (auch) die Daten für die Ermittlung des maßgeblichen Gesamtbetrages der Einkünfte (§§ 8, 8b, 24a Abs 3) an die Datenbank (§ 36) übermittelt. Oft ist jedoch die persönliche Mitwirkung der Antragsteller erforderlich, zB wenn die betreffende Person mit ihren Einkünften unter der Steuergrenze liegt und die Finanzbehörde daher über keine Daten verfügt. In diesen Fällen soll bei Verweigerung der Mitwirkung trotz Aufforderung durch die Behörde – als letztes Mittel – die Rückforderung der empfangenen Leistung möglich sein (248 BlgNR 22. GP, 5). 4

Dieser Rückforderungstatbestand ist systemwidrig bei den objektiven Rückforderungstatbeständen des Abs 2 geregelt. Er ist mit § 107 Abs 1 3. Fall ASVG vergleichbar. Für den Rückforderungsanspruch reicht die bereits **leicht fahrlässige Verletzung** einer Meldepflicht aus (RS 0083641). Grds kann sich der Meldepflichtige nicht auf Gesetzesunkenntnis (RS 0083641 [T5]) oder darauf berufen, der zu meldende Sachverhalt sei ihm unbekannt gewesen; vielmehr ist er, da die Meldepflicht sein persönliches Tätigwerden voraussetzt, unter Zugrundelegung der bei einem Leistungsempfänger vorauszusetzenden gewöhnlichen Fähigkeiten und Kenntnisse verpflichtet, entsprechende **Nachforschungen** anzustellen, wenn nach den Umständen des Falles für das mögliche Vorliegen meldepflichtiger Tatsachen gewisse **Anhaltspunkte** gegeben sind (RS 0083688). 5

Dass der Elternteil von der Abgabe der **Zuordnungserklärung** gem § 8 Abs 1 Z 2 keinen Gebrauch macht, ohne gegenüber dem KVT die dafür gegebenen Gründe offen zu legen, kann keine Verletzung einer verfahrensrechtlichen Mitwirkungspflicht darstellen, die den KVT an der Feststellung des maßgeblichen Gesamtbetrags der Einkünfte hindern könnte und aus diesem Grund zur Rückforderung der empfangenen Leistung führt (10 ObS 119/21d; vgl auch Rz 13a). 5a

II. Objektive Rückforderungstatbestände

A. Rückwirkende Feststellung anspruchsausschließender Tatsachen (Abs 2 1. Fall)

Die Bestimmung normiert eine objektive Rückzahlungsverpflichtung (10 ObS 54/10d), sodass es auf ein **Verschulden** des Leistungsbeziehers **nicht ankommt**. Gegen eine derartige Rückzahlungsverpflichtung bestehen keine verfassungsrechtlichen Bedenken (VfGH G 128/08). 6

Als rückwirkend festgestellte **Tatsachen** gelten alle für die Zuerkennung des Anspruchs maßgeblichen Umstände, die mit Rückwirkung erst zu einem nach der Zuerkennung liegenden Zeitpunkt, zB durch Gerichtsurteil oder Entscheidung einer Behörde, festgestellt werden. Die Änderung der **Rechtslage** stellt keine Änderungen der Tatsachengrundlage dar (10 ObS 36/15i). 7

8 Dieser Rückforderungstatbestand bezieht sich nicht nur auf Umstände, die bei Gewährung des Anspruchs schon verwirklicht, jedoch nicht bekannt waren (**nova reperta**) und daher nicht berücksichtigt werden konnten, sondern auch auf solche, die erst nach der Gewährung des Anspruchs entstehen (**nova producta**) und den SVT zu einem Widerruf oder einer rückwirkenden Berichtigung der Bemessung berechtigen (10 ObS 157/14 g). Dies wird durch die Novellierung in BGBl I 2016/53 („nachträglich weggefallen") nun auch durch den Gesetzgeber explizit klargestellt.

9 (*entfallen*)

10 Im Fall einer **Nichtdurchführung** einer **Eltern-Kind-Pass-Untersuchung** (vgl § 7) oder eines nicht rechtzeitigen Nachweises einer solchen Untersuchung ist eine Rückforderung des im Hinblick auf die Kürzung des KBG nach § 24a Abs 4 (vgl § 24a Rz 12) zu Unrecht ausbezahlten Betrages zulässig. Gerade im Zusammenhang mit solchen Untersuchungen sieht der Gesetzgeber die Reduktion der Leistung jeweils ab einem Zeitpunkt vor, zu dem noch nicht feststeht, ob die Bedingung für eine Reduktion eintreten wird oder nicht, da der Nachweis der Untersuchung idR noch nicht vorliegen wird (10 ObS 157/14 g).

10a Der Rückforderungstatbestand ist auch gegeben, wenn der **Sachwalter** (nunmehr: gerichtlicher **Erwachsenenvertreter**) die Antragsänderung nach § 26a durch die Betroffene persönlich nicht genehmigt, sodass sich nachträglich deren Unwirksamkeit herausstellt (10 ObS 25/16y).

B. Irrtümliche Auszahlung der Leistung

10b (*entfallen*)

10c Der OGH focht die in Abs 2 Satz 1 durch die Novelle BGBl I 2016/53 eingefügte Regelung zu 10 ObS 44/22a beim VfGH an. Der VfGH hob mit Erk vom 28.9.2002 zu G 181/2022, G 203/2021 und G 232/2022 die Regelung mit Ablauf des 31.10.2023 als gleichheitswidrig auf. Der Leistungsempfänger dürfe nicht das Risiko einer unrichtigen Beurteilung der Anspruchsvoraussetzungen und einer irrtümlich ausbezahlten Leistung tragen, auch wenn er deren Unrechtmäßigkeit nicht erkennen musste.

C. Überschreitung der Zuverdienstgrenze (Abs 2 3. Fall)

11 Die Regelung betrifft den Fall, dass sich die Überschreitung der Zuverdienstgrenze der §§ 8, 9 Abs 3, 12, 24 Abs 1 Z 3 durch die Datenübermittlung der Abgabenbehörden gem § 37 Abs 2 nachträglich herausstellt. Für das Ausmaß der Reduktion der Leistung gilt § 8a.

12 Für die Heranziehung dieses Rückforderungstatbestandes ist das zusätzliche Vorliegen eines der Rückforderungstatbestände des ersten Satzes des Abs 2 nicht erforderlich (RS 0128672).

13 Der Einwand des **gutgläubigen Verbrauchs** kommt aufgrund des objektiven Charakters der Rückzahlungsverpflichtung nicht in Betracht (RS 0124064).

Die Versäumung der Zweijahresfrist des § 8 Abs 1 Z 2 3. Satz zur Erbringung des **Zuordnungsnachweises** (§ 8 Rz 27) ist irrelevant, wenn die Zuverdienstgrenze objektiv nicht überschritten wurde. Der Zuordnungsnachweis kann auch noch im Rückforderungsverfahren erbracht werden (10 ObS 146/17v uva). Die Novelle BGBl I 2019/75 verlängert für Geburten von 1.1.2012 bis 28.2.2017 die Frist zur Vorlage der Abgrenzungsnachweise bis Ende 2025 (§ 50 Abs 24) und richtet zum Ausgleich für rechtskräftig auferlegte Rückzahlungen wegen Nichtvorlage der Abgrenzungsnachweise einen Jungfamilienfonds (vgl JFFG im Anhang) ein. Die KVT haben für diese erfasste Gruppe im laufenden Prüfverfahren den Elternteil individuell auf die Möglichkeit zur Vorlage des Abgrenzungsnachweises hinzuweisen. Trotz eines derartigen Hinweises kann auch diese Gruppe den Zuordnungsnachweis noch im Sozialgerichtsverfahren erbringen (10 ObS 119/21d). Nach Ablauf des 31.12.2025 besteht für diese Gruppe nicht mehr die Möglichkeit des Nachbringens im Sozialgerichtsverfahren. **13a**

Die Rücknahme der im Verwaltungsverfahren vor dem KVT abgegebenen und im Gerichtsverfahren wiederholten Zuordnungserklärung ist nach den allgemeinen Regeln über die Rücknahme von Prozesshandlungen auch im Verfahren über die Rückersatzpflicht wegen Überschreitens der Zuverdienstgrenze möglich. Infolge einer solchen Rücknahme ist für die maßgeblichen Einkünfte nach § 8 Abs 1 Z 2 S 1 der Betrag zu ermitteln, der in die Ermittlung des (gesamten) Einkommens des betreffenden Kalenderjahres eingeht (10 ObS 75/22k). **13b**

Hat der KVT die Überschreitung der Zuverdienstgrenze nachgewiesen, so liegt es an der klagenden Partei, **Beweise** vorzulegen, anhand derer sich die im Anspruchszeitraum entstandenen Einkünfte feststellen und sich von den übrigen Einkünften des Kalenderjahres abgrenzen lassen (10 ObS 96/22y mwN; vgl auch Rz 30). **13c**

III. Ersatzpflicht Dritter und Partner (Abs 3 und 3b)

Im Gegensatz zu Abs 1 räumt Abs 3 dem KVT ein **Ermessen** ein, ob die Rückersatzpflicht **Dritter** in Anspruch genommen wird (VwGH 2000/08/0153 ua zu § 25 Abs 3 AlVG). Eine positive Gebrauchnahme vom Ermessen kommt nur in Betracht, wenn entweder ein Rückforderungstatbestand nach Abs 1 nicht vorliegt oder ein solcher zwar verwirklicht ist, aber eine Rückforderung vom Leistungsempfänger aus tatsächlichen Gründen scheitert (VwGH 92/08/0041 ua zu § 25 Abs 3 AlVG). **14**

Als ersatzpflichtige Personen kommen etwa **Masseverwalter** (VwGH 92/08/0041), **Dienstgeber**, die eine falsche Arbeitsbescheinigung ausstellen (*Julcher* in *Pfeil/Auer-Mayer/Schrattbauer*, AlV-Komm § 25 AlVG Rz 49; vgl auch § 32 Abs 2), **Sachwalter** (nunmehr: gerichtlicher **Erwachsenenvertreter**), **Scheinarbeitgeber** und **Scheinvermieter** (vgl 1110 BlgNR 25. GP, 11) in Betracht. **15**

15a Hat der **Partner** den unberechtigten Bezug **ermöglicht** oder **verursacht**, kann er gem Abs 3b zum vollen Ersatz verpflichtet werden, es besteht Solidarhaftung mit dem anderen Elternteil (1110 BlgNR 25. GP, 11).

15b Hat der in Wirtschaftsgemeinschaft lebende **Partner** vom unberechtigten Bezug bloß **indirekt profitiert**, kann er gem Abs 3b zum halben Ersatz verpflichtet werden. Eine ähnliche Rückersatzverpflichtung sieht § 26 Abs 3 FLAG vor.

16 Bezieht ein Elternteil die Beihilfe zum Kinderbetreuungsgeld und überschreitet der **Partner** (das wird in den meisten Fällen der andere Elternteil sein) seinen Grenzbetrag gem § 9 Abs 3, so kann er seit der Novelle BGBl I 2009/116 zur Rückzahlung der zu Unrecht bezogenen Beihilfe verpflichtet werden. Damit soll ein weiterer Rückzahlungsverpflichteter zur Verfügung stehen, der zudem auch vom Bezug der Leistung profitiert hat (340 BlgNR 24. GP, 20). Auf diese Folgen hat der KVT den Partner bei der Gewährung gem § 15 hinzuweisen.

IV. Modalitäten und Modifikationen des Rückforderungsrechts (Abs 3a, 3c, 4 bis 6)

A. Tod des Kindes

16a Gem Abs 3a entfällt bei dessen Meldung innerhalb von 31 Tagen eine Rückforderung, ebenso bei Nichterfüllung der Mindestbezugsdauer (vgl § 3 Abs 5).

B. Aufrechnung

17 Die Aufrechnung als Mittel zur Hereinbringung des Rückforderungsanspruchs setzt wohl die **Rechtskraft** des **Rückforderungsbescheids** voraus (arg „vorgeschrieben wurden"). Ist der Rückforderungsbescheid nicht rechtskräftig, kommt die vorläufige Aufrechnung nach dem 2. Satz des Abs 4 in Betracht.

18 Der Hinweis auf die **anspruchsmindernde Wirkung** der Aufrechnung trägt der Bevorrechtung des KVT im Pfändungsfall – soweit nicht ohnedies das Pfändungsverbot des § 43 Abs 1 greift – Rechnung und stellt klar, dass der pfändbare Betrag für weitere Forderungen von der geminderten Leistung zu berechnen ist (*Ehmer ua*, 231 mwN).

18a Auch Rückforderungen nach § 7 FamZeitbG werden gem Abs 3c auf den Anspruch auf KBG aufgerechnet.

C. Zahlungserleichterungen

1. Grundsätze

19 Seit der Novelle BGBl I 2009/116 enthalten die Abs 4 und 5 die Klarstellung, dass die Anwendung der Schadensrichtlinien des Bundes (§§ 72 bis 74 BHG) die **Rechtskraft** der Rückforderung voraussetzt (340 BlgNR 24. GP, 20). Dies kann ein rechtskräftiger Bescheid oder ein rechtskräftiges sozialgerichtl Urteil sein. Das Rückforderungsverfahren hins Zahlungserleichterungen und

Forderungsverzicht stellt ein **nachgeschaltetes Verwaltungsverfahren** dar (vgl 10 ObS 63/09a ua zur früheren Fassung des Abs 4 iVm der gem § 49 Abs 15 außer Kraft getretenen HärtefallVO). Vor der zitierten Novelle kam dem KVT auch im Rückforderungsbescheid die Befugnis zu, Raten zu gewähren (vgl 10 ObS 43/09k).

Entgegen den EB zur Novelle 2016 (1110 BlgNR 25. GP, 13) geht der **Rechtszug** in diesem nachgeschalteten Verwaltungsverfahren nicht an den VwGH, sondern an das Bundesverwaltungsgericht, weil es sich um eine Leistungssache handelt, die nicht vor die Sozialgerichte gebracht werden kann, sodass der für Verwaltungssachen geltende Rechtszug gilt (vgl *Kneihs* in SV-Komm, § 353 Rz 2, § 414 Rz 6; zu der schon von Verfassungs wegen bestehenden Möglichkeit der sofortigen Anrufung des Verwaltungsgerichts vgl *Hengstschläger/Leeb*, AVG § 1 Rz 8). **19a**

2. Ratengewährung

Die Kriterien für die Ratengewährung regelt Abs 5. Die Einbringlichkeit der Forderung darf durch die Ratengewährung nicht gefährdet werden (§ 73 Abs 1 Z 2 BHG). Die Regelung des Abs 6 über das Verbot von Zinsen stellt eine abweichende Regelung zu § 73 Abs 2 BHG iSd letzten Satzes des Abs 4 dar. **20**

Zur (nunmehr ausgeschlossenen) Ratengewährung durch das Sozialgericht gem § 89 Abs 4 ASGG vgl unten Rz 32. **21**

3. Stundung

Die Kriterien für die Bewilligung einer Stundung enthält § 73 Abs 1 BHG. Danach muss die sofortige oder die sofortige vollständige Entrichtung für den Schuldner mit erheblichen Härten verbunden sein. Die Einbringlichkeit der Forderung darf durch die Stundung nicht gefährdet werden. Die Regelung des Abs 6 über das Verbot von Zinsen stellt eine abweichende Regelung zu § 73 Abs 2 BHG iSd letzten Satzes des Abs 4 dar. **22**

4. Verzicht

Ein Forderungsverzicht setzt gem § 74 Abs 1 BHG voraus, dass die Einziehung der Forderung insb unter Berücksichtigung der wirtschaftl Verhältnisse und des Ausmaßes des allfälligen Verschuldens des Schuldners an der Entstehung der Forderung **unbillig** wäre. Unbilligkeit liegt dann vor, wenn persönliche oder sachliche Unbilligkeit gegeben ist. Erstere besteht bei einem wirtschaftl Missverhältnis zw Einziehung der Forderung und den im Bereich des Schuldners entstehenden Nachteilen. Sachliche Unbilligkeit liegt vor, wenn im Einzelfall bei Anwendung des Gesetzes ein vom Gesetzgeber offenbar nicht beabsichtigtes Ergebnis eintritt (*Lödl/Antl/Janik/Petridis-Pierre/Pfau*, Bundeshaushaltsrecht, § 74 Anm 6 mwN). **23**

Den **Gerichten** kommt eine Kompetenz zur gänzlichen oder teilw Nachsicht der Rückzahlungspflicht nicht zu (vgl Rz 32b). **24**

V. Verjährung (Abs 7)

25 Die Neufassung des Abs 7 durch BGBl I 2007/76 trat am 1.1.2008 in Kraft und gilt für Bezugszeiträume nach 2007 (§ 49 Abs 14). Die Verjährungsregelung stellt ebenso wie die gesamte Norm des § 31 eine lex specialis und lex posterior gegenüber § 107 ASVG dar (RS 0125687).

26 Die Verjährung der Vollstreckbarkeit wird durch jede zum Zwecke der Hereinbringung getroffene Maßnahme, wie zB durch Zustellung einer Mahnung, **unterbrochen**. Sie wird durch Bewilligung einer Zahlungserleichterung **gehemmt** (§ 68 Abs 2 ASVG).

27 Das Recht auf Berichtigung des Tagesbetrages beim ea KBG (vgl § 33 Rz 4), sei es auf Antrag des Elternteiles oder sei es von Amts wegen, endet mit Ablauf von drei Jahren ab Bezugsbeginn (Beginn des ersten Bezugsteiles). Es tritt absolute Verjährung ein, der zuvor festgesetzte Tagesbetrag wird zum endgültigen Tagesbetrag. Irrelevant ist, ob es sich um einen vorläufig ausgezahlten Tagesbetrag mangels Nichtvorliegen eines Steuerbescheides handelt oder ob es sich um einen aufgrund eines Steuerbescheides errechneten Tagesbetrag handelt und dieser Bescheid später geändert wurde (340 BlgNR 24. GP, 20).

VI. Verfahren

28 Der rückfordernde VT hat gem § 27 Abs 3 Z 2 einen **Bescheid** zu erlassen, den der Rückforderungsgegner mit Klage bekämpfen kann. Es liegt eine Sozialrechtssache nach § 65 Abs 1 Z 2 ASGG vor (10 ObS 43/09k).

29 Das **Klagebegehren** hat auf Feststellung zu lauten, dass die Pflicht zum Rückersatz für den strittigen Zeitraum nicht besteht (RS 0084315, RS 0109892).

30 Das objektive Vorliegen eines **Rückforderungstatbestands** (zB Verletzung der Meldepflicht) hat der VT zu **beweisen**; Sache des Rückforderungsgegners ist es, nachzuweisen, dass ihn kein **Verschulden** trifft (RS 0083641) und rechtshemmende oder -vernichtende Tatsachen zu beweisen (10 ObS 96/22y mwN; vgl auch Rz 13c).

31 Das Gericht hat sich auf den vom beklagten KVT **vorgebrachten Rückforderungsgrund** zu beschränken. Wird das Rückforderungsbegehren ausdrücklich auf einen bestimmten Rechtsgrund gestützt, so ist das Gericht daran gebunden und darf dem Rückforderungsbegehren nicht aus einem anderen Rechtsgrund stattgeben (RS 0086067).

32 Wurde die Klage abgewiesen, weil eine Rückersatzpflicht bestand, so war die **Leistungsfrist** gem § 89 Abs 4 ASGG unter Berücksichtigung der Familien-, Einkommens- und Vermögensverhältnisse des Klägers nach Billigkeit zu bestimmen. Es konnte auch **Ratenzahlung** angeordnet werden, weil nach der Rsp die Rückerstattung in Teilbeträgen in KBG-Sachen nicht in die ausschließliche Kompetenz der KVT fiel (RS 0124711, 0085864). Durch die Novelle BGBl I 2016/53 wurde diese Kompetenz den Gerichten entzogen, was entgegen den EB (1110 BlgNR 25. GP, 13) nicht bedeutet, dass frühere Ratenanordnungen von Gerichten gesetzwidrig gewesen wären.

Die Regelung begegnet – ähnlich wie die Sonderregel des § 27 Abs 4 (vgl § 27 Rz 9a) – zunächst systematischen Bedenken: Das KBG und der Familienzeitbonus (§ 7 Abs 3 FamZeitbG) sind die einzigen Leistungen, bei denen dem Sozialgericht keine Befugnis zu Ratenanordnungen zukommt; die Regelung hätte systematisch ins ASGG gehört. Behängt der Rückforderungsstreit ohnedies beim Sozialgericht, so wäre es ökonomischer, dieses auch gleich über die Ratengewährung entscheiden zu lassen. Die Beschneidung des gerichtl Rechtsschutzes in Fragen der Ratengewährung nur beim KBG und Familienzeitbonus ist auch unter dem Aspekt des verfassungsrechtl Gleichheitssatzes bedenklich, weil das Rechtfertigungselement nicht erkennbar ist, gerade diese Leistungen aus dem wohldurchdachten und bewährten Rechtsschutzsystem des ASGG partiell herauszulösen. Vgl auch *Sonntag*, ASoK 2017, 2 (9 f), ebenso *Klicka*, EvBl 2019/148. Der VfGH hatte keine Bedenken im Hinblick auf das Rechtsstaatsprinzip (G 108/2021). Das OLG Wien trug (auch) die gleichheitsrechtlichen Bedenken an den VfGH heran (10 Rs 68/21z). Der VfGH wies den Antrag mangels Präjudizialität zurück (G 377/2021). **32a**

Mit Erkenntnis vom 11.12.2020 (G 264/2019) hob der VfGH § 89 Abs 4 ASGG über die Erlassung von Rückzahlungsaufträgen in Rückforderungsstreitigkeiten – anlässlich eines nicht Familienleistungen betreffenden Verfahrens – mit Ablauf des 31.12.2021 wegen Verstoßes gegen das Rechtsstaatsprinzip als verfassungswidrig auf, weil dem Sozialgericht nicht die Möglichkeit eines gänzlichen oder teilweisen **Verzichts** auf die Rückforderung eingeräumt werde (vgl *Greifeneder*, JAS 2021, 195). Die ZVN 2022 räumt in ihrer Neufassung des § 89 Abs 4 ASGG nun auch den Sozialgerichten eine entsprechende Möglichkeit ein, wobei die Neuregelung auf Verfahren anzuwenden ist, in denen die Klage nach dem 30.4.2022 eingebracht wurde (§ 98 Abs 3 ASGG). Mit derselben Novelle wurde § 31 Abs 4 letzter Satz dahin angepasst, dass ein gänzlicher oder teilweiser Entfall der Rückersatzpflicht dem KVT im nachgeschalteten Verwaltungsverfahren vorbehalten bleibt. **32b**

Trotz des Wortlauts der zitierten Übergangsbestimmung ist die Erlassung eines Rückzahlungsauftrags nach dem 31.12.2021 in Verfahren, wo die Klage vor dem 1.5.2022 eingebracht wurde, zulässig (10 ObS 82/23s; ggt *Sonntag*, Zur Aufhebung des § 89 Abs 4 ASGG durch den VfGH, in FS Neumayr [2023], 2973).

Zum nach Rechtskraft des Bescheides bzw Urteiles nachgeschalteten Verwaltungsverfahren über Zahlungserleichterungen vgl oben Rz 19. **33**

Mitwirkungspflichten

§ 32. **(1) Der Antragsteller, der andere Elternteil sowie der mit dem Antragsteller im gemeinsamen Haushalt lebende Partner haben bei der Feststellung des für den Anspruch auf Leistungen nach diesem Bundesgesetz maßgeblichen Sachverhaltes mitzuwirken.**

(2) Dienstgeber (§ 35 ASVG, § 13 B-KUVG) und sonstige meldepflichtige Personen und Stellen (§ 36 ASVG) sind verpflichtet, den Krankenversicherungsträgern alle für den Vollzug dieses Bundesgesetzes erforderlichen Auskünfte zu erteilen.

(3) Wer seinen Mitteilungs- oder Mitwirkungspflichten (§ 29, § 32 Abs. 1 und 2) trotz Aufforderung nicht oder nicht gehörig nachkommt, kann zum Ersatz der dadurch ausgelösten Verwaltungs- und Verfahrenskosten (§ 77 Abs. 3 ASGG) dem Krankenversicherungsträger gegenüber verpflichtet werden.

(4) Kommt der antragstellende Elternteil trotz zweimaliger, schriftlicher Aufforderung seinen persönlichen Mitwirkungs- oder Mitteilungspflichten nicht nach und wird hierdurch die Aufklärung des Sachverhalts erheblich erschwert oder verhindert, kann der Krankenversicherungsträger den Leistungsanspruch ohne weitere Ermittlungen ablehnen. Dieser Elternteil kann einen neuen Antrag stellen, der jedoch nur dann nicht sofort zurückgewiesen wird, wenn gleichzeitig mit der Antragstellung die Mitwirkungs- und Meldepflichten in vollem Umfang erfüllt werden; § 4 Abs. 2 gilt auch für den neuen Antrag.

[BGBl I 2019/24]

1 Die Regelung ergänzt jene des § 29 über die Mitteilungspflichten. Die nicht gehörige Mitwirkung unterliegt der freien Beweiswürdigung der Behörde (*Ehmer ua*, 235 f mwN). Allfällige aus einem Bescheid eines ausl Trägers zu ziehende Rückschlüsse auf die im Verwaltungsverfahren vom österr Entscheidungsträger zu ermittelnde **Rechtslage** im Ausland – etwa das Bestehen oder Nichtbestehen eines Anspruchs auf eine vergleichbare ausl Leistung (§ 2 Rz 54, 65a) – sind nicht von der Mitwirkungspflicht erfasst, die sich ausdrücklich nur auf die Aufklärung und Feststellung des für den Anspruch maßgeblichen **Sachverhalts** bezieht (10 ObS 55/23w). Die mangelnde Mitwirkung führt zur **Kostenersatzpflicht** des Abs 3 und bei der Ermittlung der maßgeblichen Einkünfte nach den §§ 8, 8b zur **Rückersatzpflicht** nach § 31 Abs 2. Zu den maßgeblichen Sachverhaltselementen vgl § 29 Rz 2.

2 Während der frühere Wortlaut des Abs 3 offensichtlich bloß Kosten des Verwaltungsverfahrens betraf (vgl die Regelung des § 359 Abs 4 ASVG), verweist er nach BGBl I 2016/53 auf § 77 Abs 3 ASGG. Dadurch soll laut den EB (1110 BlgNR 25. GP, 13) festgelegt werden, dass die bei anhaltendem Verstoß gegen die Mitteilungs- oder Mitwirkungspflichten ausgelösten **Kosten** eines **Sozialgerichtsverfahrens** als durch Mutwillen verursacht iSd § 77 Abs 3 ASGG anzusehen seien. Die Neuregelung ist mE substanzlos, weil § 77 Abs 3 ASGG im sozialgerichtl Verfahren ohnedies anzuwenden ist. Zu betonen ist, dass § 77 Abs 3 ASGG nur die eigenen Kosten des KVT erfasst, nicht aber jene der klagenden Partei. Zur Kostenentscheidung bei Klagen gegen einen Bescheid nach Abs 4 vgl unten Rz 4 f.

Die Regelung des Abs 4 wurde durch die Novelle 2016 eingefügt und ähnelt jenen des § 366 Abs 2 und 4 ASVG. Auch gegen einen Bescheid nach Abs 4 kann **Bescheidklage** (vgl § 27 Rz 4 ff) erhoben werden. Im Falle einer Klage ist Gegenstand des Gerichtsverfahrens nicht die Verletzung der Mitwirkungspflicht im Verwaltungsverfahren, sondern der geltend gemachte Anspruch auf KBG, die Mitwirkungsfrage kann aber für die Kostenentscheidung von Bedeutung sein (10 ObS 55/23w); vgl Rz 4 f). Auch ein Bescheid nach Abs 4 ist ein meritorischer Bescheid nach § 67 Abs 1 Z 1 ASGG: Der Leistungsantrag wurde abgelehnt, weil das Vorliegen der Voraussetzungen für die begehrte Leistung mangels Mitwirkung des Antragstellers nicht erwiesen werden konnte. Durch die Klage tritt der Bescheid außer Kraft (§ 71 Abs 1 ASGG) und die volle Verfahrens- und Entscheidungskompetenz geht auf das Sozialgericht über (RS 0112044). Entsprechend dem Grundsatz der sukzessiven Kompetenz hat das Gericht nicht die Verwaltungsentscheidung zu überprüfen, sondern ein eigenes Verfahren durchzuführen und vollkommen neu zu entscheiden (RS 0053868, RS 0106394; ebenso zu § 366 Abs 2 ASVG *Fink*, Sukzessive Zuständigkeit, 354). Durch die Erhebung einer Klage gegen einen Bescheid nach Abs 4 kommt es daher faktisch zu einem schnelleren Übergang der Entscheidungskompetenz auf das Gericht – ein Ergebnis, das die Novelle durch die Neuregelung des § 27 Abs 4 für die Säumnisklage gerade vermeiden wollte (vgl § 27 Rz 9a). Vgl auch *Sonntag*, ASoK 2017, 2 (10 f). 3

Verliert die klagende Partei nach einer Klage gegen einen Bescheid nach Abs 4 das Gerichtsverfahren, so ist bei der **Kostenentscheidung** § 77 Abs 3 ASGG zu beachten (10 ObS 55/23w): Liegen dessen strenge Voraussetzungen durch das Verhalten des Leistungswerbers im Verwaltungsverfahren vor, so hat er dem KVT dessen Kosten – so der KVT sie verzeichnet (§ 54 ZPO) – zu ersetzen. 4

Obsiegt die klagende Partei in einem derartigen Verfahren, so stellt sich die Frage nach ihrem Anspruch auf Kostenersatz nach § 77 Abs 1 Z 2 lit a ASGG, wenn der Bescheid nach Abs 4 wegen der Verletzung von Mitteilungs- und Mitwirkungspflichten zu Recht ergangen war und der KVT den Anspruch vor Gericht nach Vorlage der entsprechenden Unterlagen nicht mehr bestreitet. Nach der zitierten Kostennorm sind nur die zur zweckentsprechenden Rechtsverfolgung notwendigen Kosten zu ersetzen (10 ObS 55/23w). Wäre der Leistungswerber seinen Pflichten im Verwaltungsverfahren nachgekommen, wäre es gar nicht zum Sozialgerichtsverfahren gekommen, sodass die Klagekosten mE nicht zuzusprechen sind. Zwar gilt § 45 ZPO wohl im sozialgerichtl Verfahren nicht (vgl implizit *Neumayr* in ZellKomm[3], § 77 ASGG Rz 2 und *Obermaier*, Kostenhandbuch[4] Rz 1.494). § 45 ZPO stellt aber ohnedies nur einen ganz wesentlichen Anwendungsfall der allgemeinen kostenrechtl Erfolgs- und Veranlassungshaftung dar (*M. Bydlinski* in *Fasching/Konecny*[3] § 45 ZPO Rz 1), welche auch in § 77 Abs 1 Z 2 lit a ASGG zum Aus- 5 druck kommt. Durch einen rechtmäßigen Bescheid nach Abs 4 hat der KVT keinen Anlass zur Klage gegeben. Eine derartige Kostenentscheidung setzt ein entsprechendes Vorbringen des KVT zur Verletzung von Mitteilungs- und Mitwirkungspflichten voraus. Dasselbe Ergebnis erzielt *Fink*, Sukzessive Zuständigkeit, 354, durch Anwendung des § 77 Abs 3 ASGG auch in dieser Konstellation.

Abschnitt 8
Auszahlung der Leistungen

Art der Auszahlung

§ 33. (1) Die Auszahlung der Leistungen nach diesem Bundesgesetz erfolgt jeweils monatlich im Nachhinein auf ein Konto bei einem Zahlungsdienstleister, für das Art. 9 der Verordnung (EU) Nr. 260/2012 zur Festlegung der technischen Vorschriften und der Geschäftsanforderungen für Überweisungen und Lastschriften in Euro, ABl. Nr. L 94 vom 30.03.2012 S. 22 gilt, oder per Post an eine inländische Adresse bis zum Zehnten des Folgemonats.

(2) In besonders berücksichtigungswürdigen Fällen, wie zB im Falle einer besonderen finanziellen Notlage oder einer Rückbuchung, kann eine vorzeitige Auszahlung im Höchstausmaß von einem Monatsbetrag unter Bedachtnahme auf die vorliegenden Anspruchstage erfolgen. Diese kann auch vor der Zuerkennung des Anspruches erfolgen, sofern mit der Zuerkennung gerechnet werden kann. Eine wiederholte Vorauszahlung ist jedoch nicht vorzunehmen, wenn sie in der Absicht begehrt wird, die im Abs. 1 festgelegte monatliche Auszahlung zu umgehen.

(3) Soweit die nach diesem Bundesgesetz gebührenden Beträge Bruchteile eines Cents ergeben, sind diese kaufmännisch auf einen Cent zu runden.

(4) Das von den Leistungsbeziehern zu entrichtende Service-Entgelt für die e card (§ 31c Abs. 2 und 3 ASVG) ist mit den Leistungen nach diesem Bundesgesetz aufzurechnen.

(5) Kann die Höhe des Kinderbetreuungsgeldes nach § 24a Abs. 1 nicht binnen angemessener Frist ermittelt werden, so wird bis zu deren Feststellung ein vorläufiges Kinderbetreuungsgeld in der nach § 24a Abs. 1 Z 1 bis 4 berechneten Höhe, mindestens jedoch in Höhe von 33 € täglich ausgezahlt.

(6) Die Bundesministerin für Frauen, Familie, Integration und Medien hat jedes Jahr für das folgende Kalenderjahr die vervielfachten Beträge (§ 3 Abs. 1a, § 24a Abs. 2a und § 24d Abs. 1 letzter Satz) bis spätestens 15. November eines jeden Jahres zu ermitteln und per Verordnung kundzumachen.

[BGBl I 2022/174]

Abs 1 regelt den **Auszahlungszeitpunkt** im Falle der Überweisung übereinstimmend mit § 104 Abs 2 ASVG. Das KBG darf nicht nur auf ein inl Konto überwiesen werden, sondern auf jedes Konto bei einem Geldinstitut, für das Art 9 der SEPA-Verordnung gilt (87 BlgNR 25. GP, 2). 1

2 Für eine **vorzeitige Auszahlung** nach Abs 2 ist eine Glaubhaftmachung der Erfüllung der Anspruchsvoraussetzungen notwendig (620 BlgNR 21. GP, 65). Die Beurteilung, ob ein Grund für die vorzeitige Auszahlung vorliegt, liegt im Ermessen des KVT. Eine Rückbuchung erfolgt, wenn die Auszahlung per Post scheiterte. Eine Umgehungsabsicht iSd letzten Satzes des Abs 2 wird erst anzunehmen sein, wenn die vorzeitige Auszahlung über einen längeren Zeitraum begehrt wird (*Ehmer ua*, 239).

3 Liegen die Voraussetzungen der Befreiung von der Rezeptgebühr vor, so ist kein **Service-Entgelt** für die **E-Card** zu entrichten (§ 31c Abs 2 Z 6 iVm § 30a Abs 1 Z 15 ASVG).

4 Liegt zum Zeitpunkt der Antragstellung auf ea KBG kein Steuerbescheid vor (vgl § 24a Abs 3 iVm Abs 1 Z 5), so wird gem Abs 5 das **ea KBG** in **vorläufiger Höhe** ausbezahlt. Nach Vorliegen des Steuerbescheids erfolgt eine (auch rückwirkende) Berichtigung des Tagesbetrages (340 BlgNR 24. GP, 20). Zur Verjährung der Berichtigung vgl § 31 Abs 7.

Besondere Umstände

§ 34. **(1) Ist der Bezugsberechtigte handlungsunfähig, so ist die Leistung dessen gesetzlichem Vertreter oder dessen Bevollmächtigtem zur Verwendung für das Kind, für welches Kinderbetreuungsgeld bezogen wird, auszuzahlen.**

(2) Ist der Bezugsberechtigte trunk-, spiel- oder rauschgiftsüchtig, so kann die Leistung verlässlichen Familienangehörigen oder der Aufenthaltsgemeinde zur Verwendung für das Kind, für das Kinderbetreuungsgeld bezogen wird, ausgezahlt werden.

[BGBl I 2001/103]

1 Die Regelung des Abs 1 ist an § 106 Abs 1 ASVG angelehnt.

2 Gesetzliche Vertreter von Minderjährigen sind gem § 167 ABGB die **Eltern**, wobei grds jeder Elternteil allein zur Vertretung berechtigt ist. **Mündige Minderjährige** sind zum Empfang des KBG berechtigt: Das KBG ist Einkommen aus eigenem Erwerb iSd § 170 Abs 2 ABGB gleichzustellen, auch wenn dem Anspruch – außer beim ea KBG – keine Erwerbstätigkeit zugrundeliegt. Auch die Regelung des § 106 Abs 1 Satz 2 ASVG (Empfangsberechtigung für Leistungen aus eigener Versicherung) spricht für dieses Ergebnis (so auch *Ehmer ua*, 241).

3 Bei psychischen Erkrankungen bzw geistigen Behinderungen kommen gewählte (§§ 264 ff ABGB), gesetzliche (§§ 268 ff ABGB), gerichtliche (§§ 271 ff ABGB) **Erwachsenenvertreter** und **Vorsorgebevollmächtigte** (§§ 260 ff ABGB) als gesetzliche Vertreter in Betracht.

4 Abs 2 überträgt dem KVT eine Ermessensentscheidung (*Ehmer ua*, 242).

Abschnitt 9
Mutter-Kind-Pass-Verfahren

§ 35. (1) Die gemäß § 7 vorgesehenen ärztlichen Untersuchungen sind von den Trägern der gesetzlichen Krankenversicherung durchzuführen, und zwar

1. bei Personen, die in der gesetzlichen Krankenversicherung pflichtversichert oder freiwillig versichert sind, vom Träger dieser Krankenversicherung, bei mehrfacher Krankenversicherung von dem Versicherungsträger, der zuerst in Anspruch genommen wird;
2. bei Personen, für die als Angehörige ein Anspruch auf Leistungen der gesetzlichen Krankenversicherung besteht, von dem Versicherungsträger, gegen den sich dieser Leistungsanspruch richtet;
3. bei allen übrigen Personen von der Österreichischen Gesundheitskasse.

(2) Für die Durchführung der Untersuchungen kommen insbesondere Vertragsärzte, Einrichtungen der Vertragsärzte oder sonstige Vertragspartner, Schwangeren- oder Mütter- und Elternberatungsstellen der Länder oder eigene Einrichtungen der Krankenversicherungsträger in Betracht.

(3) Zwischen dem Dachverband der Sozialversicherungsträger und der Österreichischen Ärztekammer mit Vollmacht und mit Zustimmung der Ärztekammern in den Bundesländern ist ein Gesamtvertrag abzuschließen, der die Durchführung der gemäß § 7 vorgesehenen ärztlichen Untersuchungen und die Vergütung der ärztlichen Leistungen regelt. Der Gesamtvertrag bedarf nicht der Zustimmung der Träger der gesetzlichen Krankenversicherung. Die Bestimmungen der §§ 338 bis 351 ASVG, des § 181 BSVG, des § 193 GSVG und des § 128 B-KUVG gelten sinngemäß. Der Gesamtvertrag bedarf zu seiner Gültigkeit der Genehmigung der Bundesministerin für Gesundheit im Einvernehmen mit der Bundesministerin für Familien und Jugend. Die Genehmigung ist zu versagen, wenn die im Vertrag vorgesehene Vergütung der ärztlichen Leistungen, gemessen an der Vergütung vergleichbarer Leistungen in der gesetzlichen Krankenversicherung, unangemessen ist. Bis zum Abschluss eines neuen Vertrages gilt der bezugnehmend auf § 39e Abs. 6 FLAG 1967 in der am 31. Dezember 2001 geltenden Fassung abgeschlossene Gesamtvertrag weiter.

(3a) Zwischen dem Dachverband der Sozialversicherungsträger und dem Österreichischen Hebammengremium ist ein Gesamtvertrag abzuschließen, der die Durchführung der gemäß § 7 vorgesehenen Hebammenberatung und deren Vergütung regelt. Der Gesamtvertrag bedarf nicht der Zustimmung der Träger der gesetzlichen Krankenversicherung. Die Bestimmungen des § 349 ASVG, des § 181 BSVG, des § 193 GSVG und des § 128 B-KUVG gelten sinngemäß. Der Gesamtvertrag bedarf zu seiner Gültigkeit der Genehmigung der Bundesministerin für Gesundheit im Einvernehmen mit der Bundesministerin für Familien und Jugend. Die Genehmigung ist zu versagen, wenn die im Vertrag vorgesehene Vergütung, gemessen an der Vergütung vergleichbarer Leistungen in der gesetzlichen Krankenversicherung, unangemessen ist. Bis zum Abschluss einer entsprechenden Vereinbarung gilt § 131b ASVG sinngemäß.

(4) Die Kosten für die gemäß § 7 vorgesehenen ärztlichen Untersuchungen sind für die im Abs. 1 Z 3 genannten Personen zur Gänze vom Ausgleichsfonds für Familienbeihilfen zu tragen; für die übrigen Personen sind die Untersuchungskosten zu zwei Dritteln vom Ausgleichsfonds für Familienbeihilfen und zu einem Drittel von den Trägern der gesetzlichen Krankenversicherung zu tragen. Die vom Ausgleichsfonds für Familienbeihilfen zu tragenden Kosten sind gegen Rechnungslegung dem Dachverband der Sozialversicherungsträger zu überweisen, welcher die Aufteilung auf die einzelnen Träger der gesetzlichen Krankenversicherung vorzunehmen hat. Der vom Ausgleichsfonds für Familienbeihilfen zu leistende Kostenersatz kann pauschaliert werden. Auf den Kostenersatz können angemessene Vorschüsse geleistet werden.

(5) Die gemäß § 7 vorgesehenen ärztlichen Untersuchungen können bei den im § 2 Abs. 1 Z 2 B-KUVG genannten Personen und deren Angehörigen, für die Krankenfürsorge seitens einer Krankenfürsorgeeinrichtung eines öffentlich-rechtlichen Dienstgebers vorgesehen ist, auch von dieser durchgeführt werden. Die Kosten für die Untersuchungen werden den Krankenfürsorgeeinrichtungen zu zwei Dritteln vom Ausgleichsfonds für Familienbeihilfen ersetzt, soweit sie die zwischen dem Dachverband der Sozialversicherungsträger und der Österreichischen Ärztekammer vereinbarten Untersuchungskosten nicht überschreiten (Abs. 3). Der vom Ausgleichsfonds für Familienbeihilfen zu leistende Kostenersatz kann pauschaliert werden. Auf den Kostenersatz können angemessene Vorschüsse geleistet werden.

(6) Die Kosten für den Eltern-Kind-Pass (§ 7) sind vom Ausgleichsfonds für Familienbeihilfen zu tragen.

(7) Die Bundesministerin für Gesundheit und die Bundesministerin für Familien und Jugend sowie von diesen beauftragte Experten sind im Sinne des Datenschutzgesetzes 2000, BGBl. I Nr. 165/1999, zur Ermittlung und Verarbeitung von persönlichen gesundheitsbezogenen Daten von Müttern und Kindern im Zusammenhang mit dem Eltern-Kind-Pass-Untersuchungsprogramm ermächtigt. Dabei können zum ausschließlichen Zweck der Evaluierung Auskünfte über die Eltern-Kind-Pass-Untersuchungen einschließlich der Vorlage des Eltern-Kind-Passes verlangt werden. Eine Weitergabe personenbezogener Daten ist untersagt.

(8) Der Dachverband der Sozialversicherungsträger hat auf Verlangen die in seinem Wirkungsbereich befindlichen Daten betreffend das Eltern-Kind-Pass-Untersuchungsprogramm der Bundesministerin für Gesundheit und der Bundesministerin für Familien und Jugend oder von diesen Bundesministerinnen beauftragten Experten für den ausschließlichen Zweck der Evaluierung des Eltern-Kind-Pass-Untersuchungsprogrammes zur Verfügung zu stellen. Eine Weitergabe personenbezogener Daten ist untersagt.

(9) Die Träger der gesetzlichen Krankenversicherung haben Personen gemäß § 35 Abs. 1 Beratungen mit einer Hebamme gemäß § 7 Abs. 1 insbesondere durch Vertragshebammen zu ermöglichen. Die Kosten für die Beratungen sind zu zwei Dritteln vom Familienlastenausgleichsfonds und zu einem Drittel von den Trägern der gesetzlichen Krankenversicherung zu tragen. Die vom Familienlastenausgleichsfonds zu tragenden Kosten sind dem Dachverband der Sozialversicherungsträger gegen Rechnungslegung zu überweisen.

[BGBl I 2023/82]

Die Regelung ist dem früheren § 39e FLAG nachgebildet (620 BlgNR 21. GP, 65). Sie tritt mit 31.12.2025 außer Kraft (§ 50 Abs 38). **1**

Zu anspruchsberechtigten Angehörigen iSd Abs 1 Z 2 vgl § 123 ASVG. **2**

Vertragsärzte iSd Abs 2 sind freiberuflich tätige Ärzte, die mit KVT über die Behandlung krankenversicherter Personen einen privatrechtl Vertrag abgeschlossen haben (§§ 341 ff ASVG; vgl *Schober* in *Sonntag*, ASVG § 135 Rz 7 mwN). **3**

Zum Inhalt der Eltern-Kind-Pass-Untersuchungen vgl § 7 Abs 1, zur Kürzung des Leistungsanspruchs bei Nichtdurchführung vgl §§ 3 Abs 2, 7 Abs 2 bis 4, 24a Abs 4 und 24c. **4**

Abschnitt 10
Daten

Kinderbetreuungsgeld-Datenbank

§ 36. (1) Für die Verarbeitung der für die Wahrnehmung der nach diesem Bundesgesetz übertragenen Aufgaben erforderlichen personenbezogenen Daten wird eine Datenbank (Kinderbetreuungsgeld-Datenbank) eingerichtet.

(2) Als erforderliche personenbezogene Daten im Sinne des Abs. 1 gelten insbesondere folgende Daten der antragstellenden Person, des zweiten Elternteiles, des Partners, der Kinder und sonstiger relevanter Personen:

1. Namen, Titel, Anschrift, Telefonnummer und E-Mail-Adresse;
2. Geburtsdatum und Sozialversicherungsnummer;
3. Staatsangehörigkeit samt aufenthaltsrechtlichem Status bei nichtösterreichischer Staatsangehörigkeit;
4. Familienstand und Geschlecht;
5. Beruf bzw. Tätigkeit;
6. Firmenbuchnummern, Namen und Anschrift des Dienstgebers;
7. Anspruchs- und Berechnungsgrundlagen;
8. Art, Umfang und Stand der Verfahren;
9. Bescheide;
10. Bankverbindung und Kontonummer;
11. Vertreter, Zahlungsempfänger sowie die Art und Dauer der Vollmacht;
12. Zahlungsbeträge.

(3) Die Österreichische Gesundheitskasse in ihrer Funktion als Kompetenzzentrum (§ 25 Abs. 3) ist Verantwortliche gemäß Art. 4 Z 7 der Verordnung (EU) Nr. 679/2016 zum Schutz natürlicher Personen bei der Verarbeitung personenbezogener Daten, zum freien Datenverkehr und zur Aufhebung der Richtlinie 95/46/EG (Datenschutz-Grundverordnung), ABl. Nr. L 119 vom 27.04.2016 S. 1 (DSGVO).

(4) Umsetzungskosten im Sinne des Abs. 1 sowie Kosten für die laufende Wartung und Entwicklung trägt der Familienlastenausgleichsfonds.

[BGBl I 2018/100]

Datenübermittlung

§ 37. (1) Die Krankenversicherungsträger sind verpflichtet, alle erforderlichen personenbezogenen Daten (§ 36 Abs. 2) elektronisch an die Datenbank zu übermitteln.

(2) Die Österreichische Gesundheitskasse in ihrer Funktion als Kompetenzzentrum und Verbindungsstelle (§ 25 Abs. 3) ist verpflichtet, alle erforderlichen personenbezogenen Daten (§ 36 Abs. 2) elektronisch an die Datenbank zu übermitteln.

(3) Der Dachverband der Sozialversicherungsträger hat alle ihm zur Verfügung stehenden und für die Wahrnehmung der den Krankenversicherungsträgern und der Österreichischen Gesundheitskasse in ihrer Funktion als Kompetenzzentrum sowie als Verbindungsstelle (§ 25 Abs. 3) nach diesem Bundesgesetz übertragenen Aufgaben erforderlichen personenbezogenen Daten (§ 36 Abs. 2) elektronisch an die Datenbank zu übermitteln.

(4) Die Abgabenbehörden haben alle für die Wahrnehmung der den Krankenversicherungsträgern und der Österreichischen Gesundheitskasse als Kompetenzzentrum sowie als Verbindungsstelle (§ 25 Abs. 3) nach diesem Bundesgesetz übertragenen Aufgaben erforderlichen personenbezogenen Daten (§ 36 Abs. 2) elektronisch an die Datenbank zu übermitteln. Der Bundesminister für Finanzen wird ermächtigt, im Einvernehmen mit dem Bundeskanzler Art und Weise des Verfahrens der elektronischen Übermittlung durch Verordnung festzulegen.

[BGBl I 2018/100]

Weitere Datenverarbeitung

§ 37a. (1) Die Krankenversicherungsträger sind berechtigt, alle erforderlichen personenbezogenen Daten (§ 36 Abs. 2) der Datenbank zu verarbeiten.

(2) Die Österreichischen Gesundheitskasse in ihrer Funktion als Kompetenzzentrum und Verbindungsstelle (§ 25 Abs. 3) ist berechtigt, alle erforderlichen personenbezogenen Daten (§ 36 Abs. 2) aus der Datenbank zu verarbeiten.

(3) Die Österreichischen Gesundheitskasse in ihrer Funktion als Kompetenzzentrum (§ 25 Abs. 3) hat dem Bundeskanzler Daten zur automatisierten Besorgung der Statistik zu übermitteln.

(4) Die Österreichischen Gesundheitskasse in ihrer Funktion als Verbindungsstelle (§ 25 Abs. 3) hat dem Bundeskanzler folgende Daten zur jährlichen Weiterleitung an die Europäische Kommission zu übermitteln:

1. Anzahl aller Bezieher, Anzahl aller Kinder, für die Leistungen bezogen wurden und die Gesamtsumme der diesbezüglichen Auszahlungen,
2. Anzahl der Bezieher und Anzahl der Kinder, für die Leistungen bezogen wurden mit Wohnort in einem anderen Mitgliedstaat, und die Gesamt-

summe der diesbezüglichen Auszahlungen, aufgeschlüsselt nach Wohnort der Kinder sowie vorrangiger und nachrangiger Zuständigkeit Österreichs nach den Bestimmungen der Verordnung (EG) Nr. 883/2004,

jeweils bezogen auf das von der Europäischen Kommission abgefragte Jahr.

[BGBl I 2018/100]

Datenlöschung

§ 37b. Die Österreichischen Gesundheitskasse in ihrer Funktion als Kompetenzzentrum (§ 25 Abs. 3) hat die personenbezogenen Daten (§ 36 Abs. 2) in der Datenbank zu löschen, sobald diese nicht mehr benötigt werden, frühestens jedoch 7 Jahre nach Ablauf des Kalenderjahres, in welchem eine Leistung nach diesem Bundesgesetz zuletzt bezogen worden ist.

[BGBl I 2018/100]

1 Abschnitt 10 regelt die Verarbeitung, Übermittlung und Löschung von Daten. Zur Datenverarbeitung durch die VT im Bereich des ASVG vgl ausf *Souhrada* in *Sonntag*, ASVG § 460e Rz 1 ff).

2 § 36 sieht in Anpassung an die DSGVO die Einrichtung einer KBG-Datenbank vor, wobei es sich um eine Umwandlung des bisherigen Informationsverbundsystems handelt. Die ÖGK ist auch für die technische Errichtung, Betreibung und Wartung der Datenbank zuständig, wobei die Daten aus dem bisherigen Informationssystem weitergeführt werden (EB 65 BlgNR 26. GP, 9).

3 § 37 regelt die Datenübermittlung der KVT (Abs 1), der ÖGK (Abs 2), des DV (Abs 3) und der Abgabenbehörden (Abs 4) an die Datenbank. Ähnliche Bestimmungen enthalten die §§ 360 Abs 7, 459a, 459b, 459c und 459 g ASVG.

4 **Einkünfte** sind für die Feststellung des Leistungsanspruchs relevant bei der Einhaltung der Zuverdienstgrenzen nach § 2 Abs 1 Z 3, § 9 Abs 3 und § 24 Abs 1 Z 3 sowie bei der Ermittlung der Höhe des ea KBG nach § 24a Abs 1 Z 5 und Abs 3.

5 Gem § 48a Abs 4 lit b BAO ist die Offenbarung oder Verwertung von Verhältnissen oder Umständen befugt, wenn sie auf Grund einer gesetzl Verpflichtung erfolgt oder wenn sie im zwingenden öff Interesse gelegen ist. § 37 Abs 4 KBGG stellt eine derartige gesetzl Verpflichtung dar (vgl zu §§ 360 und 459b ASVG *Ellinger/Sutter/Urtz*, BAO § 48a Anm 34).

6 Vgl auch die VO des BMF BGBl II 2021/54.

Abschnitt 11
Finanzierung

Deckung des Aufwandes

§ 38. (1) Für die finanzielle Abwicklung dieses Bundesgesetzes sind eigene Rechnungskreise einzurichten, die eine Zuordnung des erforderlichen Aufwandes der Krankenversicherungsträger unter Berücksichtigung der Grundsätze der Sparsamkeit, Wirtschaftlichkeit und Zweckmäßigkeit eindeutig ermöglichen. Der Ausgleichsfonds für Familienbeihilfen hat der Österreichischen Gesundheitskasse die nachgewiesenen, erforderlichen und zuordenbaren Aufwendungen für die Leistungen, die Verfahrenskosten, die Zustellgebühren, den entsprechenden Anteil an den Verwaltungsaufwendungen sowie die sonstigen Aufwendungen nach diesem Bundesgesetz zu ersetzen.

(2) Die anteiligen Verwaltungsaufwendungen einschließlich der Kosten für den Betrieb des Kompetenzzentrums und der Verbindungsstelle gemäß 25 Abs. 3 können pauschal ermittelt und in der Höhe der festgesetzten Pauschalbeträge ersetzt werden. Die Bundesministerin für Familien und Jugend hat die Pauschalbeträge nach Anhörung des Dachverbandes der Sozialversicherungsträger im Einvernehmen mit dem Bundesminister für Finanzen durch Verordnung festzusetzen. Die Pauschalbeträge sind neu festzusetzen, wenn die anteiligen Verwaltungsaufwendungen, insbesondere auf Grund von Gesetzesänderungen, um mehr als 5 vH zu- oder abnehmen. Mit Wirkung ab 1. Jänner eines jeden Jahres sind die Pauschalbeträge mit der Aufwertungszahl des jeweiligen Kalenderjahres (§ 108a ASVG) zu vervielfachen und auf einen Cent zu runden.

(3) Der Ausgleichsfonds für Familienbeihilfen hat der Österreichischen Gesundheitskasse den nachgewiesenen, für die Herstellung der Voraussetzungen zur Vollziehung dieses Bundesgesetzes, auch im Falle von Gesetzesänderungen, unter Berücksichtigung der Grundsätze der Sparsamkeit, Wirtschaftlichkeit und Zweckmäßigkeit erforderlichen einmaligen Aufwand einschließlich der Implementierungskosten aller Krankenversicherungsträger zu ersetzen. Die anteiligen erforderlichen und zuordenbaren Errichtungs- und Entwicklungskosten des Datennetzes sind dem Dachverband der Sozialversicherungsträger zu ersetzen.

(4) Für nachträgliche Anpassungen oder Investitionen insbesondere technischer Natur, die anlässlich der Vollziehung oder von Änderungen dieses Bundesgesetzes erforderlich werden, ist Abs. 3 sinngemäß anzuwenden.

[BGBl I 2018/100]

Die Bestimmung regelt die Deckung des Aufwands für die Leistungen und 1
die Verwaltungsaufwendungen durch den FLAF. Beim KBG handelt es sich

nämlich nicht um eine Versicherungsleistung (vgl § 1 Rz 1 f). Die KVT sind bloß für die Abwicklung des Verfahrens zuständig, nicht aber zur Tragung des Aufwands für die Leistung verpflichtet (vgl § 25 Rz 2); insoweit besteht eine Parallelität zur Ausgleichszulage (§ 299 ASVG) und zum Pflegegeld (§ 23 BPGG).

2 Vgl die VO des BMFJ BGBl II 2015/416.

3 Zur USt-Befreiung des Aufwandersatzes vgl § 44 Abs 2.

Verrechnung

Verrechnung

§ 39. Der Ausgleichsfonds für Familienbeihilfen kann der Österreichischen Gesundheitskasse die Aufwendungen aller zuständigen Krankenversicherungsträger für die Leistungen nach diesem Bundesgesetz bevorschussen. Die Endabrechnung ist jährlich im Nachhinein vorzunehmen.

[BGBl I 2018/100]

Zur Tragung des Aufwands durch den FLAF vgl § 38. Unter welchen Voraus- 1
setzungen die Bevorschussung stattfinden kann, sagt das G nicht, sodass ein weiter Ermessensspielraum besteht (vgl *Ehmer ua*, 256).

§ 40. *aufgehoben*

Abschnitt 12
Schlussbestimmungen

Rechtshilfe

§ 41. (1) Die Verwaltungsbehörden, das Arbeitsmarktservice und die Gerichte sind verpflichtet, den in Vollziehung dieses Bundesgesetzes an sie ergehenden Ersuchen der Krankenversicherungsträger im Rahmen ihrer sachlichen und örtlichen Zuständigkeit zu entsprechen.

(2) Barauslagen, die der ersuchten Stelle aus der Hilfeleistung erwachsen, mit Ausnahme von Portokosten, sind von der ersuchenden Stelle zu erstatten.

(3) Die Krankenversicherungsträger sind berechtigt, auf automationsunterstütztem Weg Einsicht in das automationsunterstützt geführte Grundbuch, in das zentrale Gewerberegister und in das automationsunterstützt geführte Firmenbuch zu nehmen, soweit dies zur Erfüllung der Aufgaben nach diesem Bundesgesetz notwendig ist. Die Berechtigung zur Einsicht in das Grundbuch umfasst auch die Einsichtnahme in das Personenverzeichnis. Die Berechtigung zur Einsicht in das Firmenbuch umfasst auch die bundesweite Suche nach im Zusammenhang mit den Rechtsträgern gespeicherten Personen.

[BGBl I 2001/103]

1 Die Regelung ist § 360 Abs 1 bis 3 ASVG nachgebildet, hins des AMS entspricht sie § 69 Abs 1 letzter Satz AlVG. Zur Amtshilfe nach dem ASVG vgl ausf *Derntl* in *Sonntag*, ASVG § 360 Rz 1 ff.

Unterhaltsanspruch

§ 42. Das Kinderbetreuungsgeld, der Partnerschaftsbonus zum pauschalen Kinderbetreuungsgeld und die Beihilfe zum pauschalen Kinderbetreuungsgeld gelten weder als eigenes Einkommen des Kindes noch des beziehenden Elternteils und mindern nicht deren Unterhaltsansprüche.

[BGBl I 2016/53]

Übersicht

I. Unterhaltsanspruch des Kindes

1 Die Leistungen nach dem KBGG gelten nicht als Einkommen des Kindes iSd § 231 Abs 3 ABGB, die dessen Unterhaltsanspruch mindern. Die Regelung hat klarstellenden Charakter und ist an § 12a FLAG angelehnt (vgl *Ehmer ua*, 261).

II. Unterhaltsanspruch des beziehenden Elternteils

Die Leistungen nach dem KBGG gelten auch nicht als Einkommen des beziehenden Elternteils und mindern daher nicht dessen Unterhaltsanspruch, zB gegen den Ehegatten (vgl 5 Ob 53/09v ua). 2

Abweichendes gilt gem § 24e letzter Satz für das ea KBG (vgl § 24 Rz 7). 3

III. Unterhaltspflicht des beziehenden Elternteils

In der Rsp des OGH wurde die Frage unterschiedlich beurteilt, ob § 42 überhaupt die Frage des Einflusses des Leistungsbezugs auf die eigene Unterhaltspflicht regelt (dafür RS 0124356, dagegen RS 0124595). 4

Der VfGH entschied zu G 9/09 ua, dass auch dann, wenn die Norm dahingehend zu interpretieren wäre, dass das KBG beim beziehenden Elternteil aus der Bemessungsgrundlage für Unterhaltsverpflichtungen auszuscheiden wäre, dagegen aus verfassungsrechtl Sicht nichts einzuwenden wäre. Es sei daher Sache der Zivilgerichte zu entscheiden, welcher Inhalt der Norm beizulegen ist. 5

In der Folge hielt der 10. Senat des OGH an seiner schon davor vertretenen Linie fest, dass das vom Unterhaltspflichtigen bezogene KBG nach **allg unterhaltsrechtl Grundsätzen** in die Unterhaltsbemessungsgrundlage einzubeziehen sei, die Entscheidung des VfGH zwinge zu keiner anderen Beurteilung. Dies gelte auch für die Kurzleistungen nach § 5a (10 Ob 76/09p). Angesichts dieser Rsp kommt der Regelung des § 24e letzter Satz für das ea KBG keine Bedeutung zu, weil dieses bereits nach allg Grundsätzen in die Unterhaltsbemessungsgrundlage einzufließen hat. 6

Pfändungsverbot und Steuerbefreiung

§ 43. **(1) Das pauschale Kinderbetreuungsgeld, der Partnerschaftsbonus zum pauschalen Kinderbetreuungsgeld und die Beihilfe zum pauschalen Kinderbetreuungsgeld sind gemäß § 290 der Exekutionsordnung (EO), RGBl. Nr. 79/1896, nicht pfändbar.**

(2) Die Leistungen nach diesem Bundesgesetz sind von der Einkommensteuer befreit und gehören auch nicht zur Bemessungsgrundlage für sonstige Abgaben und öffentlich-rechtliche Beiträge.

[BGBl I 2016/53]

Das Pfändungsverbot des Abs 1 gilt nicht für das ea KBG. Die Regelung entspricht § 290 Abs 1 Z 10 EO. 1

Die Bestimmung des Abs 2 entspricht § 3 Abs 1 Z 5 lit b EStG, die Steuerbefreiung gilt seit BGBl I 2016/53 auch für das ea KBG. 2

Gebührenfreiheit

§ 44. (1) Die im Verfahren nach diesem Bundesgesetz erforderlichen Eingaben, Vollmachten und Ausfertigungen sind von den Stempelgebühren und Verwaltungsabgaben des Bundes befreit. Die §§ 76 bis 78 des Allgemeinen Verwaltungsverfahrensgesetzes 1991 (AVG 1991), BGBl. Nr. 51, sind im Verfahren nach diesem Bundesgesetz nicht anzuwenden.

(2) Der Ersatz des Aufwandes gemäß § 38 stellt kein Entgelt im Sinne des Umsatzsteuergesetzes 1994 (UStG 1994), BGBl. Nr. 663, dar.

[BGBl I 2001/103]

1 Die Gebührenbefreiung ist umfassend zu verstehen, sodass auch Beilagen und Niederschriften von der Gebührenpflicht ausgenommen sind (*Ehmer ua*, 265).

2 Die Nichtanwendbarkeit der §§ 76 bis 78 AVG ergibt sich bereits aus § 25a KBGG iVm § 360b Abs 1 ASVG (vgl näher § 25a Rz 3).

Verwaltungsstrafbestimmung

§ 45. Personen,

1. die grob fahrlässig oder vorsätzlich unwahre Angaben gemacht haben oder maßgebliche Tatsachen verschwiegen haben und dadurch
   a) zu Unrecht eine Leistung nach diesem Bundesgesetz bezogen haben oder
   b) einer anderen Person zum unrechtmäßigen Bezug einer Leistung nach diesem Bundesgesetz verholfen haben oder

2. die ihren Mitteilungs- und Mitwirkungspflichten (§§ 29, 32 Abs. 1 und 2) nicht oder nicht gehörig nachgekommen sind,

sind, sofern die Tat nicht den Tatbestand einer in die Zuständigkeit der Gerichte fallenden Handlung bildet oder nach anderen Verwaltungsstrafbestimmungen mit strengerer Strafe bedroht ist, von der Bezirksverwaltungsbehörde mit einer Geldstrafe bis zu 2 000 € zu bestrafen.

[BGBl I 2011/139]

1 Im Verhältnis zum **gerichtl Strafrecht** entspricht die Regelung dem in § 22 Abs 1 VStG verankerten Grundsatz der **Subsidiarität** (vgl näher *Lewisch* in *Lewisch/Fister/Weilguni*, VStG § 22 Rz 3). Als gerichtl Strattatbestände kommen insb die §§ 146 ff StGB in Betracht.

2 Im Verhältnis zu **anderen Verwaltungsstrafbestimmungen** normiert die Regelung ausdrücklich **Subsidiarität**, sodass die Kumulationsregel des § 22 VStG nicht zur Anwendung kommt; es liegt scheinbare Konkurrenz vor (vgl *Lewisch* aaO Rz 12 f).

Ist die Erfüllung der Voraussetzung einer vorrangig zu verfolgenden gerichtl strafbaren Handlung oder anderen Verwaltungsübertretung zweifelhaft, sieht § 30 Abs 2 VStG eine **Aussetzung** des Verwaltungsstrafverfahrens bis zur rechtskräftigen Entscheidung des Gerichts oder der anderen Verwaltungsbehörde vor. Zur Frage der Bindung an diese Entscheidung vgl näher *Lewisch* aaO, § 30 Rz 9. 3

Ist die Subsidiarität hingegen zweifelsfrei, so ist der Sachverhalt infolge der Nachrangigkeit **straflos** und das Verfahren nicht einzuleiten bzw einzustellen (vgl *Lewisch* aaO, § 30 Rz 6). 4

Zur Rückforderung bei unwahren Angaben und Verschweigen maßgebl Tatsachen vgl § 31 Abs 1. 5

Sprachliche Gleichbehandlung

§ 46. Soweit in diesem Bundesgesetz personenbezogene Bezeichnungen nur in männlicher Form angeführt sind, beziehen sie sich auf Frauen und Männer in gleicher Weise. Bei der Anwendung auf bestimmte Personen ist die jeweils geschlechtsspezifische Form zu verwenden.

[BGBl I 2001/103]

Verweisungen

§ 47. Soweit in diesem Bundesgesetz auf Bestimmungen anderer Bundesgesetze verwiesen wird, sind diese, soweit nicht ausdrücklich anderes bestimmt ist, in der jeweils geltenden Fassung anzuwenden.

[BGBl I 2011/103]

Vollzug

§ 48. Mit der Vollziehung dieses Bundesgesetzes sind betraut

1. **hinsichtlich des § 37 Abs. 1 und 2 der Bundesminister für Finanzen,**
2. **hinsichtlich der übrigen Bestimmungen die Bundesministerin für Familien und Jugend.**

[BGBl I 2016/53]

In-Kraft-Treten

§ 49. (1) Dieses Bundesgesetz tritt – mit Ausnahme der §§ 24 Abs. 4 und 38 Abs. 3 – am 1. Jänner 2002 in Kraft und ist für Geburten nach dem 31. Dezember 2001 anzuwenden.

(2) Auf Geburten zwischen dem 1. Jänner 2002 und 30. Juli 2002 ist § 3 Abs. 2 mit der Maßgabe anzuwenden, dass vom Nachweis der Untersuchungen während der Schwangerschaft abgesehen wird.

(3) § 24 Abs. 4 tritt mit dem der Kundmachung dieses Gesetzes folgenden Tag in Kraft.

(4) § 38 Abs. 3 tritt mit 1. September 2001 in Kraft.

(5) § 2 Abs. 6, § 3a, § 7 Abs. 2 und 3, § 9 Abs. 3, § 33 Abs. 3 und § 36 Abs. 2 Z 5 in der Fassung des Bundesgesetzes BGBl. I Nr. 58/2003 treten mit 1. Jänner 2004 in Kraft.

(6) Auf Geburten bis 31. Oktober 2003 ist § 3a Abs. 2 nicht anzuwenden.

(7) Die §§ 7 Abs. 3, 8 Abs. 2, 9 Abs. 1 Z 4, 9 Abs. 2, 9 Abs. 4, 31 Abs. 2 erster Satz und 33 Abs. 1 in der Fassung des Bundesgesetzes BGBl. I Nr. 122/2003 treten mit 1. Jänner 2004 in Kraft.

(8) § 20 in der Fassung des Bundesgesetzes BGBl. I Nr. 34/2004 tritt am 1. Jänner 2002 in Kraft und ist für Geburten nach dem 31. Dezember 2001 anzuwenden.

(9) Die §§ 2 Abs. 1 Z 2 bis 5, 2 Abs. 2 bis 5, 5 Abs. 6, 6 und 8 Abs. 2 in der Fassung des Bundesgesetzes BGBl. I Nr. 100/2005, treten mit 1. Jänner 2006, nach Maßgabe der Übergangsbestimmungen des Niederlassungs- und Aufenthaltsgesetzes (NAG), BGBl. I Nr. 100/2005, sowie des Asylgesetzes 2005 (AsylG 2005), BGBl. I Nr. 100, in Kraft.

(10) § 3a Abs. 2 und 3 in der Fassung des Bundesgesetzes BGBl. I Nr. 97/2006 tritt mit 1. Jänner 2007 in Kraft und ist auf Geburten nach dem 31. Dezember 2006 anzuwenden. § 33 Abs. 4 in der Fassung des Bundesgesetzes BGBl. I Nr 97/2006 tritt mit 1. Juli 2006 in Kraft.

(11) § 2 Abs. 1 Z 5 in der Fassung des Bundesgesetzes BGBl. I Nr. 168/2006 tritt mit 1. Juli 2006 in Kraft.

(12) Abweichend von § 4 Abs. 2 können Anträge auf rückwirkende Gewährung des Kinderbetreuungsgeldes in den Fällen des § 2 Abs. 1 Z 5 für Kinder, die nach Ablauf des 31. Dezember 2005 und vor dem 1. Jänner 2007 geboren werden, längstens bis 1. Juli 2007 wirksam gestellt werden.

(13) §§ 2 Abs. 1 Z 1 und 3, 2 Abs. 5, 3a Abs. 1 bis 3, 5 Abs. 5, 5a, 5b, 6 Abs. 3, 7 Abs. 3 und 4, 9 Abs. 2 bis 4, 12, 19 Abs. 2, 24 Abs. 1, 26a, 31 Abs. 4, 36 Abs. 2 Z 5, 42, 43 und 45 in der Fassung des Bundesgesetzes BGBl. I Nr. 76/2007 treten mit 1. Jänner 2008 in Kraft.

(14) §§ 8 Abs. 1 Z 1, 8a und 31 Abs. 7 treten mit 1. Jänner 2008 in Kraft und sind auf Bezugszeiträume nach dem Jahr 2007 anzuwenden.

§ 3 Abs. 2 und 7 Abs. 2 treten mit 1. Jänner 2008 in Kraft und sind auf Geburten nach dem 31. Dezember 2007 anzuwenden.

(15) Mit Ablauf des 31. Dezember 2007 tritt die Verordnung des Bundesministers für soziale Sicherheit und Generationen, mit der die Kriterien

für Härtefälle nach dem Kinderbetreuungsgeldgesetz festgelegt werden (KBGG-Härtefälle-Verordnung), BGBl. II Nr. 405/2001 idF BGBl. II Nr. 91/2004, außer Kraft. Auf Anspruchsüberprüfungen der Kalenderjahre 2002 bis 2007 ist sie jedoch weiter anzuwenden.

(16) Für Geburten vor 2008 kann trotz bereits erfolgter Antragstellung und Bezug des Kinderbetreuungsgeldes ab 1. Jänner 2008 einmalig auf das Kinderbetreuungsgeld als Kurzleistung (§ 5a oder § 5b) umgestiegen werden. Hiezu ist eine gesonderte Antragstellung spätestens bis 30. Juni 2008 nötig. § 26a zweiter und dritter Satz sowie § 4 Abs. 2 gelten sinngemäß.

(17) Das Recht, die Abgabe gemäß Abschnitt 4 festzusetzen, verjährt für die Jahre 2002 und 2003 frühestens Ende 2008.

(18) § 19 Abs. 1 in der Fassung des Bundesgesetzes BGBl. I Nr. 76/2007 und § 21 in der Fassung des Bundesgesetzes BGBl. I Nr. 24/2009 treten mit 1. Jänner 2002 in Kraft und sind auf Geburten nach dem 31. Dezember 2001 anzuwenden.

(19) Die §§ 2 Abs. 1 Z 3, 2 Abs. 6, 3a Abs. 1 erster Satz, 3a Abs. 2, 5 Abs. 2 und 4, 5a Abs. 3, 5b Abs. 3, 8 samt Überschrift, 8a, 8b samt Überschrift, 31 Abs. 2, 31 Abs. 4 Z 2 und 3, 31 Abs. 5 und 7, 32 Abs. 2 und 37 Abs. 2 in der Fassung des Bundesgesetzes BGBl. I Nr. 116/2009 treten mit 1. Jänner 2010 in Kraft.

(20) Die §§ 36 Abs. 2 Z 1, 4 bis 6 und 38 Abs. 2 in der Fassung des Bundesgesetzes BGBl. I Nr. 116/2009 treten mit 1. Jänner 2010 in Kraft und sind für Zeiträume ab 1. Oktober 2009 anzuwenden.

(21) Abschnitt 3 samt Überschrift und § 31 Abs. 3 in der Fassung des Bundesgesetzes BGBl. I Nr. 116/2009 treten mit 1. Jänner 2010 in Kraft und sind auf Geburten nach dem 31. Dezember 2009 anzuwenden.

(22) § 1, die Überschrift des Abschnitts 2, §§ 3a Abs. 3, §§ 5 Abs. 4a und b, 5c, 7 Abs. 3 und 4, Abschnitt 5 samt Überschrift, die Überschrift des Abschnitts 5a, §§ 25 und 25a, § 26a und 33 Abs. 5 in der Fassung des Bundesgesetzes BGBl. I Nr. 116/2009 treten mit 1. Jänner 2010 in Kraft und sind auf Geburten nach dem 30. September 2009 anzuwenden, sofern 2009 kein Antrag auf Kinderbetreuungsgeld für Zeiträume nach dem 30. September 2009 und vor dem 1. Jänner 2010 gestellt worden ist; wird 2010 rückwirkend Kinderbetreuungsgeld für Zeiträume zwischen 1. Oktober 2009 und 31. Dezember 2009 beantragt, so besteht kein Anspruch auf Auszahlung von Kinderbetreuungsgeld für diese Zeiträume.

(23) Abgaben im Sinne des § 18 in der Fassung vor dem Bundesgesetz BGBl. I Nr. 116/2009, für die der Abgabenanspruch gemäß § 21 in der Fassung vor dem Bundesgesetz BGBl. I Nr. 116/2009 mit Ablauf des Kalenderjahres 2015 oder 2016 entstanden ist, sind nicht festzusetzen; im

Fall der bereits erfolgten Festsetzung ist von Amts wegen der Festsetzungsbescheid aufzuheben und der festgesetzte Betrag zurückzuzahlen.

(24) § 6 Abs. 2 in der Fassung des Bundesgesetzes BGBl. I Nr. 116/2009 tritt mit 1. Jänner 2010 in Kraft und ist auf Geburten nach dem 30. September 2009 anzuwenden.

[BGBl I 2020/111]

§ 50. **(1) §§ 24a Abs. 1, 25 Abs. 2 und 3, 31 Abs. 4, 32 Abs. 1 und 3, 36 Abs. 2, 37 Abs. 1, 38 Abs. 2 und 3, 42 und 43 samt Überschriften sowie 45 in der Fassung des Bundesgesetzes BGBl. I Nr. 139/2011 treten mit 1. Jänner 2012 in Kraft.**

(2) §§ 8 Abs. 1 Z 2, 8b Abs. 1 Z 1 und 2, 24 Abs 1 Z 2 und Abs. 2 sowie 24a Abs. 3 in der Fassung des Bundesgesetzes BGBl. I Nr. 139/2011 treten mit 1. Jänner 2012 in Kraft und sind für Geburten nach dem 31. Dezember 2011 anzuwenden.

(3) §§ 8 Abs. 1 Z 1, 9 Abs. 3 und 24 Abs. 1 Z 3 in der Fassung des Bundesgesetzes BGBl. I Nr. 139/2011 treten mit 1. Jänner 2012 in Kraft und sind auf Bezugszeiträume ab 1. Jänner 2012 anzuwenden.

(4) § 40 samt Überschrift in der Fassung des Bundesgesetzes BGBl. I Nr. 11/2011 tritt mit Ablauf des 31. Dezember 2011 außer Kraft, ist jedoch für Geburten bis 31. Dezember 2009 weiter anzuwenden.

(5) § 48 samt Überschrift in der Fassung des Bundesgesetzes BGBl. I Nr. 139/2011 tritt mit 1. Jänner 2012 in Kraft, ist jedoch in der Fassung des Bundesgesetzes BGBl. I Nr. 11/2011 für Geburten bis 31. Dezember 2009 weiter anzuwenden.

(6) § 8 Abs. 1 Z 1 in der Fassung des Bundesgesetzes BGBl. I Nr. 117/2013 tritt mit 1. Jänner 2010 in Kraft und ist auf Bezugszeiträume ab 1. Jänner 2010 anzuwenden.

(7) §§ 9 Abs. 3 und 24 Abs. 1 Z 3 in der Fassung des Bundesgesetzes BGBl. I Nr. 117/2013 treten mit 1. Jänner 2014 in Kraft und sind auf Bezugszeiträume ab 1. Jänner 2014 anzuwenden.

(8) §§ 24d Abs. 2, 26a und 36 Abs. 2 in der Fassung des Bundesgesetzes BGBl. I Nr. 117/2013 treten mit 1. Jänner 2014 in Kraft und sind auf erstmalige Antragstellungen ab 1. Jänner 2014 anzuwenden.

(9) § 31 Abs. 4 in der Fassung des Bundesgesetzes BGBl. I Nr. 117/2013 tritt mit 1. Jänner 2013 in Kraft.

(10) § 7 Abs. 1, § 35 Abs. 3a und § 35 Abs. 9 in der Fassung des Bundesgesetzes BGBl. I Nr. 197/2013 treten mit 1. November 2013 in Kraft.

(11) § 2 Abs. 1 Z 5 in der Fassung des Bundesgesetzes BGBl. I Nr. 35/2014 tritt mit 1. Jänner 2014 in Kraft.

(12) § 33 Abs. 1 in der Fassung des Bundesgesetzes BGBl. I Nr. 35/2014 tritt mit 31. März 2012 in Kraft.

(13) § 9 Abs. 3 und § 24 Abs. 1 Z 3 in der Fassung BGBl. I Nr. 53/2016 treten mit 1. Jänner 2017 in Kraft und gelten für Bezugszeiträume ab 1. Jänner 2017.

(14) § 1, die Überschrift des Abschnittes 2, § 2 Abs. 5, § 2 Abs. 7 und 9, § 3, § 3a, § 4 Abs. 2, § 4a, § 5, § 5a bis § 5d, § 7 Abs. 2 und 3, § 8 Abs. 1, § 8b Abs. 1, § 9 Abs. 2 und 4, § 14, § 24 Abs. 1 Z 2, § 24 Abs. 2, § 24a Abs. 3 und 4, § 24b bis 24d, § 26 Abs. 2, § 26a, § 27 Abs. 2, § 36 Abs. 1 Z 3, § 36 Abs. 2 und 3, § 42, § 43 Abs. 1 in der Fassung BGBl. I Nr. 53/2016 treten mit 1. März 2017 in Kraft und gelten für Geburten nach dem 28. Februar 2017.

(15) § 2 Abs. 1 Z 5 lit. c, § 6, § 7 Abs. 1, § 24 Abs. 3, § 25a, § 27 Abs. 4, § 31 Abs. 1 bis 4, § 32 Abs. 3 und 4, § 35 Abs. 3 und 3a, § 35 Abs. 7 und 8, die Überschrift des Abschnittes 10, § 37 Abs. 1, § 38 Abs. 2, § 43 Abs. 2, § 48 Z 2 in der Fassung BGBl. I Nr. 53/2016 treten mit 1. März 2017 in Kraft.

(16) § 24e in der Fassung BGBl. I Nr. 53/2016 tritt mit 1. März 2017 in Kraft und ist hinsichtlich des § 2 Abs. 6 und 8 für Bezugszeiträume ab 1. Jänner 2017 und hinsichtlich des § 1, § 2 Abs. 7 und 9, § 4, § 4a, § 5b, § 26 Abs. 2, § 26a, § 27 Abs. 2, § 36 Abs. 1 Z 3, § 36 Abs. 2 und 3, § 42 und § 43 Abs. 1 für Geburten nach dem 28. Februar 2017 anzuwenden.

(17) § 24d Abs. 1 in der Fassung BGBl. I Nr. 35/2014 tritt mit 1. März 2017 außer Kraft, ist jedoch hinsichtlich des § 1, § 2 Abs. 2, 3 und 5, § 4, § 5 Abs. 3, 4, 5 und 6, § 26 Abs. 2, § 26a, § 27 Abs. 2, § 36 Abs. 1 Z 3, § 36 Abs. 2, § 42 und § 43 Abs. 1 jeweils in der Fassung BGBl. I Nr. 35/2014 für Geburten bis 28. Februar 2017 weiterhin anzuwenden.

(18) § 7 Abs. 4 und § 24d Abs. 2 in der Fassung BGBl. I Nr. 35/2014 treten mit 1. März 2017 außer Kraft, sind jedoch für Geburten bis 28. Februar 2017 weiterhin anzuwenden.

(19) § 2 Abs. 6 und 8 in der Fassung BGBl. I Nr. 53/2016 tritt mit 1. Jänner 2017 in Kraft und gilt für Bezugszeiträume ab 1. Jänner 2017.

(20) § 38 Abs. 3 zweiter Satz in der Fassung BGBl. I Nr. 35/2014 tritt mit 1. Jänner 2017 außer Kraft.

(21) § 25 Abs. 2, § 36 samt Überschrift, § 37 sowie die §§ 37a und 37b samt Überschriften in der Fassung des Materien-Datenschutz-Anpassungsgesetzes 2018, BGBl. I Nr. 32/2018, treten mit 25. Mai 2018 in Kraft.

(22) Die §§ 25 Abs. 2 bis 4, 28 Abs. 1 Z 3, 31 Abs. 2, 35 Abs. 1 Z 3 und Abs. 3, 3a, 4, 5, 8 und 9, 36 Abs. 3, 37 Abs. 2 bis 4, 37a Abs. 2 bis 4, 37b, 38

Abs. 1 bis 3 sowie 39 in der Fassung des Bundesgesetzes BGBl. I Nr. 100/2018 treten mit 1. Jänner 2020 in Kraft.

(23) § 2 Abs. 1 und 6, § 2a und § 32 in der Fassung des Bundesgesetzes BGBl. I Nr. 24/2019 treten mit 1. Juli 2018 in Kraft.

(24) Für Geburten von 1. Jänner 2012 bis 28. Februar 2017 kann der Nachweis der Abgrenzung der Einkünfte nach § 8 Abs. 1 Z 2 des Elternteils, der das pauschale Kinderbetreuungsgeld, das Kinderbetreuungsgeld als Ersatz des Erwerbseinkommens und die Beihilfe zum pauschalen Kinderbetreuungsgeld bezogen hat, bis zum 31. Dezember 2025 erbracht werden. Die Krankenversicherungsträger haben in den genannten Fällen, sofern sie im laufenden Prüfverfahren aufgrund der Jahreseinkünfte eine Überschreitung des Grenzbetrages feststellen und andere maßgebliche Einkünfte nach § 8 Abs. 1 Z 2 enthalten sind, den Elternteil individuell auf die Möglichkeit zur Vorlage des Abgrenzungsnachweises hinzuweisen. Der Elternteil hat den Nachweis binnen zwei Monaten vorzulegen, eine spätere Vorlage ist in diesem Fall nicht mehr möglich. Dies gilt sinngemäß auch für Personen im Sinne der §§ 12 und 13.

(25) § 24 Abs. 1 Z 3 in der Fassung der Z 2 und § 9 Abs. 3 in der Fassung des Bundesgesetzes BGBl. I Nr. 75/2019 treten mit 1. Jänner 2020 in Kraft.

(26) Für Geburten ab dem 1. Jänner 2021 bis 31. Dezember 2021 ist § 24a Abs. 3 COVID-19 bedingt ausnahmsweise mit der Maßgabe anzuwenden, dass die maßgeblichen Einkünfte aus dem zum Zeitpunkt der Antragstellung geltenden Einkommensteuerbescheid für das Kalenderjahr 2019 heranzuziehen sind, wenn sich dadurch für den Elternteil ein höherer Tagsatz ergibt.

(27) § 9 Abs. 3 und § 24 Abs. 1 Z 3 in der Fassung des Bundesgesetzes BGBl. I Nr. 221/2021 treten mit 1. Jänner 2022 in Kraft.

(28) § 31 Abs. 4 in der Fassung des Bundesgesetzes BGBl. I Nr. 61/2022 tritt mit 1. Mai 2022 in Kraft.

(29) Aus der Ukraine Vertriebene (§ 62 Asylgesetz 2005) haben während ihres Aufenthaltes im Bundesgebiet im Sinne der Vertriebenen-VO zumindest für die Zeit des bewaffneten Konflikts in der Ukraine den Mittelpunkt ihrer Lebensinteressen nach § 2 Abs. 1 Z 4 im Bundesgebiet.

(30) § 2 Abs. 1 Z 5 lit. c und d sowie § 50 Abs. 29 und 30 in der Fassung BGBl. I Nr. 154/2022 treten rückwirkend mit 12. März 2022 in Kraft und mit dem Tag der Beendigung des Aufenthaltsrechtes nach § 4 Vertriebenen-VO, spätestens jedoch mit 4. März 2025, außer Kraft.

(31) § 3 Abs. 1a, § 24a Abs. 2a und § 24d Abs. 1 in der Fassung BGBl. I Nr. 174/2022 treten mit dem der Kundmachung dieses Bundesgesetzes folgenden Tag in Kraft; die Anpassung hat erstmals für Bezugszeiträume ab 1. Jänner 2023 zu erfolgen.

(32) § 2 Abs. 7 bis 8 und § 24e in der Fassung BGBl. I Nr. 174/2022 treten mit 1. Jänner 2023 in Kraft und sind für Geburten nach dem 31. Dezember 2022 anzuwenden.

(33) § 2 Abs. 7 und § 24e in der Fassung BGBl. I Nr. 61/2022 treten mit 31. Dezember 2022 außer Kraft und sind für Geburten bis 31. Dezember 2022 weiter anzuwenden.

(34) § 33 Abs. 6 in der Fassung BGBl. I Nr. 174/2022 tritt mit 1. November 2022 in Kraft.

(35) § 2 Abs. 1 Z 3 und § 8b Abs. 2 in der Fassung BGBl. I Nr. 174/2022 treten mit 1. Jänner 2023 in Kraft und sind für Bezugszeiträume ab 1. Jänner 2023 anzuwenden.

(36) § 9 Abs. 3, § 12 und § 24 Abs. 1 Z 3 in der Fassung des Bundesgesetzes BGBl. I Nr. 225/2022 treten mit 1. Jänner 2023 in Kraft.

(37) § 3 Abs. 4, § 3a Abs. 2, die Überschrift zu § 7, § 7a samt Überschrift, § 24a Abs. 4, die Überschrift zu § 24c, die Überschrift zu § 35, § 35 Abs. 6, 7, 8 und 9 in der Fassung des Bundesgesetzes BGBl. I Nr. 82/2023 sowie § 7 Abs. 1 in der Fassung des Art. 4 Z 2 und § 24e in der Fassung des Art. 4 Z 8 des genannten Bundesgesetzes treten mit 1. Jänner 2024 in Kraft und sind auch auf alle Personen anzuwenden, die sich mit Stichtag 1. Jänner 2024 im Mutter-Kind-Pass-Untersuchungsprogramm befinden. Mutter-Kind-Pässe behalten ihre Gültigkeit und gelten als Eltern-Kind-Pässe weiter.

(38) § 7 Abs. 4, § 24c Abs. 3 in der Fassung des Bundesgesetzes BGBl. I Nr. 82/2023 sowie § 7 Abs. 1 in der Fassung des Art. 4 Z 3 und § 24e in der Fassung des Art. 4 Z 9 des genannten Bundesgesetzes treten mit 1. Jänner 2026 in Kraft und sind auf die nach dem 31. Dezember 2025 ärztlich bestätigten Schwangerschaften anzuwenden. Gleichzeitig treten § 7a samt Überschrift und Abschnitt 9 außer Kraft.

(39) § 2 Abs. 1 Z 1 in der Fassung des Bundesgesetzes BGBl. I Nr. 115/2023 tritt mit 1. Februar 2023 in Kraft.

(40) § 2 Abs. 6 und 9, § 5b, § 24c Abs. 2, § 24d Abs. 3 sowie § 31 Abs. 3a in der Fassung des Bundesgesetzes BGBl. I Nr. 115/2023 treten mit 1. November 2023 in Kraft und sind auf Geburten nach dem 31. Oktober 2023 anzuwenden.

(41) § 9 Abs. 3 und § 24 Abs. 1 Z 3 in der Fassung des Bundesgesetzes BGBl. I Nr. 183/2023 treten mit 1. Jänner 2024 in Kraft.

(42) § 50 Abs. 30 in der Fassung des Bundesgesetzes BGBl. I Nr. 183/2023 tritt mit dem der Kundmachung des genannten Bundesgesetzes folgenden Tag in Kraft.

(43) § 6 Abs. 1 und § 24a Abs. 1a in der Fassung des Bundesgesetzes BGBl. I Nr. 64/2024 treten rückwirkend mit 1. September 2022 in Kraft.

[BGBl I 2024/64]

Bundesgesetz über die Gewährung eines Bonus für Väter während der Familienzeit (Familienzeitbonusgesetz – FamZeitbG)

BGBl I 2016/53 idF BGBl I 2023/115

Leistungsart

§ 1. Als Leistung wird nach Maßgabe dieses Bundesgesetzes ein Bonus für Väter während der Familienzeit gewährt.

[BGBl I 2016/53]

Durch den für Geburten nach dem 28.2.2017 (vgl § 12) geltenden Familienzeitbonus sollen erwerbstätige Väter, die sich direkt nach der Geburt ihres Kindes intensiv und ausschließl der Familie widmen, eine finanzielle Unterstützung erhalten. Dies trägt dem Umstand Rechnung, dass die Familiengründungszeit wichtig ist, damit das Neugeborene rasch eine sehr enge emotionale Bindung auch zum Vater aufbauen, dieser seine Partnerin bei der Pflege und Betreuung des Säuglings, bei den Behördenwegen, bei Haushaltsarbeiten etc bestmöglich unterstützen kann, und um den Zusammenhalt in der Familie von Anfang an zu stärken (1110 BlgNR 25. GP, 1). 1

Anspruchsberechtigung

§ 2. (1) Anspruch auf den Familienzeitbonus hat ein Vater (Adoptivvater, Dauerpflegevater) für sein Kind (Adoptivkind, Dauerpflegekind), sofern

1. für dieses Kind Anspruch auf Familienbeihilfe nach dem Familienlastenausgleichsgesetz 1967 (FLAG 1967), BGBl. Nr. 376, besteht und Familienbeihilfe für dieses Kind tatsächlich bezogen wird,
2. er, das Kind und der andere Elternteil den Mittelpunkt der Lebensinteressen im Bundesgebiet haben,
3. er sich im gesamten Anspruchszeitraum in Familienzeit (Abs. 4) befindet,
4. er, das Kind und der andere Elternteil im gemeinsamen Haushalt leben (Abs. 3),
5. er in den letzten 182 Tagen unmittelbar vor Bezugsbeginn durchgehend eine in Österreich kranken- und pensionsversicherungspflichtige Erwerbstätigkeit tatsächlich ausgeübt sowie in diesem Zeitraum keine Leistungen aus der Arbeitslosenversicherung erhalten hat, wobei sich Unterbrechungen von insgesamt nicht mehr als 14 Tagen nicht anspruchsschädigend auswirken,
6. er, das Kind und der andere Elternteil sich nach §§ 8 und 9 des Niederlassungs- und Aufenthaltsgesetzes (NAG), BGBl. I Nr. 100/2005, oder nach § 54 des Asylgesetzes 2005 (AsylG 2005), BGBl. I Nr. 100/2005 idF BGBl. I Nr. 87/2012, rechtmäßig in Österreich aufhalten, es sei denn, es handelt sich um österreichische Staatsbürger oder Personen, denen Asyl nach dem AsylG 2005 gewährt wurde, oder Personen, denen der Status des subsidiär Schutzberechtigten nach dem AsylG 2005 zuerkannt wurde und für die kein Anspruch auf Leistungen aus der Grundversorgung oder Mindestsicherung besteht. § 2 Abs. 1 letzter Absatz Kinderbetreuungsgeldgesetz (KBGG), BGBl. I Nr. 103/2001, ist sinngemäß anzuwenden.

(2) Der Familienzeitbonus kann pro Geburt nur einmal bezogen werden. Ein gleichzeitiger Bezug von Familienzeitbonus und Kinderbetreuungsgeld durch dieselbe Person ist ausgeschlossen.

(3) Ein gemeinsamer Haushalt im Sinne dieses Gesetzes liegt nur dann vor, wenn der Vater, das Kind und der andere Elternteil in einer dauerhaften Wohn- und Wirtschaftsgemeinschaft an derselben Wohnadresse leben und alle drei an dieser Adresse auch hauptwohnsitzlich gemeldet sind. Eine höchstens bis zu zehn Tagen verspätet erfolgte Hauptwohnsitzmeldung des Kindes an dieser Wohnadresse schadet nicht.

(3a) Bei einem medizinisch indizierten Krankenhausaufenthalt des Kindes wird bei persönlicher Pflege und Betreuung des Kindes durch den Vater und den anderen Elternteil im Mindestausmaß von jeweils durchschnittlich zwei Stunden täglich ausnahmsweise der gemeinsame Haushalt im

Sinne des Abs. 3 angenommen. Ein solcher Krankenhausaufenthalt des Kindes steht dem Vorliegen einer Familienzeit nach Abs. 4 nicht entgegen.

(3b) Bei einem medizinisch indizierten Krankenhausaufenthalt des anderen Elternteils wird bei persönlicher Pflege und Betreuung des anderen Elternteils durch den Vater im Beisein des Kindes im Mindestausmaß von durchschnittlich zwei Stunden täglich ausnahmsweise der gemeinsame Haushalt im Sinne des Abs. 3 angenommen. Ein solcher Krankenhausaufenthalt des anderen Elternteils steht dem Vorliegen einer Familienzeit nach Abs. 4 nicht entgegen.

(4) Als Familienzeit im Sinne dieses Gesetzes versteht man den Zeitraum zwischen 28 und 31 Tagen (§ 3 Abs. 2), in dem sich ein Vater aufgrund der kürzlich erfolgten Geburt seines Kindes ausschließlich seiner Familie widmet und dazu die Erwerbstätigkeit (Abs. 1 Z 5) unterbricht, keine andere Erwerbstätigkeit ausübt, keine Leistungen aus der Arbeitslosenversicherung sowie keine Entgeltfortzahlung aufgrund von oder Leistungen bei Krankheit erhält.

(5) Eine Frau, die gemäß § 144 des Allgemeinen Bürgerlichen Gesetzbuches, JGS Nr. 946/1811, Elternteil ist, gilt als Vater im Sinne dieses Gesetzes. In Zweifelsfällen hat das Vorrecht auf den Familienzeitbonus derjenige Elternteil, der den Antrag zuerst gestellt hat, sonst derjenige Elternteil, der das Kind im Anspruchszeitraum nicht überwiegend betreut.

(6) Unter dem Begriff Dauerpflege versteht man eine auf Dauer angelegte Pflege eines Kindes von zumindest mehr als 182 Tagen.

(7) Als der Ausübung einer kranken- und pensionsversicherungspflichtigen Erwerbstätigkeit gleichgestellt gelten Zeiten der vorübergehenden Unterbrechung dieser zuvor mindestens 182 Kalendertage andauernden Erwerbstätigkeit zum Zwecke der Kindererziehung während Inanspruchnahme einer Karenz nach dem Väter-Karenzgesetz (VKG), BGBl. Nr. 651/1989, bis maximal zum Ablauf des zweiten Lebensjahres eines Kindes.

[BGBl I 2023/153]

Übersicht

I. Allgemeines und anspruchsberechtigter Personenkreis

1 § 2 fasst die Anspruchsvoraussetzungen für den FamZeitb zusammen, welche – wie beim KBG – **kumulativ** erfüllt sein müssen.

2 Die Leistung kann pro Geburt gem Abs 2 nur einmal bezogen werden. Abs 5 normiert für Zweifelsfälle ein **Vorrecht** desjenigen Elternteils, der den Antrag zuerst gestellt hat, sonst desjenigen, der das Kind nicht überwiegend betreut. Ein **gleichzeitiger Bezug** mit **KBG** durch dieselbe Person ist **ausgeschlossen**. Zur Reduktion der Leistung durch vergleichbare in- oder ausländische Leistungen vgl § 3 Abs 1.

A. Väter

3 Gem Abs 1 sind leibliche Väter, Adoptivväter und Dauerpflegeväter anspruchsberechtigt. Zu den **Adoptivvätern** vgl §§ 191 ff ABGB. Nach Aufhebung des § 191 Abs 2 1. Satz ABGB durch den VfGH (G 119/2014 ua) kommt auch eine Adoption durch **gleichgeschlechtliche** Paare in Betracht. Zu den Folgen von Mängeln des Adoptionsaktes vgl ausf *Reissner*, ASoK 2019, 402 [406].

4 Zum Begriff des **Pflegevaters** vgl grds § 2 KBGG Rz 4. Nach Abs 6 liegt eine **Dauerpflege** dann vor, wenn sie auf Dauer angelegt ist und zumindest mehr als 182 Tage dauert. Durch diese Definition kommt ein **Krisenpflegevater** nicht als Anspruchsberechtigter in Betracht (1110 BlgNR 25. GP, 2; vgl zur abw Rechtslage beim KBG § 2 KBGG Rz 29 mwN). Als Dauerpflegeväter kommen auch **Stiefväter**, **Großväter** und **gleichgeschlechtliche Partner** des leiblichen Vaters in Betracht (vgl § 2 KBGG Rz 5, 6a und 7). Für gleichgeschlechtliche Paare kommt die Zweifelsregel des Abs 5 2. Satz zur Anwendung (*Reissner*, ASoK 2019, 402 [408]).

B. Partnerinnen der Mutter

5 Gem Abs 5 gilt eine Frau, die die Voraussetzungen des **§ 144 Abs 2 ABGB** erfüllt (insb Ehefrau oder eingetragene Partnerin der Mutter), als Vater iSd FamZeitbG. Erfüllt die Partnerin der Mutter diese Voraussetzungen nicht, so ist sie anspruchsberechtigt, wenn sie **Adoptivmutter** (vgl oben Rz 3) oder **Dauerpflegemutter** (vgl oben Rz 4) ist (vgl auch die Rsp zum § 2 KBGG Rz 6 und die EB 1110 BlgNR 25. GP, 2).

II. Anspruch auf/Bezug von Familienbeihilfe (Abs 1 Z 1)

Diese Voraussetzung entspricht§ 2 Abs 1 Z 1 KBGG, vgl näher § 2 KBGG Rz 15 ff. Der durch die Novelle BGBl I 2023/115 in die Regelung des KBGG eingefügte Hinweis auf gleichartige Leistungen aus einem EU/EWR-Staat bzw der Schweiz fehlt im FamZeitbG, was jedoch angesicht der unionsrechtlichen Rechtslage unschädlich ist (s § 2 KBGG Rz 18). 6

III. Mittelpunkt der Lebensinteressen in Österreich (Abs 1 Z 2)

Diese Voraussetzung entspricht § 2 Abs 1 Z 4 KBGG, vgl näher § 2 KBGG Rz 40 ff. 7

Diese Anspruchsvoraussetzung wird im **Anwendungsbereich** der **VO 883/2004** (vgl unten Rz 9 ff) durch deren Koordinierungsregeln überlagert, im Rahmen derer es zu einem **Export** des FamZeitb in andere Staaten kommen kann (vgl unten Rz 16). Hingegen ist das bilaterale Abkommensrecht auf Leistungen bei Vaterschaft nicht anzuwenden (vgl *Spiegel* in Zwischenstaatl SV-Recht, Abk Allg Teil, Rz 15), sodass es zu keinem Export in Vertragsstaaten kommen kann. 8

IV. Koordinierung nach Unionsrecht

A. Sachlicher Anwendungsbereich

Der FamZeitb ist eine **gleichgestellte Leistung** bei **Vaterschaft** iSd Art 3 Abs 1 lit b der VO 883/2004, weil sie für Väter vorgesehen ist, um Mütter unmittelbar nach der Geburt des Kindes bei dessen Betreuung zu unterstützen. Eine derartige Leistungskategorie existierte in der VO 1408/71 nicht (vgl *Spiegel* in Zwischenstaatl SV-Recht, Art 3 Rz 12 und *Zaglmayer*, ebendort, Vor Art 17 ff Rz 9; EB 1110 BlgNR 25. GP, 2). Für den Fall des Vorliegens eines grenzüberschreitenden Sachverhalts werden in der Folge die vorzunehmenden Prüfschritte abgehandelt. 9

B. Grenzüberschreitender Sachverhalt

Diesbezüglich kann auf die Ausführungen zu § 2 KBGG Rz 44 verwiesen werden. 10

C. Territorialer Anwendungsbereich

Hier kann auf die Ausführungen zu § 2 KBGG Rz 18 verwiesen werden, wobei der FamZeitb von der VO 1408/71 nicht erfasst wird (vgl oben Rz 9). 11

D. Persönlicher Anwendungsbereich

Vgl die Ausführungen zu § 2 KBGG Rz 46 f. 12

E. Bestimmung des anwendbaren Rechts

Es gelten die Ausführungen zu § 2 KBGG Rz 49 ff. Bei **Fortwirkung** des **Beschäftigungsstatuts** gem Art 11 Abs 2 der VO 883/2004 zB durch den Bezug 13 von Krankengeld ist Abs 7 – ebenso wie § 24 Abs 2 KBGG beim KBG – unangewendet zu lassen (vgl näher § 2 KBGG Rz 51). Eine Zuständigkeit von Österreich als Wohnortstaat kommt nicht in Betracht, weil Abs 1 Z 5 – ähnlich wie § 24 Abs 2 KBGG – den Begriff der Beschäftigung definiert und Österreich nur bei Erfüllung der Voraussetzungen des Abs 1 Z 5 iVm Abs 7 als Beschäftigungsstaat zuständig ist (s auch *Schrattbauer*, JAS 2020, 244 [249]). Vgl zur Problematik dieses Beschäftigungsbegriffs im Hinblick auf die zeitl Voraussetzung der 182 Tage § 2 KBGG Rz 61.

14 Die Beschränkung des **Beschäftigungsbegriffs** auf kranken- und pensionsversicherungspflichtige Tätigkeiten in Abs 7 begegnet denselben Bedenken wie die Neuregelung des § 24 Abs 2 KBGG (vgl näher § 2 KBGG Rz 61).

15 Anders als bei Familienleistungen (vgl ausf § 2 KBGG Rz 62) ist der Beschäftigungsbegriff bei gleichgestellten Leistungen bei Vaterschaft nicht unionsrechtlich determiniert (vgl *Spiegel* in Zwischenstaatl SV-Recht, Art 1 Rz 4 ff), sodass die Beschränkung der gleichgestellten **Karenzzeiten** in Abs 7 auf den zweijährigen gesetzl Karenzurlaub unbedenklich erscheinen könnte. Allerdings hat der OGH in 10 ObS 117/14z die Einordnung auch des freiwillig verlängerten Karenzteils darauf gestützt, dass nach nationalem Recht in dieser Phase eine Teilversicherung bestehe, sodass auch bei Anwendung (bloß) des Art 1 lit a der VO 883/2004 eine Beschäftigung vorliegt. Vgl auch *Sonntag*, ASoK 2017, 2 (5 f).

F. Exportverpflichtung

16 Art 21 der VO 883/2004 sieht einen Anspruch auf Export auch von Geldleistungen bei Vaterschaft vor. Der zuständige Träger zahlt die Leistung in den Wohn- bzw Aufenthaltsort des Leistungsberechtigten (vgl *Zaglmayer* in Zwischentstaatl SV-Recht, Art 21 Rz 2). Unterbricht daher der ausschließl in Ö erwerbstätige Vater seine Erwerbstätigkeit für die Familienzeit (Abs 1 Z 3 iVm Abs 4) und lebt mit seiner Familie in einem anderen MS, ist die Leistung dorthin zu exportieren (1110 BlgNR 25. GP, 2).

G. Antikumulierung

17 Anders als für Familienleistungen (vgl § 2 KBGG Rz 53 ff) sieht die VO 883/2004 keine spezielle Antikumulierungsregel für Leistungen bei Vaterschaft vor. Die allg Regelung des Art 10 der VO 883/2004 ist nach ihrem Wortlaut nicht anwendbar, weil es sich nicht um Leistungsansprüche aus derselben Pflichtversicherungszeit handelt. Dennoch wendete der EuGH die Vorgängerregelung des Art 12 der VO 1408/71 etwa auf Familienleistungen an (C-347/12 in der Rs *Wiering*; vgl dazu *Spiegel* in Zwischenstaatl SV-Recht, Art 10 Rz 1). § 3 Abs 1 sieht innerstaatl die Anrechnung vergleichbarer ausländischer Leistungen vor.

V. Inanspruchnahme von Familienzeit (Abs 1 Z 3 und Abs 4)

Entsprechend der Definintion der Familienzeit in Abs 4 muss der Vater alle **Erwerbstätigkeiten** vorübergehend **einstellen** (zB durch Inanspruchnahme von Sonderurlaub, Unterbrechung der selbständigen Tätigkeit samt SV-Abmeldung, Ruhendmeldung des Gewerbes) und dem KVT die entsprechenden Nachweise darüber (Bestätigung des Arbeitgebers, der Gewerbebehörde, der Kammer[n], des Finanzamtes etc) vorlegen (1110 BlgNR 25. GP, 2). Ein **Rechtsanwalt** muss sich nicht aus der Liste streichen lassen, auch die Gruppenkrankenversicherung darf weiterbestehen. Er muss aber dokumentieren, wie die Unterbrechung der Erwerbstätigkeit nach außen in Erscheinung getreten ist (10 ObS 111/18y). Vgl zur Ruhendstellung der Berechtigung bei Rechtsanwaltsanwärtern und Rechtsanwälten nunmehr §§ 32 Abs 1 und § 34 Abs 2 Z 1 lit d RAO idF BGBl I 2022/71. Übt ein **Landwirt** tatsächlich keine landwirtschaftlichen Tätigkeiten aus, so wird diese Untätigkeit ausreichend dadurch nach außen dokumentiert, dass die grundverkehrsbehördliche Genehmigung des Ankaufs der Flächen erst nach der Familienzeit erfolgte (10 ObS 13/22t). **18**

Die vom Gesetz geforderte Familienzeit ist dann nicht erfüllt, wenn der Vater zwar seine Erwerbstätigkeit kurzfristig für 28 bis 31 Tage **unterbricht**, dies aber aus einem anderen Grund geschieht. Der Bonus gebührt daher nicht, wenn der Vater Leistungen aus der Arbeitslosenversicherung (Arbeitslosengeld, Notstandshilfe, Weiterbildungsgeld, Bildungsteilzeitgeld etc) oder eine Entgeltfortzahlung des Dienstgebers (egal aus welchem Grund: vgl *Reissner*, ASoK 2019, 402 [411]), Krankengeld oder andere Leistungen bei Krankheit (zB Betriebshilfe, Unterstützung aus Wohlfahrtsfonds) erhält. Wie beim Erwerbstätigkeitserfordernis (§ 2 Abs 1 Z 5 und § 24 Abs 1 Z 2 iVm § 24 Abs 2 erster Satz KBGG) stellen Zeiten des Erholungsurlaubes keine Unterbrechung dar (1110 BlgNR 25. GP, 2). **18a**

Die **Erwerbstätigkeit** muss im Anschluss an die Familienzeit **weitergeführt** werden. Es schadet aber nicht, wenn der mit dem DG vereinbarte **Freistellungszeitraum** wenige Tage über den **Bezugszeitraum** des FamZeitb **hinausgeht** (10 ObS 10/19x). Ebenso wenig schadet es, wenn der Freistellungszeitraum mehr als wenige Tage über den Bezugszeitraum hinausgeht, solange danach die Erwerbstätigkeit wieder aufgenommen wird (*Blasl*, Exakte Deckung von Karenzierung und Bezugszeitraum für Anspruch auf den Familienzeitbonus erforderlich? ASoK 2019, 311 [313]). Auch eine **Väterkarenz** kann an die Familienzeit anschließen (*Burger-Ehrnhofer*, ÖJZ 2019/90; 10 ObS 157/21t). Eine Fortsetzung der Erwerbstätigkeit bei einem **neuen Dienstgeber** im Anschluss an die beabsichtigte Anspruchsdauer steht dem Anspruch nicht entgegen (10 ObS 88/23y). Die Familienzeit muss innerhalb eines Zeitraums von 91 Tagen ab Geburt des Kindes liegen (§ 3 Abs 2). Zur notwendigen Deckung von Familienzeit und beantragtem Bezugszeitraum vgl § 3 Rz 3. **18b**

18c *Reissner* (ASoK 2019, 402 [410]) sieht eine Unterbrechung der Erwerbstätigkeit auch bei einer **Beendigung** durch den Arbeitgeber oder den Arbeitnehmer verwirklicht, sogar bei Inanspruchnahme von Leistungen aus der Arbeitslosenversicherung oder beim ernsthaften Versuch, einen Erwerb zu finden. Diese Überlegungen sind mE nicht zutreffend: Eine wirksame Beendigung durch den Arbeitgeber vor oder zum Ende der Familienzeit kommt angesichts des Kündigungs- und Entlassungsschutzes des § 1a Abs 6 VKG praktisch kaum in Betracht. Dies könnte der Hintergrund für die Ausführungen in den EB sein, wonach bei einer „ungerechtfertigten" Beendigung durch den Arbeitgeber von einer Rückforderung abzusehen sei (1110 BlgNR 25. GP, 2). Der KVT bzw das Sozialgericht müssten diese arbeitsrechtliche Vorfrage entweder selbst beurteilen oder das Verfahren unterbrechen (§§ 38 AVG, 190 ZPO). Beendet der Arbeitnehmer das Dienstverhältnis zum Ende der Familienzeit durch Eigenkündigung oder unberechtigten vorzeitigen Austritt, liegt eben keine Unterbrechung iSd Abs 1 Z 5 vor. Problematisch erscheint die Verneinung einer Unterbrechung bei einem berechtigten vorzeitigen Austritt. Hier ist eine verfassungskonforme Auslegung dahin erwägenswert, dass der FamZeitb ungeachtet der Beendigung gebührt. Bei anderer Auslegung würde man den Anspruchswerber zum Verbleib im Arbeitsverhältnis trotz Vorliegens eines wichtigen Auflösungsgrundes zwingen, um die verhältnismäßig geringe Sozialleistung des FamZeitb nicht zu verlieren. Dies ist sachlich kaum zu rechtfertigen. Vgl idZ auch die Überlegungen von *Burger-Ehrnhofer* in DRdA 2022/45 zu den einzelnen Auflösungsarten, die zu Recht eine Klarstellung des Gesetzgebers fordert. Aus der Entscheidung 10 ObS 88/23y (vgl Rz 18b) ist nicht abzuleiten, dass die Beendigungsart irrelevant ist, weil dort die Erwerbstätigkeit bei einem anderen Dienstgeber fortgesetzt wurde (aA *Burger-Ehrnhofer*, DRdA 2024/24, die jedoch zu Recht moniert, dass ein Abstellen auf eine bestimmte Beendigungsart den unionsrechtlichen Vorgaben widersprechen würde [vgl auch Rz 18d]).

18d Die Notwendigkeit der Wiederaufnahme der Erwerbstätigkeit im Anschluss an die Familienzeit dürfte **unionsrechtswidrig** sein, weil die Work-Life-Balance-RL 2019/1158 den Anspruch auf eine Vergütung ausschließlich von einer Erwerbstätigkeit vor dem Vaterschaftsurlaub abhängig macht (vgl *Burger-Ehrnhofer*, DRdA 2024/24).

19 Ein allg gesetzl **Rechtsanspruch** auf Familienzeit besteht gem § 1a VKG ab 1.9.2019, davor ergaben sich entsprechende Ansprüche aus dem Kollektivvertrag, einer Betriebsvereinbarung, dem Einzelvertrag, insb aber aus den Rechtsgrundlagen des öffentl Dienstes ergeben (*Hess-Knapp*, DRdA-infas 2016, 240 [242]). Einen Anspruch auf **Frühkarenzurlaub** sahen etwa § 75d BDG, § 29o VBG und § 75f RDStG vor. Der Freistellungszeitraum kann sich aus mehreren arbeitsrechtlichen Rechtsgrundlagen zusammensetzen (*Reissner*, ASoK 2019, 402 [412]). Zur mangelnden Abstimmung der Voraussetzungen zw § 1a VKG und § 2 FamZeitbG vgl ausf *Schrattbauer*, JAS 2020, 244 [264]).

Auf das Dienstverhältnis eines Vaters ist im Zusammenhang mit der beabsichtigten oder tatsächl in Anspruch genommenen familienzeitbedingten Unterbrechung seiner Erwerbstätigkeit § 3 iVm § 12 GlBG bzw § 4 iVm § 18c B-GlBG anzuwenden (1110 BlgNR 25. GP, 4). Eine Beendigung des Dienstverhältnisses aus diesem Grund stellt eine **Diskriminierung** auf Grund des Familienstands bzw des Umstands dar, dass jemand Kinder hat (*Hess-Knapp*, DRdA-infas 2016, 240 [242]). **20**

VI. Gemeinsamer Haushalt (Abs 1 Z 4, Abs 3, 3a und 3b)

Diese Voraussetzung entspricht § 2 Abs 1 Z 2 und Abs 6 KBGG, vgl näher § 2 KBGG Rz 21 ff. § 2 Abs 6 KBGG idF vor BGBl I 2016/53 wurde vom OGH zu 10 ObS 144/15x beim VfGH angefochten. Der VfGH hielt die Regelung nicht für unsachl, sie erleichtere die Administrierbarkeit (G 121/2016). Eine **dauerhafte** Wohn- und Wirtschaftsgemeinschaft liegt vor, wenn eine Wohn- und Wirtschaftsgemeinschaft tatsächlich aufgenommen wird und dies in der Absicht geschieht, sie auf Dauer zu führen. Dabei kommt es nicht auf eine Ex-post-Betrachtung an, weil nachträgliche Ereignisse vielfach nichts daran ändern, dass eine Wohn- und Wirtschaftsgemeinschaft ursprünglich auf Dauer aufgenommen wurde. Davon ist die Frage zu trennen, ob sich aus einem nachträglichen Ereignis ergibt, dass die Absicht, eine dauerhafte Wohn- und Wirtschaftsgemeinschaft zu begründen, bereits ursprünglich fehlte. Auf die tatsächliche Dauer einer Wohn- und Wirtschaftsgemeinschaft kommt es nur insofern an, als diese zumindest während des Bezugs des Familienzeitbonus bestehen muss. Daraus lässt sich aber nicht auf eine am Bezugszeitraum orientierte Mindestdauer für die Begründung einer dauerhaften Wohn- und Wirtschaftsgemeinschaft schließen (10 ObS 50/19d). Die Wohn- und Wirtschaftsgemeinschaft muss auf **längere Zeit** angelegt sein. Das ist bei einem Vater, der die Erwerbstätigkeit unterbricht und für rund 5 1/2 Monate zu Mutter und Kind zieht, der Fall (10 ObS 136/22f). Ein Krankenhausaufenthalt nur der Mutter nach der Geburt ändert am gemeinsamen Haushalt nichts, insoweit ist § 2 Abs 3 teleologisch zu reduzieren (10 ObS 147/19v). Wird die Mutter während der Freistellung des Vaters ins Krankenhaus aufgenommen, nimmt sie das Kind zum Stillen mit und betreut der Vater das Kind im Krankenhaus, bleibt der gemeinsame Haushalt bestehen (10 ObS 82/21p). Im Fall einer ambulanten Geburt beginnt der gemeinsame Haushalt am Tag der Geburt, wenn die dauerhafte Wohn- und Wirtschaftsgemeinschaft an diesem Tag tatsächlich aufgenommen wird (10 ObS 69/20z). Bleibt die Familie am Geburtstag des Kindes noch im Geburtshaus, beginnt der gemeinsame Haushalt erst am nächsten Tag (10 ObS 60/22d). **21**

Nach Auffassung des OGH lag bei einem **Krankenhausaufenthalt** von Mutter und Kind nach der Geburt kein gemeinsamer Haushalt vor (10 ObS 109/18d), auch nicht bei Aufenthalt in einem Familienzimmer (10 ObS 101/19d). Dies veranlasste den Gesetzgeber zur Einfügung des – verfassungsrechtlich unbe- **21a** denklichen (VfGH G 201/2020) – **Abs 3a** durch BGBl I 2019/24, anwendbar auf Geburten nach dem 31.12.2018 (§ 12 Abs 3). Für Geburten nach dem 31.10.2023 (§ 12 Abs 7) wurde durch BGBl I 2023/115 die Mindestbetreuungszeit des Vaters auf zwei Stunden täglich reduziert. Der Krankenhausaufenthalt des **Kindes** ist zB aufgrund einer schweren Erkrankung des Kindes oder im Falle eines Frühchens medizinisch indiziert. Der Nachweis erfolgt durch Bestätigungen des Krankenhauses (AB 494 BlgNR 26. GP, 2). Diese Aufzählung ist nicht notwendigerweise als abschließend zu verstehen. Eine allzu restriktive Auslegung der medizinischen Indikation ist abzulehnen (*Faber*, DRdA 2022, 18 [22]).Nicht medizinisch indiziert ist die Dauer des Krankenhausaufenthalts des Kindes aus Anlass einer komplikationslosen Geburt (*Blasl*, Kein Anspruch auf Familienzeitbonus während des Krankenhausaufenthalts nach der Geburt des Kindes, AsoK 2019, 169 [172]). Liegt die medizinische Indikation vor, verlangt das G weder eine bestimmte Mindestdauer des im jeweiligen Einzelfalls erforderlichen Krankenhausaufenthalts noch, dass vor Beginn eines medizinisch indizierten Krankenhausaufenthalts eine drei- bis fünftägige „übliche Verweildauer" im Krankenhaus nach einer Geburt verstrichen wäre (10 ObS 134/21k). Unschädlich ist, dass auch die Mutter wegen der Kaiserschnittgeburt aus medizinischen Gründen noch im Krankenhaus bleiben muss (10 ObS 98/23v). Unterbleibt die Betreuung durch den Vater wegen pandemiebedingter Besuchseinschränkungen, so ist die Ausnahmebestimmung nicht anzuwenden (10 ObS 109/22k).

Bei einem medizinisch indizierten Krankenhausaufenthalt des **anderen Elternteils** sieht **Abs 3b** für Geburten nach dem 31.10.2023 bei einer Mindestbetreuungszeit des Vaters von zwei Stunden täglich ebenfalls das Vorliegen eines gemeinsamen Haushalts vor (zur abw früheren Rechtslage vgl 10 ObS 29/20t).

21b Auch ähnliche Einrichtungen wie Rehabilitationseinrichtungen sind von Abs 3a und 3b erfasst, nicht aber ambulante Krankenhausaufenthalte. Der Krankenhausaufenthalt muss nicht unmittelbar an die Geburt anschließen. Unerhebl ist, ob ein oder beide Elternteile als Begleitpersonen ebenfalls stationär aufgenommen sind. Der Begriff der Pflege ist nicht eng im berufsrechtlichen Sinn zu verstehen, das bloße Vermitteln von Nähe und Zuneigung etwa durch Hautkontakt ist ausreichend (*Bernsteiner*, Wenn der Nachwuchs viel zu früh kommt: „Papa-Monat" im Ausnahmezustand, ecolex 2019, 533 [534 f]).

21c Die Verpflichtung, ein Kind nach der Geburt anzumelden, richtet sich nach § 3 Abs 1 MeldeG und stellt – bezogen auf den Anwendungsbereich des FamZbG – auf die tatsächliche Unterkunftnahme des Kindes an derselben Wohnadresse ab, an der der Vater und der andere Elternteil mit dem Kind im gemeinsamen Haushalt leben. Gem § 3 Abs 1 MeldeG ist die **Anmeldung** innerhalb von drei Tagen nach Unterkunftnahme des Kindes in der Wohnung an der gemeinsamen Wohnadresse vorzunehmen. Eine nach Ablauf der Frist des § 3 Abs 1 MeldeG und höchstens bis zu zehn Tagen verspätet erfolgte Hauptwohnsitzmeldung des

Kindes an der gemeinsamen Wohnadresse schadet gem § 2 Abs 3 Satz 2 nicht. Den Eltern steht daher ab dem der Unterkunftnahme folgenden Tag insgesamt eine Frist von 13 Tagen für die noch ausständige Anmeldung des Kindes am gemeinsamen Hauptwohnsitz zur Verfügung (RS0132533). Die Verlängerung der Toleranzfrist um vier Tage in § 2 Abs 6 KBGG durch BGBl I 2023/115 (vgl § 2 KBGG Rz 30b) wurde nicht ins FamZeibG übernommen.

VII. Erwerbstätigkeit vor Geburt (Abs 1 Z 5 und Abs 7)

Die Regelung entspricht § 24 Abs 1 Z 2 iVm Abs 2 KBGG. Zu **Definition** und **Dauer** der Erwerbstätigkeit vgl daher näher § 24 KBGG Rz 10 ff, zu den gleichgestellten **Karenzzeiten** § 24 KBGG Rz 26 f und zum Nichtbezug von Leistungen aus der **Arbeitslosenversicherung** § 24 KBGG Rz 19 ff. Die Inanspruchnahme von **Sonderurlaub** durch einen Vertragsbediensteten stellt eine tatsächliche Ausübung der Beschäftigung dar (10 ObS 99/20m). Entgegen den EB (1110 BlgNR 25. GP, 2) ist das Bildungsteilzeitgeld keine Leistung der AlV iSd vorliegenden Regelung (vgl 10 ObS 153/15w und 10 ObS 101/16z zu § 24 Abs 1 Z 2 KBGG; 10 ObS 16/21g). Die Ableistung des **Präsenzdienstes** ist der Erwerbstätigkeit nicht gleichzuhalten, dies ist verfassungsrechtlich unbedenklich (10 ObS 38/19i). **22**

Zur **unionsrechtl Problematik** des Erfordernisses einer 182 Tage andauernden Erwerbstätigkeit und des Ausschlusses geringfügiger Beschäftigungen vgl § 2 KBGG Rz 61, zur Beschränkung auf den Zeitraum der gesetzl Väterkarenz oben Rz 15. Auch hinsichtl der ElternurlaubsRL 2019/1158 bestehen Bedenken: Nach der RL ist das Erwerbstätigkeitserfordernis zum Stichtag des errechneten Geburtstermins zu prüfen, das FamZeitbG stellt jedoch auf den Bezugsbeginn ab. Zum anderen stellt die RL nur auf die Beschäftigungsdauer ab, sodass die Ausklammerung von Zeiten eines Krankengeldbezugs während aufrechten Arbeitsverhältnisses (§ 24 KBGG Rz 12) problematisch erscheint (*Schrattbauer*, JAS 2020, 244 [268 f]). **23**

Eine Zuständigkeit Österreichs ist nur als Beschäftigungsstaat denkbar (vgl oben Rz 13). In diesem Fall sind dann aber auch die Voraussetzungen einer entsprechenden Erwerbstätigkeit in Ö nach Abs 1 Z 5 iVm Abs 7 erfüllt, sodass sich die **Gleichstellungsfrage** hins **ausl Beschäftigungszeiten** – anders als beim KBGG (vgl § 24 KBGG Rz 33) – wohl faktisch nicht stellen wird. **24**

VIII. Rechtmäßiger Aufenthalt (Abs 1 Z 6)

Die Regelung entspricht § 2 Abs 1 Z 5 KBGG, sodass auf die dortigen Ausführungen in Rz 67 f und 75 ff verwiesen werden kann. **25**

Anders als das KBG (vgl § 2 KBGG Rz 69 ff) fällt der FamZeitb nicht unter Art 4 Abs 1 des Assoziationsratsbeschlusses 3/80, sodass es zu **keiner Gleichstellung türkischer Staatsbürger** kommt. Zur unionsrechtl Einordnung des FamZeitb vgl oben Rz 9. **26**

27 Bei **subsidiär Schutzberechtigten** enthält Abs 1 Z 6 kein Erwerbstätigkeitserfordernis, zumal dieses bereits in Abs 1 Z 5 enthalten ist.

28 Hins der **nachgeborenen Kinder** verweist Abs 1 Z 6 auf den letzten Abs des § 2 Abs 1 KBGG. Vgl daher § 2 KBGG Rz 84.

Höhe, Anspruchsdauer und Antragstellung

§ 3. **(1) Der Familienzeitbonus beträgt 47,82 Euro täglich. Der Anspruch auf den Bonus reduziert sich um den Anspruch auf vergleichbare Leistungen nach anderen in- oder ausländischen Rechtsvorschriften.**

(1a) Mit Wirksamkeit ab 1. Jänner eines jeden Jahres, erstmals mit 1. Jänner 2023, ist der Familienzeitbonus (Abs. 1 erster Satz) mit dem Anpassungsfaktor des § 108f des Allgemeinen Sozialversicherungsgesetzes (ASVG), BGBl. Nr. 189/1955, zu vervielfachen. Der Vervielfachung ist der Betrag zugrunde zu legen, der am 31. Dezember des vorangegangenen Jahres in Geltung steht. Der vervielfachte Betrag ist kaufmännisch auf zwei Dezimalstellen zu runden.

(2) Der Familienzeitbonus gebührt ausschließlich für eine ununterbrochene Dauer von 28, 29, 30 oder 31 aufeinanderfolgenden Kalendertagen innerhalb eines Zeitraumes von 91 Tagen ab dem Tag der Geburt des Kindes.

(3) Der Familienzeitbonus gebührt auf Antrag, frühestens ab dem Tag der Geburt des Kindes, bei Adoptiv- und Pflegekindern gebührt der Bonus frühestens ab dem Tag, an dem das Kind in Pflege genommen wird. Der Antrag muss, bei sonstigem Anspruchsverlust, spätestens binnen 121 Tagen ab dem Tag der Geburt des Kindes gestellt werden. Bei der Antragstellung ist die Anspruchsdauer festzulegen, diese kann ausschließlich 28, 29, 30 oder 31 Kalendertage betragen und kann binnen 182 Tagen ab der Geburt einmalig geändert werden.

[BGBl I 2023/115]

Übersicht

I. Höhe (Abs 1 und 1a)

Die Leistung ist aus verwaltungstechnischen Gründen (1110 BlgNR 25. GP, 3) 1
als **pauschaler Tagesbetrag** ausgestaltet. Der Betrag wird ab 1.1.2023 jährlich mit dem Anpassungsfaktor nach § 108f ASVG erhöht, 2024 beträgt er 52,46 € (BGBl II 2023/328). Anders als § 3a KBGG ist für Mehrlingsgeburten keine Erhöhung vorgesehen. Die Regelung dürfte gegen die bis 2.8.2022 umzusetzende neue Work-Life-Balance-RL 2019/1158 verstoßen (*Reissner*, ASoK 2019, 402 [403]). Auch die unionsrechtlich vorgesehene Vergütung in Höhe des Krankengeldes wird mit diesem Satz nicht in jedem Fall erreicht (10 ObS 161/21f

mwN; vgl dazu *Schrattbauer* JAS 2020, 244 [270 f]). Diese Bedenken wurden durch die Verdoppelung des Tagessatzes durch BGBl I 2023/115 zwar abgeschwächt, aber nicht zur Gänze ausgeräumt, weil nach wie vor keine Anknüpfung an die Höhe des Krankengeldes erfolgt. *Schrittwieser* (Work-Life-Balance Richtlinie: Ein Schritt in Richtung sozialeres Europa, DRdA-infas 2019, 369 [371], noch zur alten Rechtslage) und *Baringer*, Bessere Vereinbarkeit von Betreuungs- und Pflegeaufgaben mit dem Berufsleben, ZAS 2024, 161 [163 f]) erwägen im Hinblick auf die Ausnahme in Art 20 Abs 7 der RL, wonach keine Leistung in Höhe des Krankengeldes vorgesehen werden muss, wenn es während der Elternkarenz für jeden Elternteil in der Dauer von mindestens sechs Monaten einen Einkommensersatz von mindestens 65 % gibt, eine Unionsrechtskonformität, weil das ea KBG diese Voraussetzungen erfülle. Dem ist zu entgegnen, dass damit die Wahlfreiheit der Väter, welche Art des KBG bzw ob überhaupt eine Elternkarenz in Anspruch genommen wird, eingeschränkt wird. *Baringer* stellt mE zutr auf das Krankengeld ab, weil der FamZeitb eine staatliche Lohnersatzleistung sei. Nur bei einer Bezahlung durch den AG wäre der Maßstab die Entgeltfortzahlung im Krankheitsfall. *Burger-Ehrnhofer* (DRDA 2024/24) stellt demgegenüber auf die Höhe der Entgeltfortzahlung ab und gelangt für durchschnittliche Einkommensbezieher zu einer Unionsrechtswidrigkeit auch des erhöhten Tagessatzes.

2 Vergleichbare in- und ausl Leistungen sind **anzurechnen**. Die EB nennen als Bsp Vaterschaftsleistungen, Adoptionsleistungen für Väter und Leistungen für Pflegeväter (1110 BlgNR 25. GP, 3). Faktisch sind Anspruchskonflikte innerhalb des Anwendungsbereichs der VO 883/2004 – anders als beim KBG (vgl § 2 KBGG Rz 53) – kaum denkbar: Es handelt sich um keine Familienleistung, ein Anspruch nach mehreren Rechtsordnungen wird sich im Regelfall nicht ergeben, weil Ö nur dann zuständig ist, wenn es Beschäftigungsstaat ist (vgl § 2 Rz 13).

II. Anspruchsdauer (Abs 2)

3 Der Tag der Geburt wird in den Zeitraum der 91 Tage, in dem die Familienzeit liegen muss, eingerechnet. Unterbricht der Vater für den gesamten beantragten Anspruchszeitraum, der zwischen 28 und 31 Tagen umfassen muss, seine Erwerbstätigkeit, um sich aus Anlass der Geburt eines Kindes seiner Familie zu widmen (Familienzeit), und fehlt es während des Antragszeitraums nur an einzelnen Tagen an der Erfüllung einer der sonstigen Anspruchsvoraussetzungen des § 2, so besteht (nur) für die Tage, an denen alle Anspruchsvoraussetzungen erfüllt sind, ein **anteiliger Anspruch** (10 ObS 161/21f – Judikaturänderung). Ein Aufteilen in mehrere kleine **Zeitblöcke** ist ausgeschlossen. Auch miteinander verpartnerte Pflegeväter können sich den Anspruch nicht aufteilen (1110 BlgNR 25. GP, 3; zur grds Anspruchsberechtigung § 2 Rz 4).

III. Anspruchsbeginn und Antragstellung (Abs 3)

Der zust KVT ergibt sich aus § 4 Abs 1 und 2. Maßgeblich für die Einhaltung der **Antragsfrist** ist das Datum des Eingangsstempels, weil es auf das Einlangen des Antrags beim KVT ankommt, es handelt sich – wie auch bei § 4 Abs 2 KBGG – um eine materiell-rechtliche Frist (10 ObS 125/19h; vgl auch § 26 KBGG Rz 7 mwN). Die Antragsfrist wurde durch BGBl I 2023/115 für Geburten nach dem 31.10.2023 auf 121 Tage verlängert. Ob der Tag der Geburt in die Antragsfrist einzurechnen ist, hat der OGH in 10 ObS 121/20x offengelassen, ebenso die Anwendung des EuFrÜb. Zur Einbringung des Antrags beim unzuständigen VT vgl § 361 Abs 4 ASVG iVm § 25a KBGG und § 8 FamZeitbG. Zum **Antragsformular** vgl § 5 Abs 1. **4**

Die Wahl der Anspruchsdauer erfolgt mit der Antragstellung. Sie kann bei Geburten nach dem 31.10.2023 binnen 182 Tagen ab der Geburt einmalig geändert werden. Passierte nach der früheren Rechtslage bei der Antragstellung ein Irrtum und stand nur ein kürzerer Zeitraum als Familienzeit zur Verfügung, verlor der Vater den gesamten Anspruch (*Hess-Knapp*, DRdA-infas 2016, 240). **5**

Zuständigkeit und Krankenversicherung

§ 4. (1) In Angelegenheiten des Familienzeitbonus ist jener gesetzliche Krankenversicherungsträger zuständig, dessen Zuständigkeit sich aus Abs. 2 für die Durchführung der Krankenversicherung ergibt.

(2) Die Bezieher des Familienzeitbonus sind in der gesetzlichen Krankenversicherung teilversichert, sofern nicht eine Leistungszugehörigkeit zu einer Krankenfürsorgeeinrichtung im Sinne des § 2 Abs. 1 Z 2 B-KUVG besteht. Zur Durchführung der Krankenversicherung ist jener gesetzliche Krankenversicherungsträger zuständig, bei dem der Vater am letzten Tag vor Beginn des Leistungsanspruches versichert ist oder zuletzt versichert war, ansonsten die Österreichische Gesundheitskasse, bei der der Antrag gestellt wurde. Bei mehreren möglichen zuständigen Krankenversicherungsträgern ist jener zuständig, bei dem der Antrag zuerst gestellt wird.

(3) Die Krankenversicherungsträger sowie die Österreichische Gesundheitskasse in ihrer Funktion als Kompetenzzentrum und Verbindungsstelle (Abs. 4) haben die ihnen nach diesem Bundesgesetz übertragenen Aufgaben im übertragenen Wirkungsbereich nach den Weisungen des Bundeskanzlers zu vollziehen.

(4) Für die finanzielle Abwicklung und die Koordinierung der Krankenversicherungsträger in Angelegenheiten der Leistung nach diesem Bundesgesetz wird die Österreichische Gesundheitskasse als Kompetenzzentrum und als Verbindungsstelle für Vaterschaftsleistungen im Sinne der Verordnung (EG) Nr. 987/2009 zur Festlegung der Modalitäten für die Durchführung der Verordnung (EG) Nr. 883/2004 über die Koordinierung der Systeme der sozialen Sicherheit, ABl. Nr. L 284 vom 30.10.2009 S. 1, zuletzt geändert durch die Verordnung (EU) Nr. 1368/2014, ABl. Nr. L 366 vom 20.12.2014 S. 15, eingerichtet. Der Österreichischen Gesundheitskasse obliegt auch die Auszahlung des Familienzeitbonus. Die Durchführung des Verfahrens obliegt dem nach Abs. 1 zuständigen Krankenversicherungsträger.

[BGBl I 2018/100]

Übersicht

I. Zuständigkeit, Krankenversicherung und FamZeitb-Bezug (Abs 1 und 2)

Die Regelung entspricht § 25 Abs 1 iVm § 28 Abs 1 und 2 KBGG, vgl daher 1
§ 28 KBGG Rz 1 ff. Die korrespondierenden Bestimmungen sind § 8 Abs 1 Z 1 lit g ASVG und die Parallelbestimmungen in den anderen SV-Gesetzen. Vom Bezug von **Krankengeld** sind die Leistungsbezieher gem § 138 Abs 2 lit i ASVG ausgeschlossen.

II. Unfallversicherung und FamZeitb-Bezug

Tätigkeiten bei der Inanspruchnahme nach dem FamZeitbG stehen gem 2
§ 176 Abs 1 Z 8 ASVG unter Unfallversicherungsschutz. Vgl näher § 28 KBGG Rz 7.

III. Pensionsversicherung und FamZeitbG

Leistungsbezieher sind in der PV gem § 8 Abs 1 Z 2 lit k ASVG und den Parallel- 3
bestimmungen teilversichert. Beamte während des Frühkarenzurlaubs waren schon bisher teilversichert (vgl § 75d Abs 6 BDG iVm § 6 Abs 2b PG bzw § 8 Abs 1 Z 2 lit g ASVG für die durch § 1 Abs 14 PG erfassten Beamten; vgl auch EB 1110 BlgNR 25. GP, 3).

IV. Sonstiges (Abs 3 und 4)

Die Regelung des Abs 3 entspricht § 25 Abs 2 KBGG, jene des Abs 4 § 25 4
Abs 3 KBGG, vgl daher § 25 KBGG Rz 2 ff.

Geltendmachung und Entscheidung

§ 5. (1) Für die Geltendmachung des Anspruches ist ein bundeseinheitliches Antragsformular zu verwenden. Der Krankenversicherungsträger hat dem antragstellenden Vater auf dessen Verlangen das Einlangen des Antrages zu bestätigen.

(2) Besteht Anspruch auf den Bonus, so ist dem antragstellenden Vater eine Mitteilung auszustellen, aus der insbesondere Beginn, Höhe und Ende des Leistungsanspruches hervorgehen.

(3) Ein Bescheid ist nur zu erlassen, wenn kein Anspruch auf den Familienzeitbonus besteht oder bestand und die Leistung gemäß § 7 zurückgefordert wird.

[BGBl I 2016/53]

Übersicht

I. Antragstellung (Abs 1)

1 Abs 1 entspricht § 26 KBGG, vgl daher § 26 KBGG Rz 1 ff. Auch die Antragsfrist des § 3 Abs 3 ist eine materiell-rechtliche Frist, vgl § 3 Rz 4.

II. Entscheidungsform und -frist

2 Abs 2 und 3 entsprechen § 27 Abs 2 und 3 KBGG, vgl daher § 27 KBGG Rz 1 ff.

III. Bescheidklage

3 Das FamZeitbG nahm keine Änderung des ASGG vor. Der FamZeitb ist seit der ZVN 2022 in § 65 Abs 1 Z 8 ASGG explizitgenannt. Zur Bescheidklage vgl § 27 KBGG Rz 5 ff.

IV. Säumnisklage

4 Vgl die Ausführungen zu § 27 KBGG Rz 8 f.

Art der Auszahlung

§ 6. (1) Die Auszahlung des Familienzeitbonus erfolgt jeweils monatlich im Nachhinein auf ein Konto bei einem Zahlungsdienstleister, für das Art. 9 der Verordnung (EU) Nr. 260/2012 zur Festlegung der technischen Vorschriften und der Geschäftsanforderungen für Überweisungen und Lastschriften in Euro und zur Änderung der Verordnung (EG) Nr. 924/2009, ABl. Nr. L 94 vom 30.03.2012 S. 22, in der Fassung der Verordnung (EU) Nr. 248/2014, ABl. Nr. L 84 vom 20.03.2014 S. 1, gilt, oder per Post an eine inländische Adresse bis zum Zehnten des Folgemonats.

(2) Soweit die nach diesem Bundesgesetz gebührenden Beträge Bruchteile eines Cents ergeben, sind diese kaufmännisch auf einen Cent zu runden.

(3) Das von den Leistungsbeziehern zu entrichtende Service-Entgelt für die e-card (§ 31c Abs. 2 und 3 des Allgemeinen Sozialversicherungsgesetzes (ASVG), BGBl Nr. 189/1955) ist mit der Leistung nach diesem Bundesgesetz aufzurechnen.

(4) Die Bundesministerin für Frauen, Familie, Integration und Medien hat jedes Jahr für das folgende Kalenderjahr den vervielfachten Betrag (§ 3 Abs. 1a) bis spätestens 15. November eines jeden Jahres zu ermitteln und per Verordnung kundzumachen.

[BGBl I 2022/174]

Abs 1 und 3 entsprechen § 33 Abs 1 und 4 KBGG, vgl dort Rz 1 und 3. Abs 2 **1**
entspricht § 33 Abs 3 KBGG.

Rückforderung

§ 7. (1) Der Krankenversicherungsträger hat vom Leistungsbezieher einen unrechtmäßig bezogenen Familienzeitbonus zurückzufordern. Der Leistungsbezieher hat einen unrechtmäßig bezogenen Familienzeitbonus an den Krankenversicherungsträger zurückzuzahlen.

(2) Wenn eine dritte Person eine Anzeige unterlassen oder falsche Angaben gemacht und hiedurch einen unberechtigten Bezug verursacht oder ermöglicht hat, kann sie zum Ersatz verpflichtet werden. Der andere Elternteil kann bis zur Hälfte zum Ersatz der unberechtigt bezogenen Leistung nach diesem Bundesgesetz verpflichtet werden. Hat der andere Elternteil den unberechtigten Bezug jedoch ermöglicht oder sogar verursacht, kann er zum vollen Ersatz der unberechtigt bezogenen Leistung verpflichtet werden.

(3) Rückforderungen können auf die zu erbringende Leistung nach diesem Bundesgesetz oder nach dem KBGG aufgerechnet werden; sie vermindern den Leistungsanspruch entsprechend. Rückforderungen nach dem KBGG können auf die zu erbringende Leistung nach diesem Bundesgesetz aufgerechnet werden; sie vermindern den Leistungsanspruch entsprechend. Zum Zwecke der Forderungssicherung kann eine vorläufige Aufrechnung erfolgen. Der Krankenversicherungsträger kann unter Berücksichtigung der Familien-, Einkommens- und Vermögensverhältnisse des Empfängers Ratenzahlungen zulassen, die rechtskräftige Rückforderung stunden oder auf die rechtskräftige Rückforderung ganz oder teilweise verzichten. Dabei sind die §§ 72 bis 74 des Bundeshaushaltsgesetzes 2013 (BHG 2013), BGBl. I Nr. 139/2009, anzuwenden. Ratenzahlungen sind nur zu gewähren, wenn auf Grund der wirtschaftlichen Verhältnisse des Schuldners die Hereinbringung der rechtskräftigen Forderung in einem Betrag nicht möglich ist. Die Höhe und Anzahl der Raten ist unter Berücksichtigung der wirtschaftlichen Verhältnisse des Schuldners festzusetzen. Werden Ratenzahlungen bewilligt oder Rückforderungen gestundet, so dürfen keine Zinsen ausbedungen werden. Abweichend von § 89 Abs. 4 Arbeits- und Sozialgerichtsgesetz (ASGG), BGBl. I Nr. 104/1985, obliegt den Gerichten in Angelegenheiten der Leistungen nach diesem Bundesgesetz nicht das Recht, die Erstattung des zu Unrecht gezahlten Betrages in Teilbeträgen anzuordnen und auch nicht das Recht, die Rückersatzpflicht zum Teil oder zur Gänze entfallen zu lassen, sondern ist dies ausschließlich dem Krankenversicherungsträger im nachgeschalteten Verwaltungsverfahren vorbehalten. Wird der Tod des Kindes nicht rechtzeitig gemeldet und ist daraus ein unrechtmäßiger Bezug der Leistung nach diesem Bundesgesetz entstanden, so ist von Amts wegen von der Rückforderung abzusehen, sofern die Meldung binnen 31 Tagen ab dem Tod des Kindes erfolgt.

(4) Die Erlassung eines Bescheides über die Rückforderung der Leistung nach diesem Bundesgesetz ist nur binnen 7 Jahren, gerechnet ab Ablauf des Kalenderjahres, in welchem diese Leistung zu Unrecht bezogen wurde, zulässig. Ein Bescheid über eine Rückforderung tritt nach Ablauf von 3 Jahren ab dem Eintritt der Rechtskraft außer Kraft, wenn er bis zu diesem Zeitpunkt nicht vollzogen wurde; § 68 Abs. 2 ASVG zweiter und dritter Satz gelten sinngemäß.

[BGBl I 2022/61]

Übersicht

I. Voraussetzungen der Rückforderung (Abs 1)

Anders als § 31 Abs 1 und 2 KBGG enthält das FamZeitbG keine konkreten Rückforderungstatbestände, sondern sieht die Rückforderung bei **jedem unrechtmäßigen Leistungsbezug** vor. Die in den EB (1110 BlgNR 25. GP, 2) erwähnte Ausnahme bei ungerechtfertigter Beendigung des Dienstverhältnisses durch den Dienstgeber unmittelbar im Anschluss an das Bezugsende hat im Gesetzestext keinen Niederschlag gefunden, ist aber im Wege einer verfassungskonformen Interpretation anzunehmen. **1**

Soweit die Regelung eine Rückforderung auch bei Vorliegen eines **Behördenfehlers** ohne Erkennenmüssen der Unrechtmäßigkeit des Bezugs durch den Leistungsempfänger vorsieht, teilte der OGH die verfassungsrechtlichen Bedenken des Autors (ASoK 2017, 2 [7 f] nicht (10 ObS 87/21y; krit *Burger-Ehrnhofer*, DRdA 2022/19). Angesichts der Aufhebung der entsprechenden Rückforderungsregelung im KBGG durch den VfGH (vgl § 31 KBGG Rz 10c) scheinen die Argumente des OGH für eine sachliche Rechtfertigung (Vermeidung der Besserstellung bestimmter Eltern, fehlende Beitragsfinanzierung) beim FamZeitb zumindest relativierenswert. **2**

Angesichts der Judikaturänderung betr des anteiligen Anspruchs (§ 3 Rz 3) droht bei einem Wegfall der Anspruchsvoraussetzungen nicht mehr der Verlust der gesamten Leistung (vgl dazu die Bedenken von *Schrattbauer*, JAS 2020, 244 [263]). Dies sollte auch für eine unvorhergesehene Beendigung der Betreuung durch den Pflegevater gelten (*Schrattbauer* aaO [264]). **2a**

II. Ersatzpflicht Dritter und Partner (Abs 2)

3 Die Regelung entspricht § 31 Abs 3 und 3b KBGG, vgl daher dort Rz 14 ff.

III. Modalitäten und Modifikationen des Rückforderungsrechts (Abs 3)

A. Tod des Kindes

4 Abs 3 letzter Satz entspricht § 31 Abs 3c KBGG, vgl daher dort Rz 16a: s zu dieser Regelung auch *Schrattbauer*, JAS 2020, 244 (264)

B. Aufrechnung

5 Die Regelung entspricht § 31 Abs 4 und (hinsichtlich der wechselseitigen Aufrechnung der beiden Leistungen) Abs 3c KBGG, siehe daher dort Rz 17 ff.

C. Zahlungserleichterungen

6 Die Regelungen entsprechen § 31 Abs 4 bis 6 KBGG, siehe dort Rz 19 ff.

IV. Verjährung (Abs 4)

7 Die Regelung entspricht § 31 Abs 7 KBGG, siehe dort Rz 25 ff.

V. Verfahren

8 Es gelten die Ausführungen zu § 31 KBGG Rz 28 ff.

Anzuwendende Bestimmungen

§ 8. Die §§ 24e letzter Satz, 25a, 27 Abs. 4, 29, 32, 34, 36 Abs. 1, 3 und 4, 37 bis 39, 41, 43 Abs. 2, 44 und 45 KBGG sind sinngemäß anzuwenden.

[BGBl I 2018/32]

Folgende Bestimmungen des KBGG sind sinngemäß anzuwenden: 1

§ 24e letzter Satz: Der FamZeitb gilt als Einkommen und mindert den Unterhaltsanspruch des Beziehers.

§ 25a: Anwendung der für Leistungssachen der KV geltenden verfahrensrechtl Bestimmungen.

§ 27 Abs 4: Einschränkung des Säumnisfalls; vgl § 27 KBGG Rz 9a.

§ 29: Mitteilungspflichten.

§ 32: Mitwirkungspflichten.

§ 34: Besondere Umstände.

§§ 36 bis 39: Datenbank, Datenverarbeitung, Finanzierung, Verrechnung.

§ 41: Rechtshilfe.

§ 43 Abs 2: Steuer- und Abgabenbefreiung.

§ 44: Gebührenfreiheit.

§ 45: Verwaltungsstrafbestimmung.

Datenerhebung und -übermittlung

§ 9. (1) Die für die Wahrnehmung der nach diesem Bundesgesetz übertragenen Aufgaben erforderlichen personenbezogenen Daten werden in der Kinderbetreuungsgeld-Datenbank verarbeitet.

(2) Als erforderliche personenbezogene Daten im Sinne des Abs. 1 gelten insbesondere folgende Daten des antragstellenden Vaters (des Bonusempfängers), des zweiten Elternteils, der Kinder und sonstiger relevanter Personen:

1. Namen, Titel, Anschrift, Telefonnummer und E-Mail-Adresse;
2. Geburtsdatum und Sozialversicherungsnummer;
3. Staatsangehörigkeit samt aufenthaltsrechtlichem Status bei nichtösterreichischer Staatsangehörigkeit;
4. Familienstand und Geschlecht;
5. Beruf bzw. Tätigkeit;
6. Firmenbuchnummern, Namen und Anschrift des Dienstgebers;
7. Anspruchs- und Berechnungsgrundlagen;
8. Art, Umfang und Stand der Verfahren;
9. Bescheide;
10. Bankverbindung und Kontonummer;
11. Vertreter, Zahlungsempfänger sowie die Art und Dauer der Vollmacht;
12. Zahlungsbeträge.

(3) Die Österreichische Gesundheitskasse in ihrer Funktion als Kompetenzzentrum (§ 4 Abs. 4) hat dem Bundeskanzler Daten zur automatisierten Besorgung der Statistik zu übermitteln.

[BGBl I 2018/100]

1 Die Regelung entspricht §§ 36 Abs 2 und 37a Abs 1 bis 3 KBGG, siehe daher die dortige Kommentierung.

Verweisungen

§ 10. Soweit in diesem Bundesgesetz auf Bestimmungen anderer Bundesgesetze verwiesen wird, sind diese, soweit nicht ausdrücklich anderes bestimmt ist, in der jeweils geltenden Fassung anzuwenden.

[BGBl I 2016/53]

Vollzug

§ 11. Mit der Vollziehung dieses Bundesgesetzes ist die Bundesministerin für Familien und Jugend betraut.

[BGBl I 2016/53]

Inkrafttreten

§ 12. (1) Dieses Bundesgesetz tritt am 1. März 2017 in Kraft und ist auf Geburten nach dem 28. Februar 2017 anzuwenden.

(2) § 4 Abs. 3, § 8 und § 9 samt Überschrift in der Fassung des Materien-Datenschutz-Anpassungsgesetzes 2018, BGBl. I Nr. 32/2018, treten mit 25. Mai 2018 in Kraft. § 12 Abs. 1 in der Fassung des genannten Bundesgesetzes tritt mit dem auf die Kundmachung folgenden Tag in Kraft.

(3) § 2 Abs. 3a tritt mit 1. Jänner 2019 in Kraft und ist auf Geburten nach dem 31. Dezember 2018 anzuwenden.

(4) § 7 Abs. 3 in der Fassung des Bundesgesetzes BGBl. I Nr. 61/2022 tritt mit 1. Mai 2022 in Kraft.

(5) § 3 Abs. 1a in der Fassung BGBl. I Nr. 174/2022 tritt mit dem der Kundmachung dieses Bundesgesetzes folgenden Tag in Kraft; die Anpassung hat erstmals für Bezugszeiträume ab 1. Jänner 2023 zu erfolgen.

(6) § 6 Abs. 4 in der Fassung BGBl. I Nr. 174/2022 tritt mit 1. November 2022 in Kraft.

(7) § 2 Abs. 3a und 3b, § 3 Abs. 3 sowie § 12 Abs. 5 in der Fassung des Bundesgesetzes BGBl. I Nr. 115/2023 treten mit 1. November 2023 in Kraft und sind auf Geburten nach dem 31. Oktober 2023 anzuwenden.

(8) § 3 Abs. 1 in der Fassung des Bundesgesetzes BGBl. I Nr. 115/2023 tritt mit dem der Kundmachung dieses Bundesgesetzes folgenden Tag in Kraft und ist auf Geburten nach dem 31. Juli 2023 anzuwenden.

[BGBl I 2023/115]

Anhang

Verordnung des Bundesministers für soziale Sicherheit und Generationen über die Festlegung eines Mutter-Kind-Pass-Untersuchungsprogrammes, die Voraussetzungen zur Weitergewährung des Kinderbetreuungsgeldes in voller Höhe sowie über den Mutter-Kind-Pass (Mutter-Kind-Pass-Verordnung 2002 – MuKiPassV)

BGBl II 2001/470 idF BGBl II 2008/430, 2009/448 und 2013/420

Inhaltsübersicht

1. Abschnitt
Allgemeines

Zielbestimmung

§ 1. (1) Zur Sicherstellung der medizinischen Grundbetreuung der Schwangeren und des Kindes wird ein Mutter-Kind-Pass-Untersuchungsprogramm festgelegt.

(2) Das Mutter-Kind-Pass-Untersuchungsprogramm umfasst jedenfalls fünf Untersuchungen der Schwangeren sowie neun Untersuchungen des Kindes bis zu dessen 62. Lebensmonat.

Kinderbetreuungsgeld

§ 2. Die zur Weitergewährung des Kinderbetreuungsgeldes in voller Höhe gemäß § 7 KBGG erforderlichen ärztlichen Untersuchungen haben, sofern § 6 Abs. 2 und 3 nichts anderes bestimmt, aus fünf ärztlichen Untersuchungen der Schwangeren und fünf ärztlichen Untersuchungen des Kindes zu bestehen.

2. Abschnitt
Untersuchungsprogramm für Schwangere

Untersuchungen der Schwangeren

§ 3. (1) Während der Schwangerschaft sind fünf ärztliche Untersuchungen der Schwangeren vorgesehen.(2) Die erste Untersuchung ist bis zum Ende der 16. Schwangerschaftswoche vorzunehmen. Sie hat folgende Blutuntersuchungen einzuschließen:

1. Test auf Vorliegen einer Luesinfektion,
2. Bestimmung der Blutgruppe und des Rhesusfaktors, ausgenommen bei Vorliegen eines Originalbefundes,
3. Bestimmung des Hämoglobinwertes und des Hämatokrits (oder der Erythrozytenzahl),
4. Toxoplasmosetest mit Wiederholungsuntersuchungen bei negativem bzw. abklärungsbedürftigem Titer, ausgenommen bei Vorliegen eines Originalbefundes über einen eindeutig positiven Titer,
5. Bestimmung des Rötelnantikörpertiters,
6. HIV-Test.

(3) Die zweite Untersuchung ist in der 17., 18., 19. oder 20. Schwangerschaftswoche vorzunehmen. Sie hat eine interne Untersuchung einzuschließen.

(4) Die dritte Untersuchung ist in der 25., 26., 27. oder 28. Schwangerschaftswoche vorzunehmen. Sie hat die Bestimmung des Hämatokrits und des Hämoglobinwerts sowie eine Hepatitis-B-Untersuchung (HBS-Antigen-Bestimmung) einzuschließen. Weiters hat sie einen oralen Glukosetoleranztest zu umfassen.

(5) Die vierte Untersuchung ist in der 30., 31., 32., 33. oder 34. Schwangerschaftswoche vorzunehmen.

(6) Die fünfte Untersuchung ist in der 35., 36., 37. oder 38. Schwangerschaftswoche vorzunehmen.

(7) Die Durchführung des HIV-Tests gemäß Abs. 2 Z 6 im Rahmen der ersten Untersuchung und die Durchführung des oralen Glukosetoleranztests gemäß Abs. 4 im Rahmen der dritten Untersuchung sind ab 1. Jänner 2011 Voraussetzung für die Weitergewährung des Kinderbetreuungsgeldes in voller Höhe.

Untersuchungsumfang

§ 4. Die Untersuchungen gemäß § 3 haben jedenfalls

1. eine ausführliche Anamneseerhebung,
2. eine gynäkologische Untersuchung (Vaginalbefund),
3. die Erhebung von mütterlichen und kindlichen Risikofaktoren und
4. die Beurteilung der Notwendigkeit weiterer Untersuchungen einzuschließen.

Ultraschalluntersuchungen der Schwangeren

§ 5. (1) Zusätzlich zu den im § 3 Abs. 2 bis 6 genannten Untersuchungen der Schwangeren werden entsprechend dem Stand der medizinischen Wissenschaft jeweils eine Ultraschalluntersuchung der Schwangeren in der 8., 9., 10., 11. oder 12., in der 18., 19., 20., 21. oder 22. und in der 30., 31., 32., 33. oder 34. Schwangerschaftswoche empfohlen.

(2) Ultraschalluntersuchungen sind nicht Voraussetzung für die Weitergewährung des Kinderbetreuungsgeldes in voller Höhe.

Hebammenberatung

§ 5a. (1) Innerhalb der 18. bis 22. Schwangerschaftswoche ist eine einstündige Beratung durch eine Hebamme vorgesehen. Die Hebammenberatung hat insbesondere

1. Informationen über den Verlauf von Schwangerschaft, Geburt, Wochenbett und Stillen,
2. Beratung über gesundheitsförderndes und präventives Verhalten in der Schwangerschaft, im Wochenbett und während der Stillzeit sowie
3. Eingehen auf das psychosoziale Umfeld der Schwangeren und erforderlichenfalls Information über diesbezügliche Unterstützungsmöglichkeiten

zu umfassen.

(2) Die Hebammenberatung ist nicht Voraussetzung für die Weitergewährung des Kinderbetreuungsgeldes in voller Höhe.

Verspätete Feststellung der Schwangerschaft

§ 6. (1) Eine Überschreitung der im § 3 Abs. 2 bis 6 angeführten Untersuchungstermine hat zur Weitergewährung des Kinderbetreuungsgeldes in voller Höhe außer Betracht zu bleiben, wenn sie aus einem von der Schwangeren nicht zu vertretenden Grund erfolgt.

(2) War die Schwangerschaft trotz ärztlicher Untersuchung erst nach der 20. Schwangerschaftswoche feststellbar, oder kann die Schwangere glaubhaft machen, dass für sie kein Anlass zu einer solchen Untersuchung bestand, auf Grund deren sie Kenntnis von ihrer Schwangerschaft erhalten hätte können, genügen für die Weitergewährung des Kinderbetreuungsgeldes in voller Höhe die nachstehend angeführten Untersuchungen:

1. Bei Feststellung der Schwangerschaft bis Ende der 28. Schwangerschaftswoche
   a) die Untersuchungen der Schwangeren gemäß § 3 Abs. 4, 5 und 6, die im § 3 Abs. 2 Z 1 bis 4 genannten Blutuntersuchungen sowie die interne Untersuchung gemäß § 3 Abs. 3 und
   b) die Untersuchungen des Kindes gemäß § 7 Abs. 2 bis 6,
2. bei Feststellung der Schwangerschaft nach der 28. bis Ende der 34. Schwangerschaftswoche
   a) die Untersuchungen der Schwangeren gemäß § 3 Abs. 5 und 6, die im § 3 Abs. 2 Z 1 bis 4 genannten Blutuntersuchungen sowie die interne Untersuchung gemäß § 3 Abs. 3 und
   b) die Untersuchungen des Kindes gemäß § 7 Abs. 2 bis 6,
3. bei Feststellung der Schwangerschaft nach der 34. Schwangerschaftswoche
   a) die Untersuchung der Schwangeren gemäß § 3 Abs. 6, die im § 3 Abs. 2 Z 1 bis 4 genannten Blutuntersuchungen sowie die interne Untersuchung gemäß § 3 Abs. 3 und
   b) die Untersuchungen des Kindes gemäß § 7 Abs. 2 bis 6,
4. bei Feststellung der Schwangerschaft erst unmittelbar vor der Geburt die Untersuchungen des Kindes gemäß § 7 Abs. 2 bis 6.

(3) Falls die Geburt vor dem im § 3 Abs. 4, 5 oder 6 angeführten Untersuchungstermin erfolgt, genügt für die Weitergewährung des Kinderbetreuungsgeldes in voller Höhe die Vornahme der bis zur Geburt vorgesehenen Untersuchungen sowie der Untersuchungen des Kindes gemäß § 7 Abs. 2 bis 6.

3. Abschnitt
Untersuchungsprogramm für Kinder

Untersuchungen des Kindes

§ 7. (1) In den ersten vierzehn Lebensmonaten sind fünf ärztliche Untersuchungen des Kindes vorgesehen.

(2) Die erste Untersuchung ist in der ersten Lebenswoche vorzunehmen.

(3) Die zweite Untersuchung ist in der vierten, fünften, sechsten oder siebenten Lebenswoche vorzunehmen. Sie hat eine orthopädische Untersuchung einzuschließen.

(4) Die dritte Untersuchung ist im dritten, vierten oder fünften Lebensmonat vorzunehmen.

(5) Die vierte Untersuchung ist im siebenten, achten oder neunten Lebensmonat vorzunehmen. Sie hat eine Untersuchung des Hals-, Nasen- und Ohrenbereiches einzuschließen.

(6) Die fünfte Untersuchung ist im 10., 11., 12., 13. oder 14. Lebensmonat vorzunehmen. Sie hat eine Augenuntersuchung einzuschließen.

Überschreitung der Untersuchungstermine

§ 8. Eine Überschreitung der im § 7 Abs. 2 bis 6 festgelegten Untersuchungstermine hat zur Weitergewährung des Kinderbetreuungsgeldes in voller Höhe außer Betracht zu bleiben, wenn sie aus einem vom Anspruchsberechtigten nicht zu vertretenden Grund erfolgt (§ 7 Abs. 4 KBGG).

Weitere vorgesehene Untersuchungen

§ 9. (1) Bis zum zweiundsechzigsten Lebensmonat sind vier weitere ärztliche Untersuchungen des Kindes vorgesehen. Diese sind nicht Voraussetzung für die Weitergewährung des Kinderbetreuungsgeldes in voller Höhe.

(2) Die sechste Untersuchung ist für den 22., 23., 24., 25. oder 26. Lebensmonat vorgesehen und sollte eine Augenuntersuchung durch einen/eine Facharzt/Fachärztin für Augenheilkunde und Optometrie einschließen.

(3) Die siebente Untersuchung ist für den 34., 35., 36., 37. oder 38. Lebensmonat vorgesehen.

(4) Die achte Untersuchung ist für den 46., 47., 48., 49. oder 50. Lebensmonat vorgesehen.

(5) Die neunte Untersuchung ist für den 58., 59., 60., 61. oder 62. Lebensmonat vorgesehen.

Untersuchungsumfang

§ 10. (1) Die Untersuchungen gemäß §§ 7 und 9 haben

1. die Feststellung von Körpergewicht und Körperlänge,
2. die Erhebung von Beobachtungen der Mutter und eine Krankheitsanamnese,
3. eine ärztliche Untersuchung des Kindes und
4. die Beurteilung der Notwendigkeit weiterer Untersuchungen

einzuschließen.

(2) Bei den Untersuchungen gemäß §§ 7 Abs. 2 bis 6 und 9 Abs. 2 bis 5 ist auf die in dem jeweiligen Alter erreichte Entwicklung Bedacht zu nehmen.

Ultraschalluntersuchungen des Kindes

§ 11. (1) In der ersten und in der sechsten, siebenten oder achten Lebenswoche des Kindes wird entsprechend dem Stand der medizinischen Wissenschaft jeweils eine Hüftultraschalluntersuchung empfohlen.

(2) Hüftultraschalluntersuchungen sind nicht Voraussetzung für die Weitergewährung des Kinderbetreuungsgeldes in voller Höhe.

4. Abschnitt
Mutter-Kind-Pass

Form und Inhalt des Mutter-Kind-Passes

§ 12. (1) Art und Umfang der im Rahmen des Mutter-Kind-Pass-Untersuchungsprogrammes vorgesehenen ärztlichen Untersuchungen sowie die Voraussetzungen zur Weitergewährung des Kinderbetreuungsgeldes in voller Höhe sind im Mutter-Kind-Pass festzuhalten. Weiters sind im Mutter-Kind-Pass die wesentlichen Inhalte und besonderen Feststellungen der Hebammenberatung zu dokumentieren.

(2) Der Mutter-Kind-Pass ist vom Bundesministerium für Gesundheit aufzulegen.

(3) Der Mutter-Kind-Pass hat aus gehefteten Blättern in einem dauerhaften Umschlag zu bestehen.

(4) Im Mutter-Kind-Pass sind Vordrucke für folgende Eintragungen vorzusehen:

1. Personaldaten der Mutter und des Kindes,
2. für den Gesundheitszustand der Mutter und des Kindes erhebliche Daten, insbesondere die Untersuchungsergebnisse gemäß §§ 3 bis 11,

2a. Durchführung der Hebammenberatung gemäß § 5a,

3. Bestätigungen zur Vorlage beim Krankenversicherungsträger über die Durchführung der ärztlichen Untersuchungen zur Weitergewährung des Kinderbetreuungsgeldes in voller Höhe.

(5) Der Mutter-Kind-Pass ist insbesondere den Trägern der gesetzlichen Krankenversicherung, deren Vertragsärzten/Vertragsärztinnen und sonstigen Vertragspartnern, die Untersuchungen im Sinne dieser Verordnung durchführen, den Schwangeren- oder Mütter- und Elternberatungsstellen sowie den Bezirksverwaltungsbehörden zur Ausfolgung an die in Betracht kommenden Personen zur Verfügung zu stellen.

Einsichtnahme in den Mutter-Kind-Pass

§ 13. (1) Der Mutter-Kind-Pass ist bei der Durchführung der Untersuchungen dem/der untersuchenden Arzt/Ärztin und bei der Hebammenberatung der Hebamme zum Zweck der Eintragungen zu übergeben.

(2) Die Einsichtnahme in den Mutter-Kind-Pass ist nur mit Zustimmung der Mutter und des/der Erziehungsberechtigten oder auf Grund ausdrücklicher gesetzlicher Ermächtigung zulässig.

5. Abschnitt
Übergangs- und In-Kraft-Tretens-Bestimmungen

Übergangsbestimmungen

§ 14. (1) Bis zum 1. Jänner 2004 kann die im § 5 Abs. 1 empfohlene erste Ultraschalluntersuchung auch in der 16., 17., 18. 19. oder 20. Schwangerschaftswoche durchgeführt werden.

(2) Bis zum 1. Jänner 2004 kann die im § 7 Abs. 5 vorgesehene Untersuchung des Hals-, Nasen- und Ohrenbereiches auch im Rahmen der dritten Untersuchung im dritten, vierten oder fünften Lebensmonat vorgenommen werden.

(3) Bis zum 1. Jänner 2004 kann die zweite Hüftultraschalluntersuchung des Kindes gemäß § 11 Abs. 1 auch in der 12., 13., 14., 15. oder 16. Lebenswoche durchgeführt werden.

(4) Für die Jahre 2008 und 2009 gelten auch folgende Maßnahmen als Bestandteil des Untersuchungsprogramms für Schwangere, sie sind jedoch nicht Voraussetzung für die Weitergewährung des Kinderbetreuungsgeldes in voller Höhe:

1. der HIV-Test,
2. der β-hämolysierende Streptokokkentest,
3. der orale Glukosetoleranztest,
4. die Anti-D-Prophylaxe,

5. der Rhesus-Antikörper-Suchtest,
6. die Bilirubinbestimmung beim Neugeborenen.

In-Kraft-Treten

§ 15. (1) Diese Verordnung tritt mit 1. Jänner 2002 in Kraft.

(2) Die Mutter-Kind-Pass-Verordnung – MuKiPassV, BGBl. II Nr. 24/1997, tritt mit Ablauf des 31. Dezember 2001 außer Kraft. Sie ist jedoch für Kinder, die vor dem 1. Jänner 2002 geboren sind, mit der Maßgabe weiterhin anzuwenden, dass die Fristverlängerung für die Untersuchung gemäß § 7 Abs. 3, die Verschiebung der Untersuchungen gemäß § 7 Abs. 5 und § 11 Abs. 1 sowie die zusätzliche Kindesuntersuchung gemäß § 9 Abs. 5 bereits in Anspruch genommen werden können.

(3) § 3 Abs. 2, 4 und 7, § 5 Abs. 1 sowie § 14 Abs. 4 in der Fassung der Verordnung BGBl. II Nr. 448/2009 treten mit 1. Jänner 2010 in Kraft.

(4) Das Inhaltsverzeichnis, § 5a samt Überschrift, § 6 Abs. 1, § 8, § 12 Abs. 1, 2 und 4 Z 2a sowie § 13 Abs. 1 in der Fassung der Verordnung BGBl. II Nr. 420/2013 treten mit 1. November 2013 in Kraft.

Bundesgesetz über die Errichtung eines Jungfamilienfonds (Jungfamilienfondsgesetz – JFFG)

BGBl I 2019/75

Jungfamilienfonds

§ 1. (1) Zum Zweck des Ausgleichs von Rückforderungen nach dem Kinderbetreuungsgeldgesetz (KBGG), BGBl. I Nr. 103/2001, welche alleine aus dem Versäumen der Vorlagefrist für den Nachweis nach § 8 Abs. 1 Z 2 KBGG resultieren, ist bei der Sozialversicherungsanstalt der gewerblichen Wirtschaft ein Jungfamilienfonds einzurichten.

(2) Der Jungfamilienfonds ist mit 1 010 813,48 € dotiert. Dieser Betrag ist binnen 14 Tagen ab dem der Kundmachung folgenden Tag aus dem Unterstützungsfonds nach § 44 Gewerbliches Sozialversicherungsgesetz (GSVG), BGBl. Nr. 684/1978 in Verbindung mit § 356 Abs. 3 GSVG idF BGBl. I Nr. 2/2015 auf ein von der Sozialversicherungsanstalt der gewerblichen Wirtschaft einzurichtendes Konto zu überweisen.

(3) In Angelegenheiten dieses Bundesgesetzes ist die Sozialversicherungsanstalt der gewerblichen Wirtschaft bzw. deren Rechtsnachfolgerin zuständig.

(4) Die Sozialversicherungsanstalt der gewerblichen Wirtschaft bzw. deren Rechtsnachfolgerin hat die ihr nach diesem Bundesgesetz übertragenen Aufgaben im übertragenen Wirkungsbereich nach den Weisungen der Bundesministerin für Arbeit, Soziales, Gesundheit und Konsumentenschutz zu vollziehen.

Zuwendungen aus dem Jungfamilienfonds

§ 2. (1) Die Zuwendung aus dem Jungfamilienfonds kann auf Ansuchen des betroffenen Elternteils gewährt werden, wenn eine Leistung nach § 1 KBGG für ein von 1. Jänner 2012 bis 28. Februar 2017 geborenes Kind bezogen wurde und ausschließlich aufgrund des Versäumens der Vorlagefrist nach § 8 Abs 1 Z 2 KBGG zurückgezahlt wurde oder zurückzuzahlen ist.

(2) Ansuchen nach Abs. 1 haben schriftlich bis zum 31. Dezember 2025 einzulangen.

(3) Abs. 1 und 2 gelten sinngemäß auch für Personen im Sinne der §§ 12 und 13 KBGG.

Richtlinien

§ 3. Die Abwicklung von Zuwendungen aus dem Jungfamilienfonds hat nach Maßgabe der hierfür vom Vorstand der Sozialversicherungsanstalt der gewerblichen Wirtschaft zu erlassenden Fonds-Richtlinien zu erfolgen.

Mitwirkungspflichten

§ 4. (1) Die Krankenversicherungsträger sowie die Niederösterreichische Gebietskrankenkasse als Kompetenzzentrum Kinderbetreuungsgeld haben bei der Vollziehung dieses Bundesgesetzes mitzuwirken.

(2) Die Krankenversicherungsträger sowie die Niederösterreichische Gebietskrankenkasse als Kompetenzzentrum Kinderbetreuungsgeld haben der Sozialversicherungsanstalt der gewerblichen Wirtschaft bzw. deren Rechtsnachfolgerin alle für die Abwicklung der Zuwendung (§ 2) erforderlichen Daten zu übermitteln und die notwendigen Auskünfte zu erteilen.

Rechtsanspruch und Rechtspersönlichkeit

§ 5. (1) Auf die Gewährung einer Zuwendung aus dem Jungfamilienfonds besteht kein Rechtsanspruch. Die Zuwendung kann bis zur Ausschöpfung des Jungfamilienfonds gewährt werden.

(2) Dieser Fonds besitzt keine Rechtspersönlichkeit.

Deckung des Aufwandes

§ 6. Die Mittel des Jungfamilienfonds sind zweckgebunden für den Aufwand und die Abwicklung der Zuwendungen aus dem Jungfamilienfonds. Der Jungfamilienfonds hat der Sozialversicherungsanstalt der gewerblichen Wirtschaft bzw. deren Rechtsnachfolgerin die nachgewiesenen, erforderlichen und zuordenbaren Aufwendungen für die Zuwendungen, die Verfahrenskosten, die Zustellgebühren, den entsprechenden Anteil an den Verwaltungsaufwendungen sowie die sonstigen Aufwendungen für die Abwicklung und Vollziehung nach diesem Bundesgesetz zu ersetzen.

Steuerbefreiung

§ 7. Die Zuwendung aus dem Jungfamilienfonds ist von der Einkommensteuer befreit und gehört auch nicht zur Bemessungsgrundlage für sonstige Abgaben und öffentlich-rechtliche Beiträge.

Verweisungen

§ 8. Soweit in diesem Bundesgesetz auf Bestimmungen anderer Bundesgesetze verwiesen wird, sind diese, soweit nicht ausdrücklich anderes bestimmt ist, in der jeweils geltenden Fassung anzuwenden.

Daten

§ 9. Verantwortliche gemäß Art. 4 Z 7 der Verordnung (EU) Nr. 679/2016 zum Schutz natürlicher Personen bei der Verarbeitung personenbezogener Daten, zum freien Datenverkehr und zur Aufhebung der Richtlinie 95/46/EG (Datenschutz- Grundverordnung), ABl. Nr. L 119 vom 27.04.2016 S 1 (DSGVO) ist die Hauptstelle der Sozialversicherungsanstalt der gewerblichen Wirtschaft bzw. deren Rechtsnachfolgerin. Die datenschutzrechtlichen Bestimmungen des Allgemeinen Sozialversicherungsgesetzes (ASVG), BGBl. Nr. 189/1955 und des GSVG sind auf dieses Bundesgesetz sinngemäß anzuwenden.

Rücküberweisung von Mitteln

§ 10. Zum Zeitpunkt des Außer-Kraft-Tretens nicht verbrauchte Mittel nach § 1 Abs. 2 sind an den Unterstützungsfonds der Sozialversicherungsanstalt der Selbständigen nach § 11 Selbständigen- Sozialversicherungsgesetz (SVSG), BGBl. I Nr. 100/2018, zu überweisen, wobei § 11 Abs. 2 und 3 SVSG nicht zur Anwendung gelangen.

Vollzug

§ 11. Mit der Vollziehung dieses Bundesgesetzes ist die Bundesministerin für Arbeit, Soziales, Gesundheit und Konsumentenschutz betraut.

Inkrafttreten

§ 12. Dieses Bundesgesetz tritt mit dem der Kundmachung folgenden Tag in Kraft und mit Ablauf des 31. Dezember 2027 außer Kraft.

Bundesgesetz, mit dem nähere Regelungen zu einem Elektronischen Eltern-Kind-Pass getroffen werden (eEltern-Kind-Pass-Gesetz – EKPG)

BGBl I 2023/82

1. Abschnitt
Allgemeine Bestimmungen

§ 1. (1) Dieses Bundesgesetz regelt

1. die fachlichen und finanziellen Rahmenbedingungen für ein Eltern-Kind-Pass-Untersuchungsprogramm sowie
2. den Elektronischen Eltern-Kind-Pass („eEKP“).

(2) Sofern dieses Bundesgesetz keine besonderen Bestimmungen enthält, bleiben andere Rechtsvorschriften unberührt.

2. Abschnitt
Eltern-Kind-Pass-Untersuchungsprogramm

§ 2. (1) Im Zusammenhang mit der Geburt eines Kindes sowie der Gewährung des Kinderbetreuungsgeldes hat der für das Gesundheitswesen zuständige Bundesminister/die für das Gesundheitswesen zuständige Bundesministerin im Einvernehmen mit dem für Familienagenden zuständigen Bundesminister/der für Familienagenden zuständigen Bundesministerin ein Eltern-Kind-Pass-Untersuchungsprogramm mittels Verordnung festzulegen und den Zugang zu einer eEKP-Anwendung zur Verfügung zu stellen.

(2) Die Verordnung hat den Umfang, die Art und den Zeitpunkt der ärztlichen Untersuchungen und der Hebammenberatungen der Schwangeren und des Kindes bis zur Vollendung des 62. Lebensmonats festzulegen. Darüber hinaus können weitere Beratungsleistungen für Schwangerschaft, Geburt und Elternschaft (zB Eltern-, Gesundheits- oder Ernährungsberatung) vorgesehen werden. Auf den jeweiligen Stand der medizinischen und wissenschaftlichen Erkenntnisse zur Sicherung der Gesundheit der Schwangeren und des Kindes ist Bedacht zu nehmen.

(3) Gesundheitsdiensteanbieter, die Untersuchungen oder Beratungen im Rahmen des Eltern-Kind-Pass-Untersuchungsprogramms durchführen, sind

1. Ärzte und Ärztinnen für Allgemeinmedizin,
2. Fachärzte und -ärztinnen für
   a) Frauenheilkunde und Geburtshilfe,
   b) Kinder- und Jugendheilkunde,
   c) Orthopädie, Orthopädische Chirurgie und Traumatologie,

d) Radiologie,
e) Augenheilkunde und Optometrie,
f) Hals-, Nasen- und Ohrenheilkunde,
g) Medizinische und Chemische Labordiagnostik,
3. Hebammen gemäß § 1 Hebammengesetz (HebG), BGBl. Nr. 310/1994 sowie,
4. Krankenanstalten,
5. allenfalls Amtsärzte und -ärztinnen,
6. Familienberatungsstellen gemäß Familienberatungsförderungsgesetz, BGBl. Nr. 80/1974.

3. Abschnitt
Eltern-Kind-Pass-Verfahren

§ 3. (1) Die gemäß § 2 vorgesehenen ärztlichen Untersuchungen sind von den Trägern der gesetzlichen Krankenversicherung durchzuführen, und zwar

1. bei Personen, die in der gesetzlichen Krankenversicherung pflichtversichert oder freiwillig versichert sind, vom Träger dieser Krankenversicherung, bei mehrfacher Krankenversicherung von dem Versicherungsträger, der zuerst in Anspruch genommen wird;
2. bei Personen, für die als Angehörige ein Anspruch auf Leistungen der gesetzlichen Krankenversicherung besteht, von dem Versicherungsträger, gegen den sich dieser Leistungsanspruch richtet;
3. bei allen übrigen Personen von der Österreichischen Gesundheitskasse.

(2) Für die Durchführung der Untersuchungen kommen insbesondere Vertragsärztinnen und -ärzte, Vertragsgruppenpraxen, Primärversorgungseinheiten oder sonstige Vertragspartner, Schwangeren- oder Mütter- und Elternberatungsstellen der Länder oder eigene Einrichtungen der Krankenversicherungsträger in Betracht.

(3) Zwischen dem Dachverband der Sozialversicherungsträger (im Folgenden: „Dachverband“) und der Österreichischen Ärztekammer ist ein Gesamtvertrag abzuschließen, der die Durchführung der gemäß § 2 vorgesehenen ärztlichen Untersuchungen und die Vergütung der ärztlichen Leistungen regelt. Der Gesamtvertrag bedarf nicht der Zustimmung der Träger der gesetzlichen Krankenversicherung. Die Bestimmungen der §§ 338 bis 348 des Allgemeinen Sozialversicherungsgesetzes (ASVG), BGBl. Nr. 189/1956, des § 14 des Selbständigen-Sozialversicherungsgesetzes (SVSG), BGBl. I Nr. 100/2018, und des § 128 des Beamten-Kranken- und Unfallversicherungsgesetzes (B-KUVG), BGBl. Nr. 200/1967, gelten sinngemäß. Der Gesamtvertrag bedarf zu seiner Gültigkeit der Genehmigung des für das Gesundheitswesen zuständigen Bundesministers/der für das Gesundheitswesen zuständigen Bundesministerin im Einvernehmen mit

dem für Familienagenden zuständigen Bundesminister/der für Familienagenden zuständigen Bundesministerin. Die Genehmigung ist zu versagen, wenn die im Vertrag vorgesehene Vergütung der ärztlichen Leistungen, im Verhältnis zu der Vergütung vergleichbarer Leistungen in der gesetzlichen Krankenversicherung, unangemessen ist. Bis zum Abschluss eines neuen Vertrages gilt der gemäß § 35 des Kinderbetreuungsgeldgesetzes (KBGG), BGBl. I Nr. 103/2001, abgeschlossene Gesamtvertrag weiter.

(4) Zwischen dem Dachverband und dem Österreichischen Hebammengremium ist ein Gesamtvertrag abzuschließen, der die Durchführung der gemäß § 2 vorgesehenen Hebammenberatung und deren Vergütung regelt. Der Gesamtvertrag bedarf nicht der Zustimmung der Träger der gesetzlichen Krankenversicherung. Die Bestimmungen des § 349 ASVG, des § 14 SVSG und des § 128 B-KUVG gelten sinngemäß. Der Gesamtvertrag bedarf zu seiner Gültigkeit der Genehmigung des für das Gesundheitswesen zuständigen Bundesministers/der für das Gesundheitswesen zuständigen Bundesministerin im Einvernehmen mit dem für Familienagenden zuständigen Bundesminister/der für Familienagenden zuständigen Bundesministerin. Die Genehmigung ist zu versagen, wenn die im Vertrag vorgesehene Vergütung, im Verhältnis zu der Vergütung vergleichbarer Leistungen in der gesetzlichen Krankenversicherung, unangemessen ist. Bis zum Abschluss einer entsprechenden Vereinbarung gilt der nach § 35 KBGG abgeschlossene Gesamtvertrag.

(5) Die Kosten für die gemäß § 2 vorgesehenen ärztlichen Untersuchungen sind für die im Abs. 1 Z 3 genannten Personen zur Gänze vom Ausgleichsfonds für Familienbeihilfen zu tragen; für die übrigen Personen sind die Untersuchungskosten zu zwei Dritteln vom Ausgleichsfonds für Familienbeihilfen und zu einem Drittel von den Trägern der gesetzlichen Krankenversicherung zu tragen. Die vom Ausgleichsfonds für Familienbeihilfen zu tragenden Kosten sind gegen Rechnungslegung dem Dachverband zu überweisen, welcher die Aufteilung auf die einzelnen Träger der gesetzlichen Krankenversicherung vorzunehmen hat. Der vom Ausgleichsfonds für Familienbeihilfen zu leistende Kostenersatz kann pauschaliert werden. Auf den Kostenersatz können angemessene Vorschüsse geleistet werden.

(6) Die gemäß § 2 vorgesehenen ärztlichen Untersuchungen und die Hebammenberatungen können bei den im § 2 Abs. 1 Z 2 B-KUVG genannten Personen und deren Angehörigen, für die Krankenfürsorge seitens einer Krankenfürsorgeeinrichtung eines öffentlich-rechtlichen Dienstgebers vorgesehen ist, auch von dieser durchgeführt werden. Die Kosten für die Untersuchungen werden den Krankenfürsorgeeinrichtungen zu zwei Dritteln vom Ausgleichsfonds für Familienbeihilfen ersetzt, soweit sie die zwischen dem Dachverband und der Österreichischen Ärztekammer vereinbarten Untersuchungskosten nicht überschreiten (Abs. 3). Der vom

Ausgleichsfonds für Familienbeihilfen zu leistende Kostenersatz kann pauschaliert werden. Auf den Kostenersatz können angemessene Vorschüsse geleistet werden.

(7) Die Träger der gesetzlichen Krankenversicherung haben Personen gemäß Abs. 1 eine einstündige Beratung mit einer Hebamme gemäß § 2 Abs. 2 insbesondere durch Vertragshebammen zu ermöglichen. Die Kosten für die Beratung sind zu zwei Dritteln vom Familienlastenausgleichsfonds und zu einem Drittel von den Trägern der gesetzlichen Krankenversicherung zu tragen. Die vom Familienlastenausgleichsfonds zu tragenden Kosten sind dem Dachverband gegen Rechnungslegung zu überweisen.

(8) Die Kosten für Betrieb und Wartung des eEKP sind zu zwei Dritteln vom Ausgleichsfonds für Familienbeihilfen und zu einem Drittel von den Trägern der gesetzlichen Krankenversicherung zu tragen.

4. Abschnitt
Elektronischer Eltern-Kind-Pass (eEKP)

eEKP

§ 4. (1) Der für das Gesundheitswesen zuständige Bundesminister/Die für das Gesundheitswesen zuständige Bundesministerin hat zu

1. der Dokumentation von Beratungen sowie der Untersuchungsergebnisse von Schwangeren und Kindern für eine verbesserte, schnellere Verfügbarkeit medizinischer Informationen, die zu einer Qualitätssteigerung diagnostischer und therapeutischer Entscheidungen sowie der Behandlung und Betreuung führt,
2. der Stärkung der Rechte von Schwangeren, Kindern und Obsorgeberechtigten, insbesondere der Informationsrechte und des Rechtsschutzes bei der Verarbeitung von personenbezogenen Daten sowie
3. dem Nachweis für den Erhalt des Kinderbetreuungsgeldes in voller Höhe gemäß § 7 KBGG

eine eEKP-Anwendung zu betreiben und kann sich für deren Betrieb, Wartung und technischer Weiterentwicklung eines oder mehrerer Auftragsverarbeiter (Art. 4 Z 8 der Verordnung [EU] 2016/679 zum Schutz natürlicher Personen bei der Verarbeitung personenbezogener Daten, zum freien Datenverkehr und zur Aufhebung der Richtlinie 95/46/EG [Datenschutz-Grundverordnung], ABl. Nr. L 119 vom 04.05.2016 S. 1, in der Fassung der Berichtigung ABl. Nr. L 074 vom 04.03.2021 S. 35 [im Folgenden: DSGVO]) bedienen.

(2) Art und Umfang der im Rahmen des Eltern-Kind-Pass-Untersuchungsprogrammes vorgesehenen ärztlichen Untersuchungen und die wesentlichen Inhalte und besonderen Feststellungen der Beratungen sind im eEKP

festzuhalten. Für die Schwangere und jedes Kind sind voneinander unabhängige eEKP anzulegen. Zu diesem Zweck haben

1. Ärzte und Ärztinnen für Allgemeinmedizin, Fachärzte und -ärztinnen für Frauenheilkunde und Geburtshilfe sowie Krankenanstalten die Schwangere und
2. Ärzte und Ärztinnen für Allgemeinmedizin, Fachärzte und -ärztinnen für Kinder- und Jugendheilkunde, Hebammen sowie Krankenanstalten das Kind nach der Geburt

jeweils mit dem Namen, dem Geburtsdatum, dem Geschlecht, der Adresse, der Staatsbürgerschaft, dem Geburtsort und, falls vorhanden, der Sozialversicherungsnummer im eEKP zu registrieren. Der für das Gesundheitswesen zuständige Bundesminister/Die für das Gesundheitswesen zuständige Bundesministerin ermittelt aus den registrierten Daten im Wege der Abfrage des Patientenindex (§ 4 in Verbindung mit § 18 Gesundheitstelematikgesetzes 2012 [GTelG 2012], BGBl. I Nr. 111/2012) oder – im Falle des Fehlens der Sozialversicherungsnummer – im Wege der Stammzahlenregisterbehörde das bereichsspezifische Personenkennzeichen Gesundheit (bPK-GH). Der für das Gesundheitswesen zuständige Bundesminister/Die für das Gesundheitswesen zuständige Bundesministerin hat sicherzustellen, dass die Schwangere und die Obsorgeberechtigten des Kindes weitere Kontaktdaten (Telefonnummer und E-Mail-Adresse), Notfallkontakte und die Krankenanstalt, in dem sich die Schwangere zur Geburt angemeldet hat oder die Hebamme bei geplanter Hausgeburt oder Geburt in der Hebammenpraxis, selbstständig in den eEKP eintragen können.

(3) Zur Erreichung der in Abs. 1 genannten Ziele und zur Erfüllung der in § 5 Abs. 2 genannten Zwecke haben Gesundheitsdiensteanbieter (§ 2 Z 2 GTelG 2012), die Untersuchungen oder Beratungen im Rahmen des Eltern-Kind-Untersuchungsprogramms durchführen (§ 2 Abs. 3) folgende, in der Verordnung gemäß § 2 Abs. 2 zu konkretisierende, Daten im Rahmen ihrer Berufspflichten zu erheben und im eEKP zu speichern:

1. In den eEKP der Schwangeren:
   a) Angaben zur Schwangeren wie Name, Geburtsdatum, Geschlecht, Wohnadresse, Sozialversicherungsnummer,
   b) Anamnese der Schwangeren und allgemeine Befunde,
   c) Angaben zur derzeitigen Schwangerschaft und zu vorausgegangenen Schwangerschaften und Entbindungen,
   d) besondere Befunde in der Schwangerschaft,
   e) Angaben zur Hebammenberatung,
   f) Angaben zu Untersuchungen während der Schwangerschaft,
   g) Angaben zur Geburt,
   h) Angaben zum Wochenbett,

i) Angaben zu in der Verordnung gemäß § 2 Abs. 2 festgelegten Beratungen sowie die Angabe, ob ein Gesundheitsgespräch durchgeführt wurde

2. In den eEKP des Kindes:
   a) Angaben zum Kind wie Name, Geburtsdatum, Geschlecht, Wohnadresse, Sozialversicherungsnummer
   b) Angaben zur Geburt,
   c) Angaben zum Kind nach der Geburt,
   d) Angaben zu Kindesuntersuchungen
   e) besondere Befunde in der Schwangerschaft

(4) Name, Geschlecht, Gemeindecode und die medizinische Fachrichtung der Gesundheitsdiensteanbieter, die einen eEKP anlegen oder die Daten im eEKP speichern, sind zu speichern. Handelt es sich bei diesem Gesundheitsdiensteanbieter um keine natürliche Person, so ist zusätzlich die Bezeichnung des Rechtsträgers zu speichern. Diese Daten werden nach erfolgter Identifizierung und Authentifizierung automatisiert aus dem eHealth-Verzeichnisdienst (§ 4 Abs. 4 Z 2 und § 5 Abs. 1 in Verbindung mit § 9 GTelG 2012) ermittelt.

(5) Nach der Registrierung des Kindes sind die bei der Untersuchung der Schwangeren erhobenen besonderen Befunde, die in einer Verordnung des für das Gesundheitswesen zuständigen Bundesministers/der für das Gesundheitswesen zuständigen Bundesministerin genannt sind, von dem für das Gesundheitswesen zuständigen Bundesminister/der für das Gesundheitswesen zuständigen Bundesministerin in den eEKP des Kindes zu übernehmen. Diese übernommenen besonderen Befunde dürfen keinen direkten Rückschluss auf die Identität der Schwangeren zulassen. Besondere Befunde sind die in Anlage 1 genannten Untersuchungs- und Beratungsergebnisse, die sowohl den Gesundheitszustand der Schwangeren als auch den des (ungeborenen) Kindes betreffen.

(6) Der eEKP der Schwangeren oder eines Kindes sind nach deren Tod zu schließen. Zu diesem Zweck übermittelt der Bundesminister für Inneres/die Bundesministerin für Inneres als Auftragsverarbeiter (Art. 4 Z 8 DSGVO) für die Personenstandsbehörden als gemeinsam Verantwortliche (Art. 4 Z 7 in Verbindung mit Art. 26 DSGVO) für das Zentrale Personenstandsregister (ZPR) gemäß § 44 Personenstandsgesetz 2013 (PStG 2013), BGBl. I Nr. 16/2013, monatlich das verschlüsselte bereichsspezifische Personenkennzeichen Gesundheit (vbPK-GH) aller Personen aus dem ZPR, deren Tod seit der letzten Übermittlung eingetragen wurde, an den für das Gesundheitswesen zuständigen Bundesminister/die für das Gesundheitswesen zuständige Bundesministerin. Die Übermittlung hat auf elektronischem Weg in geeigneter Form zu erfolgen. Der für das Gesundheitswesen zuständige Bundesminister/Die für das Gesundheitswesen zuständige

Bundesministerin hat sicherzustellen, dass die zu Lebzeiten des Kindes Obsorgeberechtigten auch nach dessen Ableben auf die Daten des verstorbenen Kindes zugreifen können.

(7) Die im eEKP gespeicherten Daten sind von dem für das Gesundheitswesen zuständigen Bundesminister/der für das Gesundheitswesen zuständigen Bundesministerin 30 Jahre nach der Entbindung des Kindes zu löschen. Erfolgt zwischen dem letzten Eintrag in den eEKP und drei Wochen nach dem errechneten Geburtstermin kein weiterer Eintrag, ist der eEKP zu schließen und die Daten sind ein Jahr nach dem letzten erfolgten Eintrag zu löschen. Die Schwangere hat vor Ablauf des Jahres die Möglichkeit festzulegen, dass diese Daten erst 30 Jahre nach dem letzten erfolgten Eintrag zu löschen sind.

Grundsätze der Datenverarbeitung

§ 5. (1) Der für das Gesundheitswesen zuständige Bundesminister/Die für das Gesundheitswesen zuständige Bundesministerin, der Dachverband, die Gesundheitsdiensteanbieter, die Untersuchungen oder Beratungen im Rahmen des Eltern-Kind-Pass-Programmes durchführen sowie die Österreichische Gesundheitskasse in ihrer Funktion als Kompetenzzentrum Kinderbetreuungsgeld (§ 36 Abs. 3 KBGG) sind gemeinsam für die Verarbeitung Verantwortliche gemäß Art. 4 Z 7 in Verbindung mit Art. 26 DSGVO. Die Aufteilung der Pflichten gemäß Art. 26 DSGVO hat durch Verordnung des für das Gesundheitswesen zuständigen Bundesministers/der für das Gesundheitswesen zuständigen Bundesministerin im Einvernehmen mit dem Dachverband zu erfolgen.

(2) Die im eEKP gespeicherten Daten dürfen personenbezogenen ausschließlich

1. von den Gesundheitsdiensteanbietern gemäß § 2 Abs. 3
   a) zur Registrierung der Schwangeren und Eintragung der Schwangerschaft in den eEKP,
   b) zur Eintragung des Neugeborenen und Ein- und Nachtragungen von Kindern in den eEKP,
   c) zur Dokumentation des Geburtsablaufs,
   d) zur Untersuchung der Schwangeren, des Neugeborenen nach der Geburt, des Säuglings und des Kleinkinds und zur Eintragung der jeweiligen Untersuchungsergebnisse sowie
   e) zur Dokumentation von in der Verordnung gemäß § 2 Abs. 2 genannten Beratungen,
2. von den Schwangeren oder deren gesetzlichen Vertretung zur Wahrnehmung ihrer Rechte gemäß § 8 Abs. 2,
3. von den Obsorgeberechtigten zur Wahrnehmung der Rechte gemäß § 8 Abs. 3,

4. von dem Kind zur Wahrnehmung seiner Rechte gemäß § 9,
5. von einer von dem für das Gesundheitswesen zuständigen Bundesminister/der für das Gesundheitswesen zuständigen Bundesministerin einzurichtenden Servicestelle für die Erfüllung der Aufgaben gemäß § 8 Abs. 7 und § 9 Abs. 3,
6. von der mit dem Vollzug des Kinderbetreuungsgeldgesetzes betrauten Stelle als elektronischer Nachweis der für den Erhalt des Kinderbetreuungsgeldes in voller Höhe erforderlichen Untersuchungen und Beratungen,
7. von dem für das Gesundheitswesen zuständigen Bundesminister/der für das Gesundheitswesen zuständigen Bundesministerin
   a) für Betrieb, Wartung und technische Weiterentwicklung des eEKP,
   b) für statistische Auswertungen zu gesundheitspolitischen Fragestellungen durch die Gesundheit Österreich GmbH und die Bundesanstalt „Statistik Österreich“ (im Folgenden: Bundesanstalt)

verarbeitet werden.

(3) Zugriffsberechtigungen auf die im eEKP gespeicherten Daten haben:

1. Gesundheitsdiensteanbieter gemäß § 2 Abs. 3 Z 1 bis 4, sofern ein Behandlungs- oder Betreuungszusammenhang besteht, auf die Daten gemäß § 4 Abs. 3
2. Amtsärzte und -ärztinnen gemäß § 2 Abs. 3 Z 5, zum Vollzug ihrer behördlichen Aufgaben, auf die Daten gemäß § 4 Abs. 3
3. Gesundheitsdiensteanbieter gemäß § 2 Abs. 3 Z 6, sofern ein Beratungszusammenhang besteht, auf die Daten gemäß § 4 Abs. 3 Z 1 lit. i
4. Schwangere oder deren gesetzlichen Vertretung auf die Daten gemäß § 4 Abs. 3 Z 1
5. Obsorgeberechtigte auf die Daten gemäß § 4 Abs. 3 Z 2 lit. a bis d
6. das Kind auf die Daten gemäß § 4 Abs. 3 Z 2
7. eine von dem für das Gesundheitswesen zuständigen Bundesminister/der für das Gesundheitswesen zuständigen Bundesministerin einzurichtenden Servicestelle auf die Daten gemäß § 4 Abs. 3
8. die mit dem Vollzug des Kinderbetreuungsgeldgesetzes betraute Stelle auf die Daten gemäß Anlage 2
9. der für das Gesundheitswesen zuständige Bundesminister/die für das Gesundheitswesen zuständige Bundesministerin auf die Daten gemäß § 4 Abs. 3

Die Zugriffsberechtigungen können mittels Verordnung des für das Gesundheitswesen zuständigen Bundesministers/der für das Gesundheitswesen zuständigen Bundesministerin weiter konkretisiert werden.

(4) Der elektronische Nachweis für den Erhalt des Kinderbetreuungsgeldes in voller Höhe gemäß § 7 KBGG ist automatisch nach dem jeweiligen Untersuchungs- bzw. Beratungstermin zu erstellen.

(5) Eine Verarbeitung der personenbezogenen Daten zu anderen als in diesem Bundesgesetz vorgesehenen Zwecken ist unzulässig.

(6) Der für das Gesundheitswesen zuständige Bundesminister/Die für das Gesundheitswesen zuständige Bundesministerin, der Dachverband, die Gesundheitsdiensteanbieter die Untersuchungen oder Beratungen im Rahmen des Eltern-Kind-Pass-Programmes durchführen, die Krankenanstalten sowie die Österreichische Gesundheitskasse in ihrer Funktion als Kompetenzzentrum Kinderbetreuungsgeld haben geeignete Datensicherheitsmaßnahmen zu ergreifen, insbesondere

1. sind von Gesundheitsdiensteanbietern die im 2. Abschnitt des GTelG 2012 festgelegten Datensicherheitsmaßnahmen einzuhalten,
2. ist sicherzustellen, dass ein Zugriff auf die im eEKP gespeicherten Daten nur gemäß Abs. 2 in Verbindung mit Abs. 3 erfolgt,
3. sind die Zugriffe auf den eEKP zu protokollieren; das Protokoll ist den Schwangeren und deren gesetzlichen Vertretungen, den Obsorgeberechtigten des Kinders und dem Kind über das eEKP-Portal (§ 8 Abs. 2 Z 1 und Abs. 3 Z 1) oder eine von dem für das Gesundheitswesen zuständigen Bundesminister/der für das Gesundheitswesen zuständigen Bundesministerin einzurichtenden Servicestelle (§ 8 Abs. 7) zur Verfügung zu stellen,
4. ist sicherzustellen, dass Gesundheitsdiensteanbieter auf die Daten der Schwangeren und des Kindes ab Überprüfung der eindeutigen Identität nur bis zum Ende des jeweiligen in der Verordnung gemäß § 2 Abs. 1 festgelegten Untersuchungszeitraums zuzüglich einer Woche Zugriff haben.

(7) Die aufgrund dieser Bestimmung vorzunehmenden Datenverarbeitungen erfüllen die Voraussetzungen des Art. 35 Abs. 10 DSGVO für einen Entfall der Datenschutz-Folgenabschätzung, sodass insbesondere die in Abs. 2 genannten Gesundheitsdiensteanbieter keine Datenschutz-Folgenabschätzung durchführen müssen.

Zurverfügungstellung von Daten aus dem eEKP

§ 6. *(Anm.: Abs. 1 tritt mit 1.1.2028 in Kraft)*

(2) Der für das Gesundheitswesen zuständige Bundesminister/Die für das Gesundheitswesen zuständige Bundesministerin hat eine standardisierte elektronische Schnittstelle zur Verfügung zu stellen, über die die notwendigen Daten (Anlage 2) für den elektronischen Nachweis der fristgerechten Durchführung und Bestätigung der für den Erhalt des Kinderbetreuungsgeldes in voller Höhe notwendigen Untersuchungen und Beratungen von der Österreichischen Gesundheitskasse in ihrer Funktion als Kompetenzzentrum Kinderbetreuungsgeld in Echtzeit abgerufen werden können.

Auswertungen

§ 7. (1) Für die Beantwortung gesundheitspolitischer Fragestellungen sowie die Auswertungen der medizinischen Überwachung und Evaluierung des Nutzungsverhaltens dürfen die im eEKP gespeicherten Daten zu den Schwangeren, den Kindern und den Gesundheitsdiensteanbietern von dem für das Gesundheitswesen zuständigen Bundesminister/der für das Gesundheitswesen zuständigen Bundesministerin im Wege der Gesundheit Österreich GmbH als dessen/deren Auftragsverarbeiterin (Art. 4 Z 8 DSGVO) ausgewertet werden. Die Sozialversicherungsnummer und der Name der Schwangeren und des Kindes dürfen für diese Auswertungen nicht verarbeitet werden. Die Auswertungsergebnisse sind dem für das Gesundheitswesen zuständigen Bundesminister/der für das Gesundheitswesen zuständigen Bundesministerin sowie dem für die Familienagenden zuständigen Bundesminister/der für die Familienagenden zuständigen Bundesministerin auf dessen/deren Verlangen zur Verfügung zu stellen.

(2) Der für das Gesundheitswesen zuständige Bundesminister/Die für das Gesundheitswesen zuständige Bundesministerin ist ermächtigt, zum Zweck der Erstellung von Statistiken zur Beantwortung gesundheitspolitischer Fragestellungen die im eEKP gespeicherten Daten mit dem verschlüsselten bereichsspezifischen Personenkennzeichen Statistik (vbPK-AS) auszustatten und die mit dem vbPK-AS ausgestatteten Daten der Bundesanstalt jährlich zu übermitteln. Die Sozialversicherungsnummer und der Name der Schwangeren und des Kindes dürfen für diese Auswertungen nicht verarbeitet werden. Die Bundesanstalt hat aus den ihr übermittelten Daten eine Statistik zu erstellen (§ 4 in Verbindung mit § 23 Abs. 1 Z 1 des Bundesstatistikgesetzes 2000, BGBl. I Nr. 163/1999). Die näheren Bestimmungen gemäß § 4 Abs. 3 Bundesstatistikgesetzes 2000 sind in einer Verordnung im Einvernehmen zwischen dem Bundeskanzler/der Bundeskanzlerin und dem für das Gesundheitswesen zuständigen Bundesminister/der für das Gesundheitswesen zuständigen Bundesministerin festzulegen.

(3) Hinsichtlich der Verarbeitungen nach dieser Bestimmung bestehen kein Widerspruchsrecht gemäß Art. 21 Abs. 6 in Verbindung mit Art. 89 Abs. 2 DSGVO sowie kein Recht auf Einschränkung der Verarbeitung gemäß Art. 18 Abs. 1 lit. d DSGVO. Die betroffenen Personen sind von dem für das Gesundheitswesen zuständigen Bundesminister/der für das Gesundheitswesen zuständigen Bundesministerin in geeigneter Weise darüber zu informieren (§ 8 Abs. 6).

§ 8. (1) Der für das Gesundheitswesen zuständige Bundesminister/Die für das Gesundheitswesen zuständige Bundesministerin hat zur Wahrnehmung der Rechte nach dieser Bestimmung ein „eEltern Kind-Pass-

Portal“ (im Folgenden: „eEKP-Portal“) einzurichten und zu betreiben. Das eEKP-Portal ist zugänglich über

1. das Öffentliche Gesundheitsportal Österreichs (§ 23 GTelG 2012) als Web-Anwendung und
2. eine eEKP-Anwendung für mobile Endgeräte („eEKP-App“)

und hat die Überprüfung der eindeutigen Identität der betroffenen Personen mit der Funktion Elektronischer Identitätsnachweis (E-ID) gemäß §§ 4 ff E-Government-Gesetz (E-GovG), BGBl. I Nr. 10/2004, zu gewährleisten.

(2) Schwangere und deren gesetzliche Vertretungen haben das Recht, in ihrem eEKP über das eEKP-Portal

1. ihre Untersuchungsergebnisse sowie die Zugriffe auf den eEKP abzurufen und auszudrucken,
2. individuell an Untersuchungen und Fristen erinnert zu werden,
3. den Untersuchungsplan von geplanten Untersuchungen und Beratungen einzusehen,
4. weitere Kontaktdaten (E-Mail-Adresse und Telefonnummer), Notfallkontakte und die Krankenanstalt, in dem sich die Schwangere zur Geburt angemeldet hat, oder die Hebamme bei geplanter Hausgeburt oder Geburt in der Hebammenpraxis einzutragen,
5. für zugriffsberechtigte Gesundheitsdiensteanbieter die Zugriffsdauer für lesende Zugriffe auf die im eEKP gespeicherten Daten, mit Ausnahme der von diesem Gesundheitsdiensteanbieter selbst gespeicherten Daten, zu verändern oder den Zugriff auf diese zu sperren.

Diese Rechte stehen der Schwangeren auch nach Beendigung der Schwangerschaft zu.

(3) Die Obsorgeberechtigten eines Kindes haben das Recht, im eEKP des Kindes über das eEKP-Portal

1. die Untersuchungsergebnisse des Kindes sowie die Zugriffe auf den eEKP abzurufen und auszudrucken,
2. individuell an Untersuchungen und Fristen erinnert zu werden,
3. den Untersuchungsplan von geplanten Untersuchungen und Beratungen einzusehen,
4. weitere Kontaktdaten (E-Mail-Adresse und Telefonnummer) sowie Notfallkontakte einzutragen,
5. für zugriffsberechtigte Gesundheitsdiensteanbieter die Zugriffsdauer für lesende Zugriffe auf die im eEKP gespeicherten Daten, mit Ausnahme der von diesem Gesundheitsdiensteanbieter selbst gespeicherten Daten, zu verändern oder den Zugriff auf diese zu sperren.

(4) Die Wahrnehmung der Rechte gemäß Abs. 2 Z 4 und 5 und Abs. 3 Z 4 und 5 erfolgt durch automatisierte Übermittlung der einzutragenden, zu berichtigenden oder zu löschenden Daten an den für das Gesundheitswesen zuständigen Bundesminister/die für das Gesundheitswesen zuständige Bundesministerin. Dieser/Diese hat die ihm/ihr übermittelten Daten ohne inhaltliche Prüfung in den eEKP einzutragen, zu berichtigen oder zu löschen. Die Form der Übermittlung ist von dem für das Gesundheitswesen zuständigen Bundesminister/der für das Gesundheitswesen zuständigen Bundesministerin mittels Verordnung festzulegen.

(5) Das Recht auf Auskunft (Art. 15 DSGVO) über die im eEKP gespeicherten Daten kann

1. von der Schwangeren oder deren gesetzlichen Vertretung für die die Schwangere betreffenden Daten und
2. von den Obsorgeberechtigten für die das Kind betreffenden Daten

gegenüber dem für das Gesundheitswesen zuständigen Bundesminister/der für das Gesundheitswesen zuständigen Bundesministerin im Wege einer von dem für das Gesundheitswesen zuständigen Bundesminister/der für das Gesundheitswesen zuständigen Bundesministerin einzurichtenden Servicestelle oder über das eEKP-Portal wahrgenommen werden.

(6) Die betroffenen Personen sind von dem für das Gesundheitswesen zuständigen Bundesminister/der für das Gesundheitswesen zuständigen Bundesministerin in geeigneter Weise über die ihnen zustehenden Rechte gemäß Abs. 2 und Abs. 3, § 9 Abs. 1, über die Beschränkung gemäß § 7 Abs. 3 und über den Grundsatz der Nicht-Diskriminierung gemäß § 10 zu informieren.

(7) Ist die Wahrnehmung der Rechte gemäß Abs. 2 und Abs. 3 über das eEKP-Portal der Schwangeren und deren gesetzlichen Vertretung sowie den Obsorgeberechtigten des Kindes nicht möglich oder nicht zumutbar, so können diese Rechte auch im Wege einer von dem für das Gesundheitswesen zuständigen Bundesminister/der für das Gesundheitswesen zuständigen Bundesministerin einzurichtenden Servicestelle wahrgenommen werden. Diese Servicestelle ist Auftragsverarbeiterin (Art. 4 Z 8 DSGVO) des für das Gesundheitswesen zuständigen Bundesministers/der für das Gesundheitswesen zuständigen Bundesministerin. Das Recht, das Untersuchungsergebnis abzurufen und auszudrucken (Abs. 2 Z 1 und Abs. 3 Z 1) kann von der Schwangeren, deren gesetzlicher Vertretung und den Obsorgeberechtigten auch gegenüber demjenigen Gesundheitsdiensteanbieter wahrgenommen werden, der die Daten in den eEKP eingetragen hat.

Rechte des Kindes

§ 9. (1) Liegt die erforderliche Entscheidungsfähigkeit (§ 24 Abs. 2 des Allgemeinen bürgerlichen Gesetzbuches [ABGB], JGS Nr. 946/1811) vor, sind die das Kind betreffende Rechte vom Kind selbst wahrzunehmen.

(2) Die für die Wahrnehmung der Rechte erforderliche Entscheidungsfähigkeit wird im Zweifel ab Vollendung des 14. Lebensjahres (mündige Minderjährige) vermutet.

(3) Ist dem Kind die Wahrnehmung seiner Rechte gemäß § 8 Abs. 3 über das eEKP-Portal nicht möglich oder nicht zumutbar, so kann es seine Rechte auch im Wege einer von dem für das Gesundheitswesen zuständigen Bundesminister/der für das Gesundheitswesen zuständigen Bundesministerin einzurichtenden Servicestelle (§ 8 Abs. 7) wahrnehmen. Das Recht, das Untersuchungsergebnis abzurufen und auszudrucken (§ 8 Abs. 3 Z 1), kann vom Kind auch gegenüber demjenigen Gesundheitsdiensteanbieter wahrgenommen werden, der die Daten in den eEKP eingetragen hat.

Grundsatz der Nicht-Diskriminierung

§ 10. (1) Personen, die die ihnen zugestehenden Rechte gemäß § 8 Abs. 2 Z 5 und Abs. 3 Z 5 in Verbindung mit § 9 Abs. 1 ausüben, dürfen dadurch weder im Zugang zur medizinischen Versorgung, noch hinsichtlich der Kostentragung benachteiligt werden.

(2) Sollte ein Gesundheitsdiensteanbieter durch die Ausübung der Rechte gemäß § 8 Abs. 2 Z 5 und Abs. 3 Z 5 in Verbindung mit § 9 Abs. 1 trotz Einhaltung seiner Sorgfaltspflichten von einem für die Behandlung oder Betreuung wesentlichen Umstand nicht Kenntnis erlangen oder sollte durch die Ausübung dieser Rechte das Kinderbetreuungsgeld nicht in voller Höhe gewährt werden, so liegt die Verantwortung für diese Umstände bei der Person, die diese Rechte ausgeübt hat.

5. Abschnitt
Schlussbestimmungen

Umsetzung der eEKP-Anwendung

§ 11. (1) Der Dachverband hat im übertragenen Wirkungsbereich die eEKP-Anwendung umzusetzen und laufend bereitzustellen.

(2) Bei der Vollziehung des Abs. 1 ist der Dachverband an die Weisungen des für das Gesundheitswesen zuständigen Bundesministers/der für das Gesundheitswesen zuständigen Bundesministerin gebunden.

(3) Der für das Gesundheitswesen zuständige Bundesminister/Die für das Gesundheitswesen zuständige Bundesministerin hat eine Möglichkeit der

eindeutigen Identifizierung und Authentifizierung (§ 4 und § 5 GTelG 2012) für Gesundheitsdiensteanbieter, die nicht an das e-card-System angeschlossen sind, zur Verfügung zu stellen.

Inkrafttreten

§ 12. In der Fassung dieses Bundesgesetzes, BGBl. I Nr. 82/2023, treten in Kraft:

1. § 6 Abs. 1 mit 01. Jänner 2028,
2. § 4 Abs. 1, § 8 Abs. 1 und § 11 samt Überschrift mit 30. Juni 2023,
3. alle übrigen Bestimmungen mit 1. Jänner 2026.

Übergangsbestimmung

§ 13. (1) Ab 01. Jänner 2026 sind die Daten gemäß § 4 Abs. 2 und Abs. 3 zu Schwangeren und zu Kindern, die ab diesem Tag geboren werden, ausschließlich im eEKP zu dokumentieren. Die Daten zu Schwangeren, deren Schwangerschaft vor diesem Tag ärztlich bestätigt wurde, sind zur Gewährung des Kinderbetreuungsgeldes (§ 7 KBGG) weiterhin im Eltern-Kind-Pass zu dokumentieren.

(2) Ab dem in Abs. 1 genannten Tag sind die Daten gemäß § 4 Abs. 2 und Abs. 3 von Kindern, die an diesem Tag bereits geboren waren, auf Verlangen der Obsorgeberechtigten des Kindes entweder ausschließlich im eEKP oder ausschließlich im Eltern-Kind-Pass zu dokumentieren. Es besteht kein Rechtsanspruch der Obsorgeberechtigten auf Nachtragung der bereits im Eltern-Kind-Pass dokumentierten Daten in den eEKP.

Erlassung und Inkrafttreten von Verordnungen

§ 14. Verordnungen aufgrund dieses Bundesgesetzes dürfen bereits von dem Tag an erlassen werden, der der Kundmachung der durchzuführenden Gesetzesbestimmungen folgt; sie dürfen jedoch nicht vor den durchzuführenden Gesetzesbestimmungen in Kraft treten.

Verweisungen

§ 15. Verweist dieses Bundesgesetz auf andere Bundesgesetze, so sind diese – soweit nicht ausdrücklich anderes angeordnet wird – in ihrer jeweils geltenden Fassung anzuwenden.

Vollziehung

§ 16. Mit der Vollziehung dieses Bundesgesetzes ist betraut

1. hinsichtlich der § 3 und § 10 Abs. 2 der für Familienagenden zuständige Bundesminister/die für Familienagenden zuständige Bundesministerin

2. **hinsichtlich des § 10 der für das Gesundheitswesen zuständige Bundesminister/die für das Gesundheitswesen zuständige Bundesministerin im Einvernehmen mit dem für Familienagenden zuständigen Bundesminister/der für Familienagenden zuständigen Bundesministerin und**
3. **hinsichtlich der übrigen Bestimmungen der für das Gesundheitswesen zuständige Bundesminister/die für das Gesundheitswesen zuständige Bundesministerin.**

Anlage 1

Besondere Befunde im Sinne des § 4 Abs. 5 sind:

1. Blutung vor der SSW 28,
2. Blutung nach der SSW 28,
3. Placenta praevia,
4. Placentainsuffizienz,
5. Polyhydramnion,
6. Oligohydramnion,
7. vorzeitige Wehentätigkeit,
8. Zervixinsuffizienz,
9. Anämie,
10. Harnwegsinfekt,
11. indirekter Coombstest positiv (Rh),
12. Risiko aus anderen serologischen Befunden,
13. Hypertonie (> 140/90mmHg),
14. Eiweißausscheidung > 1g/l,
15. mittelgradige – schwere Ödeme,
16. Gestationsdiabetes,
17. Gewicht,
18. Schwangere < 18 oder > 35 Jahre
19. präkonzeptionelles Über-/Untergewicht

Anlage 2

Folgende Daten dürfen gemäß § 6 Abs. 2 mittels standardisierter elektronischer Schnittstelle dem Kompetenzzentrum KBG zur Verfügung gestellt werden:

1. Bereichsspezifisches Personenkennzeichen (bPK) der Mutter
2. Vorname und Zuname der Mutter
3. Bereichsspezifisches Personenkennzeichen (bPK) des Kindes/der Kinder (Mehrlingsgeburt)
4. Vorname und Zuname des Kindes/der Kinder (Mehrlinge)
5. Errechneter Geburtstermin des Kindes/der Kinder
6. Kennzeichnung/Nachweis der vollständigen Durchführung der relevanten Untersuchungen (getrennt nach Untersuchungen 1–10)

7. Tag/Tage der jeweiligen Untersuchungen/Beratung inkl. Name des durchführenden Arztes/der durchführenden Ärztin bzw. der beratenden Hebamme (betreffend die Pflichtberatung)

Stichwortverzeichnis

Eintragungen ohne Zusatz beziehen sich auf das KBGG;
Verweisen auf das FamZeitbG ist ein **F** vorangestellt